Die Erde, das Universum und Gott aus einer kosmischen Perspektive

Die wahre Theorie von Allem auf der Grundlage der Geisteswissenschaft von Martinus

Else Byskov

Verlag: BoD · Books on Demand GmbH, In de Tarpen 42, 22848 Norderstedt, bod@bod.de
Druck: Libri Plureos GmbH, Friedensallee 273, 22763 Hamburg

ISBN: 978-3-7693-1673-5

„Die Struktur des Lebens ist so weise eingerichtet, dass überhaupt nichts für die Lebewesen ein Mysterium bleiben kann."
(Martinus: „Die Milchstraßen des Weltalls", Kap. 5, im kleineren Buch Nr. 16: „Das Reinkarnationsprinzip").

Prolog

Dieses Buch basiert auf der Geisteswissenschaft von Martinus, dem noch wenig bekannten dänischen Autor eines umfassenden Werkes von rund 10.000 Seiten tiefster spiritueller Weisheit. Martinus lebte von 1890 bis 1981 und starb im Alter von 90 Jahren in Kopenhagen, wo er die meiste Zeit seines Lebens verbracht hatte. Im Alter von 30 Jahren erlebte Martinus eine Erweiterung seines Bewusstseins, sodass er in der Folge nicht nur die physische Welt, sondern auch die geistige Welt, die vor, jenseits und hinter der physischen Ebene liegt, wahrnehmen konnte. Es ist diese geistige Ebene, auf der alles seinen Ursprung hat. Martinus hatte kosmisches Bewusstsein erlangt.

Martinus' umfangreiches Werk offenbart die Gesetze, die das Universum – sowohl den physischen als auch den geistigen Teil – regieren, und es ist ein Werk, das einzigartig ist. Es gibt nirgendwo etwas Vergleichbares. Es beantwortet alle großen Fragen, die wir Menschen uns stellen, seit wir die Fähigkeit zu denken besitzen. Das Werk ist durchdrungen von Logik, Intelligenz und Liebe. Es ist geistige Nahrung für den modernen zivilisierten Menschen, der in der heutigen fortschrittlichen, technologischen Gesellschaft mit einer wissenschaftlichen Einstellung lebt. Das Werk ist keine Glaubenssache, sondern es will die Grundlage für eine zukünftige Verschmelzung von Wissenschaft und Spiritualität sein.

Solange wir die geistige Ebene nicht in unser Verständnis der Welt einbeziehen, werden wir nie endgültige Antworten auf das Lebensmysterium finden. Wir werden geistige Bankrotteure bleiben, solange wir glauben, dass nur die physische Realität existiert. Wir müssen erkennen, dass Geist und Gedanken ein und dasselbe sind und dass hinter jedem physischen Ding ein Gedanke steht. Das gilt für alle vom Menschen geschaffenen Dinge, aber auch für alles in der Natur. Alles, was physisch ist, alles, was wir sehen und anfassen können, ist aus Gedanken entsprungen – war zuerst Gedanke.

Wir leben in einem Universum, wo hinter jeder Manifestation Bewusstsein und Gedanken stehen. Das Universum ist keine tote Masse von zufälligem „Zeug", das im Raum herumfliegt, sondern der Ausdruck tiefer Weisheit, Ewigkeit und Liebe. Es ist in der Tat von Logik und Sinn durchdrungen und Martinus enthüllt uns, wie alles zusammenhängt. Wir leben in einem bewussten Universum.

Es gibt einen Plan für die Existenz des Universums: einen „Masterplan", der von einer höheren Intelligenz ausgearbeitet wurde. Es ist ein Plan, in dem du, ich und alle anderen unsere kleinen Rollen zu spielen haben, ein Plan, der so überwältigend und ehrfurchtgebietend ist, dass wir unsere gesamten intellektuellen Fähigkeiten brauchen, um ihn auch nur anfänglich zu verstehen. Dieser Plan ist die wahre Theorie von Allem, und er wird im letzten Kapitel dieses Buches enthüllt werden.

Mein eigener bescheidener Beitrag zu einem tieferen Verständnis des Universums ist dieses Buch. Meine Voraussetzung für das Schreiben ist mein tägliches Studium von Martinus' Werk seit 1995, als ich zu meiner großen Überraschung darauf stieß. Dies ist mein 11. Buch über Aspekte seiner Geisteswissenschaft. Siehe meine Bücher unter: www.newspiritualscience.com unter „My Books".

Dieses Buch ist als Appetitanreger für Martinus' Werk gedacht. Ich habe die Essenz dessen, was Martinus über unseren Kosmos offenbart, genommen und sie zu diesem Buch zusammengefasst. Es gibt noch viel mehr zu diesem umfassenden Thema zu sagen, aber dieses Buch wird die Struktur des Universums und das Wesen Gottes auf eine neue Weise enthüllen. Ich hoffe, du wirst das Thema genauso spannend finden wie ich!

Gerade jetzt, im Jahr 2023, ist den meisten Menschen klar, dass sich unsere Welt im Umbruch befindet. Wir haben den Klimawandel, Krieg in Europa, Erdbeben, Überschwemmungen, steigende Meeresspiegel, verheerende Orkane und Tornados, Länder am Rande des Bürgerkriegs, Schießereien in Schulen, Fake News, Habgier, Lügen und Terrorismus. Viele Menschen befürchten, dass das Leben auf der Erde seinem Ende entgegengeht, aber das ist ganz und gar nicht der Fall.

Was wir aber gerade erleben, sind der Untergang und Todeskampf einer alten Kultur und gleichzeitig die Geburtswehen einer neuen Kultur. Der andauernde Kampf zwischen dem Alten und dem Neuen ist der Grund, warum es so viele Umwälzungen, so viel Leiden und Schmerz gibt.

Die alte, sterbende Kultur basiert auf Egoismus, Nationalismus, Machthunger, Vorherrschaft, Gier, dem tötenden Prinzip mit Kriegen, Schlachthäusern und Lieblosigkeit. Die neue Kultur basiert dagegen auf Altruismus, Nächstenliebe, Internationalismus, Vergebung, dem Prinzip des Schenkens, Weltfrieden, gerechter Verteilung der Reichtümer des Planeten, spiritueller Einsicht und kosmischem Bewusstsein.

Derzeit sind viele Menschen geistig bankrott, weil die alten, auf dem Glauben basierenden Religionen ihren wachsenden Intellekt und ihr Bedürfnis nach einer logischen Erklärung für das Lebensmysterium nicht mehr befriedigen können. Das bedeutet, dass sie sich ohne den festen Halt in ihrem Leben wiederfinden, den die Religionen früher boten. Aus diesem Grund befinden sich viele Menschen in einem geistigen Vakuum: Sie haben ihren alten Glauben aufgegeben, der sie nicht mehr inspirieren kann, aber sie haben noch nichts Neues gefunden, das an seine Stelle treten könnte.

Angesichts der gegenwärtigen Situation in der Welt ist eine neue, logisch und intellektuell stimulierende, allumfassende Offenbarung der höchsten spirituellen Weisheit nötiger denn je.

Diese Weisheit ist in Martinus' Werk zu finden. Er sagt: *„Es ist in der Finsternis, dass das Licht entzündet werden muss."* Daher müssen die Lebewesen die Finsternis erleben, bevor sie das Licht erleben können. Es war ein Teil von Martinus' Mission, die Existenz der Finsternis zu rechtfertigen, zu erklären, warum sie zum Leben gehört.

Wie du in dem Martinus-Zitat auf Seite 2 lesen kannst, wird nichts für immer ein Mysterium für uns bleiben. Irgendwann wird alles enthüllt werden. Der Glaube wird durch Wissen ersetzt werden. Zu diesem Wissen soll dieses Buch beitragen.

Ein paar Worte zu den Pronomen: Traditionell wurde das männliche Pronomen „er" in Verbindung mit Gott verwendet, und Martinus, der lebte, bevor es geschlechtsneutrale Pronomen gab, verwendete „er" für Gott. Martinus tat dies, weil diese Verwendung der Tradition entsprach und weil er davon ausging, dass seine Leserinnen und Leser keinen Anstoß daran nehmen würden und aufgeschlossen genug waren, um diese Verwendung für beide Geschlechter zu akzeptieren. Martinus betonte immer wieder, dass Gott doppelpolig ist, sowohl männlich als auch weiblich, sodass diese Verwendung eine praktische Entscheidung war und keineswegs das männliche Geschlecht bevorzugen sollte. In diesem Buch folge ich Martinus' Gebrauch von „er" für Gott, und ich hoffe, dass sich meine Leserinnen und Leser dadurch nicht gekränkt fühlen, denn ich möchte niemanden kränken.

Inhaltsverzeichnis

4. Das Universum $\qquad$ 164

Vorwort

Der englische Autor und Wissenschaftler Rupert Sheldrake wurde einmal gefragt, ob er an Gott glaube. Darauf antwortete er: *„Ja, aber an den Gott, an den du nicht glaubst, glaube ich auch nicht!"*

Ich denke, dass das für die Gegenwart eine sehr relevante Antwort ist, denn der traditionelle christliche Gottesbegriff, mit dem viele von uns aufgewachsen sind, verliert so viele Anhänger wie nie zuvor. Und warum ist das so? Ganz einfach, weil die Vorstellung von einem zornigen Gott irgendwo im Himmel, der wegen unserer Sünden wütend auf uns ist und ein Blutopfer verlangt, um besänftigt zu werden, für moderne, intellektuelle Individuen, die in einer fortschrittlichen Gesellschaft mit einer wissenschaftlichen Einstellung leben, einfach ungenießbar ist.

Der Gott, den ich in der Schule kennen lernte, war kein verzeihender und liebender Gott, sondern ein ziemlich mürrischer Geselle, der an uns allen wegen unserer Sünden etwas auszusetzen hatte. Er hatte uns erschaffen, aber es war unsere eigene Schuld, dass wir Sünder und nicht perfekt waren. Das allein genügt, um einen logisch denkenden Menschen skeptisch zu machen. Und außerdem brauchte dieser Gott das Blutopfer eines völlig unschuldigen Mannes (Jesus), um den Sündern, den Betrügern, Lügnern, Verbrechern und Mördern ihre Sünden zu vergeben. Diese Auffassung macht Gott keine Spur besser als einen feudalen Kriegsherrn, der erst Blutvergießen sehen will, um sich gnädig zu zeigen. Das ist kein liebender Gott, und wenn ein moderner, logisch denkender Mensch diese Gottesvorstellung betrachtet, ist es kein Wunder, dass er zum Atheisten wird, denn warum sollte er jemanden anbeten, der weniger entwickelt ist als er selbst? Nur sehr wenige Menschen würden heute ein Blutopfer verlangen, um jemandem zu vergeben, und so gesehen ist dieser Gott nicht besser, sondern eher schlechter als man selbst. Es ist eine Gottesvorstellung nach dem Bild und Gleichnis des primitiven Menschen, der sie geschaffen hat, und sie hat nichts mit dem kosmischen Gott zu tun.

Heute sind viele Menschen zu Atheisten, Agnostikern oder Gottlosen geworden, und das ist ein ganz logischer Schritt, wenn der Gottesbegriff, der uns beigebracht wurde, nicht mit unserem logischen und moralischen Verständnis übereinstimmt. Ich war selbst viele Jahre lang Atheist, bis ich auf die Geisteswissenschaft von Martinus stieß. Hier fand ich einen anderen Gott, einen kosmischen Gott, dessen Existenz logisch und liebevoll ist. Martinus sagt auch, dass Atheist zu sein ein natürlicher Schritt auf dem Weg von einem glaubensbasierten geistigen Standpunkt zu einem ist, der auf gesundem Menschenverstand, Logik und spiritueller Einsicht beruht. Der kosmische Gott verurteilt Atheisten in keiner Weise, sondern sieht sie vielmehr als Migranten auf dem Weg vom Glauben zur Erkenntnis. Der kosmische Gott richtet und verurteilt niemanden und versteht unsere kosmische Reise von der Unwissenheit zur Einsicht und Erleuchtung. Er weiß, dass es keine Sünde gibt, sondern nur Fehler, aus denen wir lernen müssen.

Da der Atheismus zunimmt und die Kirchen immer leerer werden, scheint es höchste Zeit zu sein, dass uns ein anderer Gottesbegriff präsentiert wird – einer, der an unseren Intellekt und unseren logischen Verstand appelliert.

Ich schreibe dieses Buch, um einen solchen „neuen" oder alternativen Gottesbegriff vorzustellen, den wir sowohl mit unserem Verstand als auch mit unserem Herzen akzeptieren können.

Wie ich schon sagte, habe ich diese alternative Gottesvorstellung durch das Studium der Geisteswissenschaft von Martinus gefunden. Es war 1995, als ich zu meiner großen Überraschung auf sie stieß. Das hat natürlich mein Leben verändert.

Wer ist dieser Martinus, wirst du jetzt logischerweise fragen, und ich werde ihn in ein paar kurzen Absätzen vorstellen.

Martinus wurde 1890 in Nordjütland geboren und starb 1981 im Alter von 90 Jahren in Kopenhagen. Er wuchs in sehr bescheidenen Verhältnissen als uneheliches Kind auf (er wusste nicht, wer sein Vater war), erhielt nur die einfachste Schulbildung, arbeitete als einfacher Molkereiarbeiter und hatte nie etwas studiert.

Aber er hatte von klein auf eine tiefe Beziehung zu Gott, und wann immer er über etwas im Zweifel war, fragte er sich: Was würde Jesus in diesem Fall tun? Und sofort hatte er die Antwort.

Als er 30 Jahre alt war, hatte Martinus während einer Meditation zwei tiefe spirituelle Erfahrungen. Er fühlte sich aus seinem physischen Körper herausgehoben und auf eine göttliche Existenzebene erhoben. Während dieser beiden Erfahrungen erweiterte sich sein Bewusstsein so, dass es nicht nur die physische, sondern auch die geistige Ebene umfasste, die vor, hinter und jenseits der physischen Ebene existiert. Martinus hatte „die Große Geburt" erlebt und das kosmische Bewusstsein erlangt. Auf der Grundlage dieser erweiterten Einsicht war er in der Lage, seine Geisteswissenschaft oder Kosmologie zu offenbaren, die aus 10.000 Seiten (plus 100 Symbolen) tiefer spiritueller Weisheit besteht und eine umfassende Enthüllung eines logischen, endgültigen, metaphysischen Verständnisses des Lebensmysteriums darstellt.

Martinus' Werk ist bahnbrechend für unser Wissen über uns selbst, die Erde, das Universum und Gott. Es sind nicht einfach alte

Ideen, die auf neue Weise präsentiert werden, sondern Ideen, die bisher ungehört und ungeschrieben waren.

Martinus' geistige Einsicht ist so groß, dass es keinen Zweifel daran gibt, dass er ein Welterlöser war, der uns von einer höheren Existenzebene geschickt wurde, um uns aus unserer Unwissenheit über alle geistigen Dinge herauszuholen. Sein Werk ist eine Goldgrube von Antworten auf alle unsere metaphysischen Fragen, und es gibt nichts Vergleichbares. Vielleicht denkst du jetzt, dass ich übertreibe, aber es ist unmöglich, die Bedeutung und den Umfang von Martinus' Werk zu überschätzen. Sein Werk ist geistige Nahrung für uns, die wir gerade jetzt hier auf der Erde leben. Es ist eine geistige Nahrung, die an unseren Intellekt appelliert und nicht so sehr an unsere Gefühle.

Die früheren Offenbarungen aus der göttlichen Ebene (z. B. das Alte und das Neue Testament) sollten unsere Gefühle ansprechen, denn als sie offenbart wurden, war die Menschheit noch nicht an einem Punkt in ihrer Entwicklung angelangt, an dem sie ihren Intellekt so weit entwickelt hatte, dass sie komplizierte, technische Antworten auf das Mysterium des Lebens verstehen konnte.

Der notwendige gut entwickelte Intellekt ist aber mittlerweile bei einem großen Teil der Erdbevölkerung vorhanden, sodass Martinus zum richtigen Zeitpunkt kam. Und deshalb bekam sein Werk auch den Namen „Das Dritte Testament". Martinus hat sich mit diesem Titel für sein Werk nicht gebrüstet. Es war ein starker Impuls von der göttlichen Ebene, als Martinus in seinen 70er-Jahren die Anweisung erhielt, dass er sein gesamtes Werk mit diesem generellen Titel bezeichnen sollte.

Martinus sagte oft, dass wir, seine Anhänger, niemals Antworten auf Fragen geben sollten, die unsere Zuhörer oder Leser sich noch nicht selbst gestellt haben. Er sagte dies, weil er wusste, dass jemand, der die Frage noch nicht gestellt hatte, nicht bereit war, die Antwort zu hören.

Aber ich glaube, ich kann mit Sicherheit sagen, dass die meisten Menschen, die heute auf diesem Planeten leben, einmal in den Sternenhimmel geschaut und sich gefragt haben: Was ist da draußen? Warum bin ich hier? Gibt es einen Gott?

Dieses Buch wird also Antworten auf die Fragen geben, die uns über Jahrhunderte und Jahrtausende begleitet haben. Ich weiß, dass diese Antworten für die meisten Menschen überraschend sein werden, denn sie sind so überwältigend, so außerordentlich neu, so absolut expansiv für unsere Auffassung der Welt, dass wir sie uns nicht einmal vorstellen konnten.

Das Hauptwerk von Martinus, das aus 7 Bänden und 3.000 Seiten besteht, heißt *Livets Bog* – Das Buch des Lebens. Martinus möchte, dass wir sein Hauptwerk immer mit seinem dänischen Titel bezeichnen, egal welche Sprache wir sprechen. Einige der Schlüsselkonzepte, die Martinus im *Livets Bog* offenbart, sind: Es gibt ein Leben nach dem Tod und dieses Leben ist nicht das einzige, das wir leben, alle Lebensformen reinkarnieren, wir sind ewige Wesen auf einer ewigen Reise durch physische und geistige Ebenen der Existenz in einem Universum, dessen Grundton die Liebe ist. Die Welt besteht aus zwei Ebenen: der physischen und der geistigen, wobei die geistige Ebene die weitaus wichtigere ist, denn hier hat alles seinen Ursprung. Martinus enthüllt auch die ewigen Gesetze des Lebens, die Natur der Grundenergien, die Struktur des Lebens, das Ziel unserer evolutionären Reise, die Natur des Universums, den kosmischen Gott und vieles, vieles mehr. Sein Werk ist eine unerschöpfliche Quelle der Weisheit.

Mit großer Freude lade ich dich daher auf eine bewusstseinserweiternde Reise zum Zentrum des Universums und weiter ins Weltall hinaus ein.

1. Einleitung

Die unmögliche Aufgabe für die Wissenschaft

Seit den Anfängen der Wissenschaft steht die Frage nach dem Wesen des Universums ganz oben auf der Tagesordnung, und das ist auch nach Hunderten von Jahren noch so. Was gibt es da draußen? Was bedeutet die Weite des Weltraums? Wer sind wir? Was tun wir hier?

Ich glaube, die meisten Menschen erwarten, dass die Wissenschaft früher oder später eine vollständige Kosmologie vorlegen wird. Die meisten glauben, dass unsere irdischen Wissenschaften eines schönen Tages so klug sein werden, dass sie das Mysterium des Universums gelöst haben und uns eine gute Erklärung geben können, was es ist.

Aber die Aussichten sehen nicht so gut aus. Man braucht sich nur dieses Zitat aus einem Artikel von Bjørn Ekeberg aus dem Jahr 2019 in The Scientific American anzusehen:

*„**Die Kosmologie hat einige große Probleme:** Betrachten Sie den Kontext des Problems und seine Geschichte. Als mathematisch betriebene Wissenschaft gilt die kosmologische Physik normalerweise als äußerst präzise. Aber der Kosmos ist mit keinem anderen wissenschaftlichen Thema auf der Erde vergleichbar. Eine Theorie des gesamten Universums, die sich auf unsere eigene kleine Nachbarschaft als einziges bekanntes Beispiel dafür stützt, erfordert eine Menge vereinfachender Annahmen. Wenn diese Annahmen multipliziert und auf enorme Entfernungen ausgedehnt werden, erhöht sich das Fehlerpotenzial und wird durch unsere sehr begrenzten Möglichkeiten zur Überprüfung noch verschlimmert ...*

Die Krux des heutigen kosmologischen Paradigmas besteht darin, dass wir, um eine mathematisch einheitliche, für das gesamte Universum gültige Theorie aufrechtzuerhalten, akzeptieren müssen, dass 95 Prozent unseres Kosmos aus völlig unbekannten Elementen und Kräften besteht, für die wir keinerlei empirische Belege haben." (https://blogs.scientificamerican.com/observations/cosmology-has-some-big-problems/?fbclid=IwAR2vVw-bfYvbacG_oDYFp78bInFuuPwk8DW1qAPOxOj7wwJGHFm6BXrO7i0)

Nach dem obigen Zitat zu urteilen, liegt eine vollständige Kosmologie seitens der Wissenschaft noch in weiter Ferne, denn *„der Kosmos ist mit keinem anderen wissenschaftlichen Thema auf der Erde vergleichbar. Eine Theorie des gesamten Universums, die sich auf unsere eigene kleine Nachbarschaft als einziges bekanntes Beispiel dafür stützt, erfordert eine Menge vereinfachender Annahmen."* Ebd.

Der Kosmos ist zu groß, zu komplex, zu unergründlich, als dass wir eine umfassende und plausible Theorie für seine Existenz aufstellen könnten, geschweige denn für seine Bedeutung. Was bedeutet der Kosmos? Warum ist er da? Hat er einen Zweck? Und wenn ja, welchen?

Es scheint, dass eine solide, auf den irdischen Wissenschaften basierende Kosmologie zu einem Narrativ geworden ist, das ständig überarbeitet werden muss, um neuen, unbequemen Beobachtungen gerecht zu werden. Wir werden immer besser darin, das Universum zu beobachten, und immer größere Teleskope können immer mehr unbegreifliche Details darin entdecken. Aber die eigentliche Frage, die ultimative Frage: Warum ist es da? kann durch Beobachtungen niemals beantwortet werden.

Wir können folgende Analogie verwenden: Wir stehen wie ein Analphabet vor einem sehr, sehr dicken Buch: Wir können die seltsamen schwarzen Figuren auf den Seiten betrachten, wir können die Seiten des Buches wiegen, wir können die Anzahl der Zeilen zählen, wir können das Papier analysieren und die Anzahl der seltsamen schwarzen Figuren zählen, aber wir können das Buch nicht lesen. Wir können seinen Sinn nicht entschlüsseln, solange wir nicht lesen lernen.

Der Sinn des Universums und unserer Existenz in ihm ist schwer fassbar und wird es auch bleiben, solange wir nicht den Schlüssel zu seinem Verständnis haben. Dieser Schlüssel ist das kosmische Bewusstsein. Kosmisches Bewusstsein bedeutet: ein Bewusstsein, dessen Einsicht den Sinn des Ganzen umfasst. Es ist ein Bewusstsein, das über die physische Ebene hinausblicken und in die geistige Ebene schauen kann, wo alles seinen Ursprung hat. Es ist ein Bewusstsein, das Zugang zum Sinn des Ganzen und dem zugrunde liegenden Plan für seine Existenz hat. Es ist ein Bewusstsein, das unbegrenzt ist von Zeit und Raum, es ist ein Bewusstsein, das auf der mächtigsten Energie im Kosmos beruht: der Intuitionsenergie.

Die Wissenschaft hat nie eine umfassende Theorie von Allem, vom Zwischenkosmos bis zum Makro- und Mikrokosmos, vorgelegt, weil eine solche Philosophie nicht allein auf der Grundlage dessen konzipiert werden kann, was unsere materialistischen Wissenschaften bei der Beobachtung und Untersuchung der physischen und nur der physischen Materie feststellen können. Unsere materialistischen Wissenschaften können nur das analysieren, was man sehen, messen und wiegen kann. Auf dieser Grundlage allein ist es aber unmöglich, die zugrundeliegende Logik und den Daseinszweck dessen zu verstehen, was wir da draußen beobachten können.

Was braucht es also, um über die beobachtbare Oberfläche hinaus und auf die darunter liegende Ursachenebene zu gelangen? Es erfordert geistige Einsicht und vor allem Intuition. Unsere Intuitionsfähigkeit ist etwas, das mit unserer Entwicklung wächst, was bedeutet, dass wir alle auf dem Weg sind, immer intuitiver zu werden. Heute sind nur die wenigsten von uns hochgradig intuitiv, aber unser Planet wurde schon von einigen sehr intuitiven Menschen besucht, deren Einsichten weit über das hinausgingen, was der Durchschnittsmensch aufbieten konnte.

Buddha, Laotse, Jesus und Mohammed, um nur einige zu nennen, hatten alle eine hoch entwickelte Intuition und galten deshalb als Weise, Heilige und Welterlöser.

Die Bedeutung von Intuition ist einfach ausgedrückt (Wikipedia): *„die Fähigkeit, sich Wissen ohne bewusstes Nachdenken anzueignen".*

„Psychology Today" definiert Intuition so: *„Intuition wird oft als ‚Bauchgefühl' bezeichnet und entsteht in der Regel ganzheitlich und schnell, ohne dass man sich der zugrunde liegenden mentalen Verarbeitung von Informationen bewusst ist. Forscher haben wiederholt gezeigt, wie Information im Gehirn unabhängig vom Bewusstsein registriert werden kann und dann die Entscheidungsfindung und andere Verhaltensweisen positiv beeinflusst."* (Meine Unterstreichung).

Es ist bekannt, dass sich intuitive Einsichten plötzlich im Gehirn von Wissenschaftlern, die sich mit schwierigen Fragen herumgeschlagen haben, bemerkbar machen. Plötzlich WISSEN sie etwas, das sie vorher nicht wussten, durch eine intuitive Eingebung.

Aber Intuition ist viel mehr als das, sagt Martinus, der selbst kosmisches Bewusstsein hatte: Die Intuitionsenergie ist eine Energie, die das Wesen instand setzt, *„das Leben außerhalb der materiellen Welt zu erleben"* – eine Energie, *„durch welche es allmählich imstande sein wird, <u>alle hinter den physischen Erscheinungen hervortretenden geistigen oder kosmischen Realitäten, Kräfte, Ideen und Pläne, sein eigenes unsterbliches Dasein, Erinnerungen aus früheren Leben, die Identität des Weltalls als ein Lebewesen usw.</u> zu erleben."* (Martinus: *Livets Bog*, Band 1, Abschnitt 175, Unterstreichung von mir).

Mit einer stärkeren Intuition werden wir in der Lage sein, Antworten auf alle unsere großen Fragen zu finden, und wir werden alle immer intuitiver. Aber die Intuitionsenergie tritt nur unter einer Bedingung in das Bewusstsein des Wesens ein: wenn die Fähigkeit, bedingungslose, universelle Liebe zum Ausdruck zu bringen, beträchtlich geworden ist und die Person in ihrem humanen Verhalten sehr weit entwickelt ist: *„Während die Fähigkeit zur Nächstenliebe immer vollkommener wird, <u>bewirkt sie schließlich im Bewusstsein des Wesens die Entwicklung der Intuitionsfähigkeit</u>, d. h. der Fähigkeit, durch die das Wesen „kosmisches Bewusstsein" erlangt, <u>die Fähigkeit, durch sein eigenes Inneres die Lösung des Lebensmysteriums und seine eigene Unsterblichkeit zu erleben</u>, eins zu werden mit dem Weg, eins mit der Wahrheit, eins mit der Ewigkeit und damit eins mit Gott."* (Martinus: „Teufelsbewusstsein und Christusbewusstsein", Kap. 17, im gleichnamigen kleineren Buch Nr. 26, deutscher Kosmos 1/1993, Unterstreichungen von mir).

Während wir uns durch Tausende von physischen Leben weiterentwickeln, werden wir immer mehr human und allliebend. Wenn wir den Punkt erreichen, an dem wir nicht mehr verletzen,

Leid zufügen und töten können, sondern nur noch bedingungslose Liebe für alles und jeden zum Ausdruck bringen, sind wir reif dafür, freien Zugang zur Intuitionsenergie zu erhalten und in unserer Mentalsphäre die Öffnung des kosmischen Bewusstseins zu erleben.

Es ist klar, warum das so ist: Das kosmische Bewusstsein gibt uns Zugang zu allen Antworten auf alles, und wenn wir nicht extrem entwickelt und liebevoll wären, wenn wir andere noch misshandeln oder ihres Lebens berauben könnten, könnten wir dieses Wissen zu unserem eigenen Vorteil missbrauchen. Das würde gegen die Gesetze des Lebens verstoßen, deshalb erlangen wir das kosmische Bewusstsein erst dann, wenn nicht die geringste Gefahr besteht, dass wir es missbrauchen.

Bei Martinus hat sich das kosmische Bewusstsein in seiner Mentalsphäre geöffnet, als er 30 Jahre alt war. Kosmisches Bewusstsein zu haben bedeutet, dass man in einem extremen Maße intuitiv wird. Es bedeutet, dass man die Intuitionsenergie unter der Kontrolle seines Willens hat. Für Martinus bedeutete das, dass er, wenn er eine Frage metaphysischer Natur hatte, seine hoch entwickelte Intuition einsetzen konnte, um die Antwort zu finden, die sofort in sein Bewusstsein eintrat. Diese Fähigkeit ermöglichte es ihm, ein vollständiges, umfassendes, ganzheitliches Weltbild oder eine Kosmologie zu offenbaren, die auf Logik, Intelligenz, kosmischer Einsicht und Liebe beruht.

In dem folgenden Zitat aus einem seiner Artikel zeigt Martinus auf, warum der materialistische Wissenschaftler nicht in der Lage ist, die wahre Lebensstruktur des Universums oder des Makrokosmos zu enthüllen:

„Warum die materielle Wissenschaft den Menschen nichts über die wirkliche Lebensstruktur des Makrokosmos erzählen kann

Wenn die Wissenschaft oder die Forscher nichts über die makrokosmische Identität als Leben oder Lebewesen sagen können, dann liegt das an einem Mangel an Intuition. Eine hohe Ausbildung in der materiellen Wissenschaft entwickelt keine Intuition. Sie kann nicht an Hochschulen oder Universitäten erworben werden. Sie wächst wie gesagt nur automatisch im Verhältnis zur Entwicklung der sympathischen Fähigkeiten des Menschen, d. h. der Nächstenliebe oder All-Liebe, der Liebe, die den Menschen dazu bringt, seinen Nächsten zu lieben wie sich selbst. Mit der Entwicklung dieser Liebe wächst auch die Intuition. Sie kann wie gesagt nicht erlernt werden. Sie entsteht automatisch, wenn sich der Mensch in der All-Liebe entwickelt. Es ist daher für den Erwerb des kosmischen Bewusstseins bedeutungslos, ob man ein Experte, Doktor oder Professor für rein materielles Wissen oder materielle Wissenschaft ist. Diese Menschen haben sich aufgrund ihrer Intelligenz Wissen angeeignet. Aber kosmisches Bewusstsein oder Wissen kann absolut nur durch Intuition und Liebe selbst erfahren werden. Hat man diese beiden großen menschlichen Eigenschaften nicht entwickelt, kann man nicht mit seinen anderen Sinnen das kosmische Bewusstsein erleben. Ja, im schlimmsten Fall wird man an das Erleben dieses hohen Bewusstseinszustands durch andere auch nicht glauben." (Martinus: „Das Lebensfundament des Weltalls (die drei Kosmen)" Artikel-ID: M2522, Unterstreichungen von mir).

Nun könnten wir glauben, dass intuitiv zu werden und kosmisches Bewusstsein zu erlangen etwas ist, das nur sehr wenige Menschen jemals erleben werden, aber das ist nicht der Fall. Wir werden alle in unserer Evolution einen Punkt erreichen, an dem wir so weit entwickelt und so menschlich und allliebend sein werden, dass wir selbst kosmisches Bewusstsein erlangen. Hier gibt es keine Ausnahme. Selbst der schlimmste Verbrecher, Terrorist oder Diktator wird eines Tages den Punkt erreichen, an dem er kosmisches Bewusstsein erlangt. Es mag Zeit brauchen und ist eine Frage der Entwicklung der eigenen humanen Fähigkeiten.

Aber unsere humanen Fähigkeiten können wir nicht durch Studium erwerben. Wir können nicht zur Universität gehen und Mitmenschlichkeit lernen. Nur das Leben selbst kann uns diese fortgeschrittene Fähigkeit beibringen. Und es belehrt uns durch das Gesetz des Karma, das das höchste Erziehungsinstrument des Universums ist: Wir ernten, was wir säen. Wenn wir Leid für andere säen, werden wir selbst Leid ernten. Das Leid, das wir im Laufe mehrerer Leben ernten, haben wir selbst verursacht; niemand sonst ist schuld. Das Leiden wird unsere Fähigkeit zum Mitgefühl wecken und uns allmählich in humane und allliebende Wesen verwandeln. Unser Leiden wird unseren gefühlsmäßigen Habitus umgestalten und uns schließlich so empathisch machen, dass wir das Leiden anderer am eigenen Leib spüren können, wenn wir es beobachten. Wenn wir das können, sind wir bereit für die „große Geburt" – den Moment, in dem wir kosmisches Bewusstsein erlangen.

Vor diesem erleuchteten Zustand erleben wir das, was Martinus „kosmische Funken"[1] nennt, das sind kurze Visionen der göttlichen Ebene, die plötzlich auf den entwickelten Menschen herabsteigen. Von etlichen Menschen aus der Vergangenheit ist bekannt, dass sie kosmische Funken hatten. Lass uns einen Blick darauf werfen, wer sie waren:

---

[1] Dänisch „kosmiske glimt", in deutschen Ausgaben von Martinus' Werken bisher mit „kosmische Erleuchtungsblitze" übersetzt. Anm. d. Übers.

Die Wesen, in deren Namen einige der großen Religionen gegründet wurden, wie Buddha und Mohammed, hatten kosmische Funken. Durch diese waren sie in der Lage, sich eine Vorstellung von der geistigen Welt und der Existenz eines Schöpfers zu machen. Sie vermittelten diese Vorstellung ihren Zeitgenossen und Anhängern durch Schriften, Reden und Heilkräfte. Mit der Zeit entstand ein Kult um diese Wesen und eine neue Religion wurde gegründet.

Moses hatte einen kosmischen Funken, als er in einem brennenden Dornbusch eine leuchtende Vision sah und die Stimme hörte, die ihm sagte, er solle nach Ägypten gehen, um das Volk Israel aus der dortigen Sklaverei zu befreien.

Auch der Apostel Paulus (damals Saulus genannt) hatte einen kosmischen Funken, als er sich auf dem Weg nach Damaskus von einem hellen weißen Licht umgeben sah und eine Stimme hörte, die sagte: *„Saulus, Saulus, warum verfolgst du mich?"* (Apg 9,4). Dieser kosmische Funken veränderte Saulus völlig, und er wurde ein großer Apostel des Christentums.

Auch Jesus hatte einen kosmischen Funken, als er von Johannes dem Täufer im Jordan getauft wurde. Er erlebte einen Funken vom Geist Gottes, symbolisiert durch eine strahlende Taube, und hörte eine Stimme sagen: *„Du bist mein geliebter Sohn, an dem ich mein Wohlgefallen habe"* (Lk 3,22). Kurze Zeit später wurde Jesus erneut vom Geist Gottes überschattet, als er die „Verklärung auf dem Berg" erlebte (Lk 9,28). Bei dieser Gelegenheit erlebte Jesus nicht nur einen kosmischen Funken, sondern es öffnete sich in seiner Mentalsphäre ein dauerhaftes kosmisches Bewusstsein.

Aber nicht nur biblische Gestalten und Welterlöser haben kosmische Funken erlebt. Eine ganze Reihe von Menschen haben sie erlebt. Ich kann einige nennen: Plato, Dante, Bartolomé de las

Casas, Santa Teresa de Jesus, San Juan de la Cruz, Francis Bacon, William Blake, Walt Whitman, Honoré de Balzac, Richard Bucke und Rudolf Steiner. Die schriftlichen Werke dieser Menschen zeigen, dass sie etwas Einzigartiges erlebt haben, etwas, das über die physische Existenzebene hinausgeht und ihnen eine außergewöhnliche Einsicht verliehen hat.

Heute sind wir an einem Punkt angelangt, an dem eine Reihe „normaler" Menschen beginnen, kosmische Funken zu erleben. Eine Frau in Schweden erlebte einen kosmischen Funken, während sie eine Schneeflocke betrachtete, eine Frau in Dänemark erlebte einen kosmischen Funken während der Meditation, eine Frau in den USA erlebte einen kosmischen Funken, während sie auf einem Feld Blumen pflückte. Viele Menschen haben kosmische Funken während Nahtoderfahrungen erlebt, wie z. B. Anita Moorjani und Eben Alexander, die beide faszinierende Bücher über ihre Erfahrungen geschrieben haben. (siehe Literaturverzeichnis).

Die Offenbarungen von der spirituellen Ebene, die immer mehr Menschen erleben, zeigen uns, dass die spirituelle Ebene „an unsere Tür klopft", damit wir erkennen, dass sie existiert. Wir sind nicht dazu bestimmt, weiterhin in Unwissenheit und im Dunkel über die geistige Welt zu leben.

Die kosmischen Funken sind Vorboten unserer Erlangung des kosmischen Bewusstseins. Die Tatsache, dass wir alle auf dem Weg dahin sind, durch kosmisches Bewusstsein volle spirituelle Einsicht zu erlangen, bedeutet, dass wir Einsicht und Wissen über das Universum und den Kosmos erlangen werden, lange bevor die Wissenschaft ihre Kosmologie vorlegen kann. Es wird nie einen Bedarf für eine auf der Wissenschaft basierende Kosmologie geben, denn wenn sie fertig ist, werden wir die Details des Universums bereits durch unsere Intuition kennen. Dies wird in den nächsten 3000 Jahren geschehen.

Unsere Erlangung des kosmischen Bewusstseins ist in Wirklichkeit dasselbe wie die Wiederkunft Christi. Die Mentalität, die Christus hatte, wird dann für alle Menschen allgemeingültig sein. Die Wiederkunft ist keine physische Person, die zurückkehrt, um uns zu predigen, sondern ein erleuchteter Geisteszustand – derselbe erleuchtete Zustand, den sowohl Jesus als auch Martinus hatten.

Wir werden alle Erleuchtung erlangen, aber schon jetzt können wir durch Martinus' Werk einen Vorgeschmack auf das bekommen, was wir mit der Zeit lernen werden, wenn wir uns zu allliebenden Menschen entwickelt haben. Wie bereits erwähnt, erlangte Martinus kosmisches Bewusstsein, als er 30 Jahre alt war, und alles, was wir tun müssen, um kosmisches Wissen zu erlangen und zu lernen, was das Universum ist und welche Rolle wir selbst darin spielen, ist, sein Werk zu studieren. Das Studium von Martinus' Werk ist ein „Bodybuilding" für unsere intuitiven Fähigkeiten. Je mehr wir es studieren, desto mehr bauen wir unsere intuitiven „Muskeln" auf. Und wenn wir alles gelesen haben, haben wir kosmisches Bewusstsein auf einer theoretischen Ebene erreicht. Es mag nur eine spirituelle Einsicht auf theoretischer Ebene sein, aber es ist viel besser als nichts.

Auf der Grundlage seiner Erleuchtung konnte Martinus in den 60 Jahren nach seinem spirituellen Erwachen im Jahr 1921 10.000 Seiten (Titel siehe Literaturverzeichnis) tiefgründiger und logischer Analysen verfassen, die die Lösung des Lebensmysteriums enthüllen, 100 Symbole herstellen und Tausende von Vorträgen halten. Die Symbole sind „Landkarten" der Beschaffenheit, Gesetze und Prinzipien der geistigen Welt. Die Symbole sind vollgepackt mit

Informationen, aber sie sind auch sehr schön und perfekt ausgeführt. Schon beim Betrachten wird deutlich, dass nur jemand mit tiefer kosmischer Einsicht sie angefertigt haben kann.

Jeder, der sich die Zeit genommen und das Interesse aufgebracht hat, das Werk von Martinus zu studieren, wird völlig überwältigt sein. Hier ist alles: eine umfassende Erklärung dessen, worum es im Leben geht, die uns durch Analysen, die an unseren Intellekt appellieren, zugänglich gemacht wird. Die Größe des Werkes von Martinus wird uns erst allmählich aufgehen, aber es besteht kein Zweifel daran, dass es die vollständigste Offenbarung geistiger Erkenntnis darstellt, die der Menschheit je offenbart wurde. Es gibt nirgendwo etwas Vergleichbares. Es ist vollständig, es ist intelligent, es ist logisch, und es ist voll von Liebe. Es hat alles: eine Offenbarung der Lösung des Lebensmysteriums, es gibt Antworten auf die großen Fragen wie: Warum sind wir hier? Hat unser Leben einen Sinn? Woher kommen wir und wohin gehen wir? Ist dies das einzige Leben, das wir leben? Gibt es ein Leben nach dem Tod? Wie können wir ein glückliches Schicksal erschaffen? Werden wir immer Kriege und Elend haben? Wie können wir einen friedlichen Planeten schaffen? Was geht hier gerade vor sich? Sind wir allein im Universum? Wie wurde das Universum erschaffen? Was wird die Zukunft bringen? Sind wir auf dem Weg zur Selbstzerstörung? Wie können wir von Krankheit und Schmerz befreit werden? Gibt es einen Gott? Und vieles mehr.

Martinus' Werk ist Geisteswissenschaft in ihrer vollkommensten Form, und sie wird den Weg für eine Verschmelzung von Wissenschaft und Spiritualität in der Zukunft ebnen. Ich kann es auch so ausdrücken: Martinus' Arbeit ist Wissen von oben, von der göttlichen Ebene, das ihm durch sein kosmisches Bewusstsein offenbart wurde. Unsere irdischen Wissenschaften sind Wissen von unten, Informationen darüber, wie die physische Welt funktioniert, gewonnen durch Forschung, Studium und harte Arbeit. Früher oder später werden die beiden miteinander verschmelzen, das heißt, sie werden sich gegenseitig ergänzen. Dies wird geschehen, wenn unsere Wissenschaften beginnen, die geistige Ebene zu berücksichtigen. Wir werden nie zu einem endgültigen Verständnis der Welt gelangen, solange wir die geistige Ebene nicht miteinbeziehen. Wir können keine endgültigen Antworten geben, solange wir glauben, dass es nur physische Materie gibt. Die spirituelle Wissenschaft ist also bereit und wartet nur noch darauf, dass unsere irdischen Wissenschaften sie einholen. Das werden sie im Laufe der nächsten Jahrhunderte tun.

In der Zwischenzeit ist das Werk von Martinus eine Art Abkürzung zur geistigen Ebene. Wenn wir sein Werk lesen, werden wir sehen, wie tief und logisch seine Einsicht ist. Es ist eine helfende Hand von einer höheren Existenzebene, die sich uns entgegenstreckt, um uns zu lehren, wie das Universum funktioniert, warum wir hier sind und wohin wir gehen.

Fast jeden Tag seines Lebens arbeitete Martinus von 4 Uhr morgens bis zum späten Nachmittag an seiner Schreibmaschine. Er war unglaublich fleißig und sich bewusst, dass er eine Mission zu erfüllen hatte. Seine Mission bestand darin, den übergeordneten Plan des Lebens zu enthüllen und den Sinn der Finsternis und des Leidens zu erklären und diese zu rechtfertigen. Als er in seinen 70ern war, erhielt er wie gesagt einen starken Impuls von der göttlichen Existenzebene, dass alle seine Schriften, sein gesamtes Werk unter dem Haupttitel „Das Dritte Testament" veröffentlicht werden sollten.

Das Dritte Testament ist eine Fortsetzung des Neuen Testaments. Damals sagte Jesus zu seinen Jüngern: *„Ich habe euch* *noch viel zu sagen; aber ihr könnt es jetzt nicht ertragen. Wenn aber jener kommt, der Geist der Wahrheit, wird er euch in aller Wahrheit leiten. Denn er wird nicht aus sich selbst reden; sondern was er hören wird, das wird er reden, und was zukünftig ist, wird er euch verkündigen."* (Joh 16,12-13).

Jesus sagt, er habe seinen Jüngern noch viel mehr zu sagen, aber sie könnten es jetzt nicht ertragen. Das bedeutet, dass sie noch nicht genügend entwickelt waren, um die Erklärungen zu verstehen. Aber in der Zukunft würde der Geist der Wahrheit kommen und sie in die volle Wahrheit führen.

Hat Jesus ein solches Versprechen umsonst gegeben? Waren es nur leere Worte, die nie in Erfüllung gehen würden? Ist es wahrscheinlich, dass Jesus etwas verkündete, das sich nicht erfüllt? Nein, natürlich würde er keine leeren Versprechungen machen. Zu einem bestimmten Zeitpunkt würde der angekündigte Geist der Wahrheit auf der Weltbühne erscheinen.

Dieser Geist der Wahrheit ist nicht ein Mensch. Geist ist nicht etwas Physisches, das wir sehen und anfassen können. Geist ist Bewusstsein, Gedanken und Ideen. Außerdem sagte Jesus: *„Er wird nicht aus sich selbst reden; sondern was er hören wird, das wird er reden, und was zukünftig ist, wird er euch verkündigen"* (ebd.). Das bedeutet, dass das, was der „Geist der Wahrheit" offenbaren wird, nicht etwas sein wird, das „er" sich selbst ausgedacht hat. *„Sondern was er hören wird, das wird er reden"* bedeutet, dass er offenbaren wird, wozu er durch seine Intuition Zugang hat. Martinus hat sich seine Geisteswissenschaft nicht mit seinem Gehirn „ausgedacht", sondern sie wurde mittels seines intuitiven Vermögens durch ihn übermittelt.

Durch seine Schriften offenbarte Martinus die Worte, die der „Geist der Wahrheit" zu sagen hatte. Deshalb wurde ihm zu verstehen gegeben, dass sein Werk unter dem Titel „Das dritte Testament" veröffentlicht werden solle. Es enthält alle Erklärungen, die die Jünger zur Zeit Jesu nicht verstehen konnten. Jesus musste Gleichnisse und Umschreibungen gebrauchen, weil die Menschen, die vor 2000 Jahren lebten, die wissenschaftlichen Grundlagen nicht besaßen, um die Konzepte zu verstehen, auf die er sich bezog. Eine vollständige Erklärung musste bis zu einem späteren Zeitpunkt warten, wenn die Entwicklung zu einem höheren Verständnis, zu einer wissenschaftlichen (und nicht auf dem Glauben basierenden) Herangehensweise an das Leben und nicht zuletzt zu einer höher entwickelten Intelligenz der Zuhörerschaft geführt hätte.

Heute, 2000 Jahre später, ist die Zeit gekommen, das zu enthüllen, was Jesus damals nicht lehren konnte: die vollständige Erklärung des Lebensmysteriums. Diese vollständige Erklärung liegt in dem Werk von Martinus vor.

Sie soll jedoch nicht die Grundlage für einen neuen Glauben oder eine neue Religion werden. Religion basiert auf der Fähigkeit zu glauben, aber im Laufe unserer Entwicklung wird unsere Fähigkeit zu glauben auf Kosten unserer wachsenden Intelligenz immer geringer. Wir sind heute nicht mehr in der Lage, einfach so zu glauben, wie wir es früher getan haben. Heute verlangen wir logische Erklärungen, die unseren Intellekt ansprechen. Wir wollen hieb- und stichfeste, wissenschaftliche Erklärungen, die wir dem Licht unserer Intelligenz und der allgemeinen Logik aussetzen können. Wir sind schon zu weit gekommen, um uns mit einem weiteren Glaubensobjekt zufrieden zu geben. Wir wollen keinen Glauben mehr, wir wollen Fakten. Das verlangt unsere wachsende Intelligenz.

Aus diesem Grund ist das Dritte Testament nicht etwas, an das wir glauben sollen. Es ist etwas, das wir mit unserer Intelligenz studieren sollten. Es ist eine geistige Nahrung für uns, die wir hier und jetzt auf diesem Planeten leben.

Nun könntest du sagen, dass du nicht glaubst, was ich schreibe. Du könntest sagen, dass ich den Verstand verloren habe und dass nichts davon bewiesen werden kann. Dem kann ich nur entgegnen: Lies Martinus' Werke. Den Beweis liefert das Leben selbst. Jeder, der sich die Zeit genommen hat, das Gesamtwerk von Martinus zu studieren, ist nicht im Zweifel: Hier haben wir es! Das ist die Wahrheit über unser Leben, über unsere Unsterblichkeit, unser Schicksal, unsere Körper, unsere Ernährung, unsere Zellen und Organe, unseren Planeten, unser Sonnensystem, unsere Galaxie und unser Universum. Es ist auch die Wahrheit über Gott. Es ist die wahre Theorie von Allem.

Nun würde Martinus selbst sein Werk nicht als Theorie bezeichnen. Für ihn ist es keine Theorie. Es ist eine Offenbarung darüber, wie das Universum aufgebaut ist. Es ist eine Offenbarung des göttlichen Gesamtplans, der höchsten Wahrheit.

Aber wir können es einstweilen als eine Theorie betrachten, bis die Zeit kommt, in der wir es nicht mehr als solche sehen, weil wir so weit entwickelt sind, dass wir es durch unser eigenes kosmisches Bewusstsein selbst sehen können. Bis dahin können wir Martinus' Werk als ausgestreckte Hand von einer höheren Existenzebene betrachten, die uns sagt, wer wir sind, woher wir kommen und wohin wir gehen, was der Sinn des Lebens ist und warum wir unsterbliche Wesen auf einer unendlichen Reise durch physische und geistige Reiche in einem Universum sind, in dem der Grundton die Liebe ist.

Begleite mich also auf eine bewusstseinserweiternde Reise ins Universum und darüber hinaus, auf der wir – nun ja – wen finden werden? Gott! Nicht unseren derzeitigen, auf Glauben basierenden Gott, sondern den kosmischen Gott.

2. Die Struktur des Lebens

Das folgende Kapitel erklärt einige grundlegende Prinzipien, die wir verstehen müssen, bevor wir uns mit der Erde, dem Universum und Gott beschäftigen.

Das Wort Kosmos bedeutet „das geordnete Universum", im Gegensatz zum Chaos. Chaos bedeutet das planlose, unordentliche Universum, das keine höheren Regeln für sein Funktionieren kennt, wo alles willkürlich, unvorhersehbar und vom Zufall bestimmt ist.

Aber wird das Universum wirklich vom Chaos bestimmt? Nein, das wird es nicht! Wir wissen doch alle, dass es physikalische Gesetze gibt, die definieren, wie sich die Materie zu jeder Zeit verhält. Diese Gesetze sind so präzise, dass wir berechnen können, wie man eine Brücke über einen Abgrund baut, und das können wir nur, weil unsere durch viele Jahrhunderte gesammelten Daten, unsere Untersuchungen, Studien und Erfahrungen uns sagen, wie die Naturgesetze funktionieren. Wir nennen diese Gesetze die Gesetze der Physik, und wenn wir sie kennen, können wir die Brücke so bauen, dass sie ihren Zweck erfüllt und das Gewicht tragen kann, das sie tragen soll. Dies ist nur möglich, weil das Universum von Gesetzen beherrscht wird, die niemals ins Wanken geraten. Die Gesetze der Physik sind immer in Kraft, jeden Tag der Woche, in allen Ecken der Welt. Die Gesetze sind so präzise, dass wir unsere Häuser, Gebäude, Straßen, Brücken, Wolkenkratzer, Flugzeuge, Raketen und Satelliten auf ihrer Grundlage bauen können.

Die präzisen Gesetze der Physik sagen uns, dass das Universum nicht vom Chaos, sondern von Gesetzmäßigkeiten beherrscht wird. Das bedeutet, dass Ordnung und Struktur herrschen, dass der Kosmos und nicht das Chaos das Universum beherrscht. Aus diesem Grund hat Martinus sein Werk auch Martinus-Kosmologie genannt – die Lehre vom wohlgeordneten Universum.

Ewige Gesetze regieren das Universum und alles, was in ihm geschieht. Nichts geschieht zufällig. Wenn irgendetwas zufällig passieren könnte, wäre es um das ganze Universum geschehen. Das ist aber nicht der Fall. Die Regeln und Gesetze, die im Universum gelten, sind sehr streng. *„Selbst die Haare auf eurem Haupt sind gezählt".* So drückte Jesus die Genauigkeit aus, mit der das Universum funktioniert. Das ist eine wunderbare Art, die Präzision seines Funktionierens zu beschreiben. Da gibt es kein Wackeln, keinen Fehler, keine Zufälligkeit und keine Unvorhersehbarkeit. Alles geschieht auf völlig vorhersehbare Weise, und wir können das erkennen, wenn wir die Gesetze kennen. Auf unserer derzeitigen Entwicklungsstufe kennen wir nicht alle Gesetze des Universums. Wir kennen „nur" die Gesetze, die die physische Materie regeln. Von den Gesetzen, die die geistige Materie regieren, haben wir bisher nur eine begrenzte Vorstellung. Erst wenn wir die Existenz der geistigen Materie anerkennen, können wir beginnen, sie zu studieren und mehr über ihre Funktionsweise zu erfahren.

Geistige Materie

Was ist geistige Materie? Geistige Materie ist dasselbe wie Energie. Es ist eine unsichtbare Form von Materie, die wir mit unseren physischen Sinnen nicht wahrnehmen und mit unseren Händen nicht greifen können. Woher wissen wir dann, dass diese Art von Materie existiert? Das wissen wir, weil es der Stoff ist, aus dem unsere eigenen Gedanken bestehen. Wir wissen, dass unsere eigenen Gedanken wirklich sind. Niemand wird leugnen, dass er Gedanken hat. Wir wissen auch, dass wir unsere eigenen Gedanken oder die Gedanken anderer nicht sehen können. Wir wissen, dass auf der Grundlage unserer Gedanken alle unsere Entscheidungen getroffen werden, also sind unsere Gedanken für uns von größter Bedeutung. Wir wissen, dass jedes vom Menschen geschaffene Ding ein Gedanke war, bevor wir es in physischer Materie erschaffen konnten. Wir wissen auch, dass wir mit unseren Gedanken unserem Körper Befehle erteilen, bestimmte Teile zu bewegen: ein Bein, einen Arm, einen Finger, oder Worte, Äußerungen oder Handlungen hervorzubringen. Wir wissen auch, dass unsere Gedanken elektrischer Natur sind, denn wir können die Gedankenaktivität messen, wenn wir Elektroden am Kopf einer Person anbringen.

Wir können also feststellen, dass Gedanken messbare Energie sind und dass sie Information enthalten. Energie, die Information enthält, ist dasselbe wie geistige Materie.

Das bedeutet, dass wir in unserer körperlichen Struktur sowohl sichtbare Materie, unseren physischen Körper, finden, als auch unsichtbare Materie, unsere Gedanken.

Martinus drückt das auf folgende Weise aus:

„Alles, was die Menschen manifestiert haben, ist erst in ihrer Gedankenwelt manifestiert worden, d. h. im unsichtbaren Teil ihrer Person oder ihres Hervortretens als Lebewesen. Ein Lebewesen besteht also aus einem sichtbaren und einem unsichtbaren Teil. Der sichtbare Teil ist der physische Organismus, während der unsichtbare Teil das Bewusstsein ausmacht. Es ist jedoch eine Tatsache, daß der sichtbare Teil vom unsichtbaren Teil dirigiert und gesteuert wird. Der unsichtbare Teil ist also der primäre Teil des Lebewesens. Aber warum sollte dasselbe nicht auch für das Weltall

gelten?" (Martinus: „Durch den leeren Raum des Weltalls", Kap. 5 im kleineren Buch Nr. 16: „Das Reinkarnationsprizip", Unterstreichungen von mir).

Martinus weist darauf hin, dass die Gesamtheit unserer Gedanken mit unserem Bewusstsein identisch ist. Ein ganzer Kopf voller Gedanken macht unser Bewusstsein aus. Das bedeutet, dass der sichtbare Teil unseres Körpers von dem unsichtbaren Teil gelenkt und kontrolliert wird. Woher wissen wir, dass dies wahr ist? Wir können es wissen, weil die Gedanken Vorrang vor der physischen Materie haben. Es sind immer die Gedanken, die zuerst kommen. Der Gedanke geht unseren Aktionen, Entscheidungen und Reaktionen voraus. Wir denken, und auf der Grundlage dieser Gedanken handeln wir. Der Gedanke kommt zuerst. Es ist auch eine Tatsache, dass jedes vom Menschen geschaffene Ding, sei es ein Kugelschreiber, ein Tisch, ein Auto oder ein Computer, ein Gedanke war, bevor es zu einer physischen Manifestation wurde. Wir denken, planen und schaffen – in dieser Reihenfolge. Das bedeutet, wie Martinus oben betont, dass der unsichtbare Teil den sichtbaren Teil kontrolliert. Das wiederum bedeutet, dass der unsichtbare Teil der primäre oder wichtigste Teil des Lebewesens ist. Martinus nennt die Art von Materie, aus der unsere Gedanken bestehen, „strahlenförmige" Materie. Er nennt sie so, weil diese Art von Stoff oder Materie aus Strahlen und nicht aus Teilchen besteht.

Der Vorrang der strahlenförmigen Materie vor der physischen Materie gilt für alle Lebensformen. Ihre Gedanken und ihr Bewusstsein herrschen über ihren physischen Teil. Wir können unsere unsichtbaren Gedanken und unser Bewusstsein als geistige Materie bezeichnen, im Gegensatz zu der sichtbaren physischen Materie in unserem Körper. Dieses Prinzip gilt auf allen Größenebenen: im Mikro-, Zwischen- und Makrokosmos.

Das Universum enthält ebenfalls sowohl physische Materie, also die physischen Planeten und Sonnen, als auch geistige Materie, also den riesigen Ozean aus Energie, der in dem liegt, was man früher für den „leeren Raum" hielt – den riesigen Raum, der zwischen den physischen Planeten und Sonnen liegt. Heute wissen wir, dass der „leere Raum" nur leer von physischer Materie, aber nicht überhaupt leer ist. Er ist voll von Energie oder geistiger Materie, was dasselbe ist wie Gedankenmaterie/Bewusstsein. Gedanken (Information) und Energie sind zwei Seiten derselben „Sache". Wir können das eine nicht ohne das andere haben. Kosmische Energie enthält Information. Sie ist ein Ozean von Information. Dieser Informations-Ozean des Universums wird manchmal als Akasha-Chronik bezeichnet.

Gedankenmaterie ist das, was unser Bewusstsein ausmacht, also ist das, was wir da draußen in dem „leeren Raum" haben, ein Bewusstseinsmeer. Das bedeutet, dass wir in einem bewussten Universum leben. Ich werde auf diesen faszinierenden Punkt in Kapitel 4 zurückkommen.

Die Ewigkeit

Die wesentlichste Voraussetzung für das Verstehen des Kosmos ist, dass wir die Ewigkeit in unsere Kosmologie einbeziehen. Wir können den Kosmos nicht innerhalb des engen Rahmens begrenzter Zeit verstehen. Der Kosmos ist etwas Ewiges, und da der Kosmos alles enthält, was existiert, und da wir in diesem Kosmos existieren und somit kleine Teile davon sind, sind wir auch ewig.

Die Ein-Leben-Theorie, die heute in der westlichen Welt vorherrscht, ist falsch. Sie beruht auf der Vorstellung, dass nur die physische Materie existiert. Außerdem wurde die Ein-Leben-Theorie nie bewiesen, denn niemand hat jemals beweisen können, dass nichts den Tod des physischen Körpers überlebt. Die Ein-Leben-Theorie beruht auf der irrigen Auffassung, dass wir mit unserem physischen Körper identisch sind und dass kein Teil unseres Wesens in nicht-physischer, strahlenförmiger Materie existiert. Da strahlenförmige Materie aber Energie ist und Energie weder geschaffen noch zerstört werden kann, müssen wir daraus schließen, dass ein Teil von uns, unser Bewusstsein und unsere Gedanken, unzerstörbar sind und daher den physischen Tod überleben. Jedes Mal, wenn wir einen physischen Körper verlieren, überlebt unser Bewusstsein (das mit dem identisch ist, was traditionell als Seele bezeichnet wird), das aus geistiger/strahlenförmiger Materie oder Energie besteht, und wird nach einer guten, ausgiebigen Ruhezeit auf der geistigen Ebene in einem neuen physischen Körper reinkarnieren und seine Entwicklung darin fortsetzen.

Als winzige Teile des ewigen Universums haben wir ewiges Leben. Und das Leben aus der Ein-Leben-Perspektive betrachtet ist eigentlich absurd, unlogisch, ungerecht und lieblos. Es ist dieser Mangel an einer Ewigkeitsperspektive, der uns den Boden unter den Füßen verlieren lässt und uns unsere Existenz als absurd und unverständlich, als ungerecht und lieblos erscheinen lässt. Niemand kann sein Schicksal aus einer Ein-Leben-Perspektive verstehen. Eine vollständige Erklärung, wie wir unser Schicksal erschaffen und wie das Karmagesetz funktioniert, findest du in diesem Buch: https://www.amazon.com/Fate-Karma-Nutshell-understand-Spiritual-ebook/dp/B084G6Y9HD

Die Ewigkeit hat keinen Anfang und kein Ende. Hätte sie das, wäre sie nicht ewig. Wir leben ewig in dem gigantischen Kosmos, und auch unsere Existenz hat keinen Anfang und kein Ende. Unsere Seelen sind einfach: Etwas, das ist, etwas, das existiert.

Der Kosmos besteht aus zwei Daseinsebenen: der unsichtbaren geistigen Ebene, auf der wir in unserem aus strahlender Materie bestehenden geistigen Körper/Bewusstsein immer lebendig sind, und der sichtbaren physischen Ebene, auf der wir leben müssen, um den Kontrast zur geistigen Ebene zu erfahren. Die geistige Ebene ist da, wo es keine Zeit und keinen Raum gibt – es gibt nur das ewige Jetzt. Hier existieren wir auf ewig in unserem geistigen Körper, der aus Energie besteht. Unser geistiger Körper ist mit unserem Bewusstsein identisch. Wir haben immer unseren geistigen Körper, ob wir einen physischen Körper haben oder nicht, und wir sind genau dasselbe Wesen, ob wir einen physischen Körper haben oder nicht. Wir leben ewig in unserem geistigen Körper, und die geistige Ebene ist ein Ort, an dem wir ausschließlich Glückseligkeit, Licht, Liebe und Schönheit erleben.

Die Notwendigkeit des Kontrasts

Um jedoch ewig erleben zu können, können wir nicht ewig nur Glückseligkeit, Licht, Liebe und Schönheit erleben. Das Universum MUSS notwendigerweise einen Ort enthalten, an dem von seinen Bewohnern ein Kontrast zu all dieser Glückseligkeit erlebt werden kann. Ohne Kontrast verliert das Leben seinen Sinn. Aus diesem Grund haben wir die physische Ebene. Die physische Ebene ist der Ort, an dem wir Finsternis, Elend, unglückliche Schicksale und Lieblosigkeit erfahren. Die beiden Ebenen bedingen sich gegenseitig. Gäbe es nur die geistige Ebene mit ihrer Glückseligkeit und universellen Liebe, gäbe es nichts Neues mehr zu erleben, wenn alle Lebewesen im Universum das Licht und die Glückseligkeit zur Gänze erfahren hätten. Dann gäbe es einen totalen „Whiteout", ohne etwas Neues zu erleben.

Deshalb gibt es die physische Ebene: die Ebene, auf der wir den Kontrast zum Licht und zur Glückseligkeit der geistigen Ebene, die Finsternis und die Lieblosigkeit, erleben können. Wir können das eine nicht ohne das andere haben, und wir können kein ewiges Universum haben, ohne dass beide Ebenen existieren.

Daher hat das Lebewesen eine doppelte Analyse. Es ist in erster Linie ein geistiges Wesen, und der Kern dessen, was es ist, sein „Ich" und sein Bewusstsein, ist von geistiger oder elektrischer Natur. Alle Lebewesen sind in ihrer geistigen Struktur ewig lebendig. Von Zeit zu Zeit hat das Lebewesen zusätzlich zu seinem geistigen Körper noch einen physischen Körper. Wenn es für ein Lebewesen an der Zeit ist, in physischer Materie zu reinkarnieren, überschattet sein Ich/Bewusstsein den Prozess der Empfängnis und ein neues physisches Wesen wird auf der Basis der in seinem Bewusstsein enthaltenen Information geschaffen.

Das Erleben von Kontrasten ist wesentlich für unsere ewige Wahrnehmungsfähigkeit. Sowohl die physische als auch die geistige Ebene sind füreinander unverzichtbar. Auf diese Weise ist das Universum so genial erschaffen, dass auf der Grundlage des Kontrastprinzips ein ewiges Lebenserleben für die Lebewesen garantiert ist.

Martinus nennt die beiden Daseinsebenen das „angenehme Gute" und das „unangenehme Gute". Das angenehme Gute ist unser Aufenthalt auf der geistigen Ebene, während das unangenehme Gute unser Leben auf einem physischen Planeten ist. Beide sind gleichermaßen unverzichtbar und das eine kann ohne das andere nicht existieren. Auf diese Weise rechtfertigt und erklärt Martinus die Existenz der Finsternis.

Also müssen wir uns von Zeit zu Zeit auf die physische Ebene begeben, um unsere ewige Wahrnehmungsfähigkeit zu erneuern, indem wir den Kontrast zur Glückseligkeit und Liebe auf der geistigen Ebene erleben. Das tun wir, indem wir unseren ewigen geistigen Körper in einen physischen Körper reinkarnieren. Unser geistiger Körper enthält alle Informationen darüber, wer wir sind, und ist mit unserem Bewusstsein identisch. Das bedeutet, dass wir im Kern dieselben sind, ob wir einen physischen Körper haben oder nicht. Unsere Existenz ist eine doppelte: Einerseits haben wir unseren ewigen geistigen Körper mit unserem „Ich" im Zentrum, und andererseits haben wir manchmal einen physischen Körper zusätzlich zu unserem geistigen Körper. Wenn wir in einem physischen Körper inkarniert sind, ist es unser geistiger Körper (unser Bewusstsein), der diesen physischen Körper erschaffen hat, auf Basis der während Tausender von Leben angesammelten Information darüber, wie man einen Körper erschafft. In jeder neuen physischen Inkarnation bildet unser spiritueller Körper mit seinem „Ich" den Kern. Wir haben immer unseren geistigen Körper und leben ewig in ihm. Der geistige Körper überlebt jedes Mal, wenn wir einen physischen Körper verlieren. Das Leben ist nichts, was wir verlieren können, und der Tod ist eine Illusion. Siehe die Liste der Bücher, die erklären, wie Reinkarnation funktioniert und was passiert, wenn wir sterben, am Ende dieses Buches.

Unser Ewigkeitskörper

Martinus hat ein Symbol gezeichnet, das unseren Ewigkeitskörper veranschaulicht: Symbol Nr. 16, das hier zusammen mit der der dazugehörigen offiziellen Symbolerklärung des Martinus-Instituts gezeigt wird.

Symbol 16

Der Ewigkeitskörper

Zusammenfassung der Erklärung des Symbols 16 – Der Ewigkeitskörper

Das Lebewesen hat in seiner Grundstruktur ein ewiges Zentrum oder Ich, das Bewegungsarten aussendet, die zu diesem Zentrum zurückkehren. Es ist ewig von vielen Kreislaufbewegungen umhüllt. Alle Kreislaufbewegungen führen bei ihrem Abschluss zu einem neuen Kreislauf. Diese Bewegungsstruktur um das Ich ist daher ewig und wird als Ewigkeitskörper bezeichnet. Da alle Energie- und Bewegungsarten immer vom Ich ausgehen und im Kreislauf dorthin zurückkehren, ist das Wesen die absolut erste Ursache und darum der einzige Urheber seines Schicksals. Damit erweist sich die ewige und unerschütterliche Gerechtigkeit als absolute Wirklichkeit.

Wichtige Einzelheiten des Symbols:

- Das Symbol repräsentiert das Lebewesen.
- Das weiße Dreieck symbolisiert das Ich, das der feste Punkt in den ausgesandten und zurückkehrenden Bewegungen ist.
- Das weiße Flammenkreuz soll ausdrücken, dass der Ewigkeitskörper als Ganzer immer im Gleichgewicht ist.
- Die vielen violetten Kreisbahnen oder Schicksalsbogen sind Kreisläufe, die vom Ich ausgehen und zu ihm zurückkehren. Sie symbolisieren alle verschiedenen Bewegungsarten, die aus erschaffenen Organen, Körpern, Manifestationen und Lebenserlebnissen des Lebewesens bestehen.
- Dass die Schicksalsbogen in vier Größen dargestellt sind, symbolisiert nur, dass sie in unendlich vielen Größen erscheinen. Gewisse Kreisläufe kehren augenblicklich zurück, andere sind von Riesendimensionen und erstrecken sich über den gesamten Spiralkreislauf. Außerdem gibt es noch größere Kreisläufe oder Schicksalsbogen.

Siehe Martinus' eigene vollständige Beschreibung und Erklärung des Symbols 16 in: *Das Ewige Weltbild 1*.

Dieses Symbol veranschaulicht unser ewiges „Ich", unseren ewigen Kern. Wir sind in dieser Struktur immer lebendig. Wir können unser „Ich" nicht verlieren, es ist unser fester Punkt.

Durch seine Handlungen, ob groß oder klein, sendet das Ich Energiebündel aus. Im Universum gibt es keine gerade Linie, denn alles bewegt sich in Zyklen. (siehe Symbol Nr. 15: https://www.martinus.dk/de/symbole/symboluebersicht/symbol-15/index.html).

Die gerade Linie gibt es im Universum nicht. Was wie eine gerade Linie aussieht, ist „nur" Teil eines sehr großen Kreises, dessen Krümmung aufgrund der Größe des Kreises für das Auge unsichtbar ist. Für ein umfassendes Verständnis des Universums ist es wichtig zu erkennen, dass sich alle Energien in kreisförmigen Bahnen bewegen.

Da sich alles in Kreisbahnen bewegt, werden alle Energien, die wir aussenden, zu uns zurückkehren. Wenn das geschieht, werden wir am eigenen Körper erfahren, was wir einst anderen gegenüber getan haben. Wenn das, was wir getan haben, eine freundliche und hilfreiche Tat war, wird die zurückkehrende Energie bedeuten, dass wir Freundlichkeit und Hilfe von den Menschen um uns herum erfahren. War das, was wir getan haben, bösartig und mörderisch, werden wir Elend und Tod erfahren. Das bedeutet, dass wir das, was wir anderen antun, letztlich uns selbst antun.

In der Erklärung erwähnt Martinus das „Ich", das er auch oft als X1 bezeichnet. X1 ist Teil des dreieinigen Prinzips, das alle Lebewesen aufweisen. Alle Lebewesen, von der Fliege, dem Löwen, dem Wal und dem Menschen bis hin zum Planeten, der Galaxie und Gott selbst, haben dieselbe innere, dreieinige Struktur: Sie alle haben ein X1, X2 und X3. Die Struktur des Lebewesens kann auf diese Weise veranschaulicht werden:

X 1

Das „Ich"
Der Schöpfer

X 2

Die Schöpfungsfähigkeit
Talente, Schicksal, Polstruktur

X 3

Alles Erschaffene
Alle erschaffenen Körper und alle erschaffene Materie

X1 ist der Schöpfer, der oberste Meister und der Kern in jedem Lebewesen, X2 ist die ewige Fähigkeit aller Lebewesen, zu erschaffen, während X3 die Ergebnisse dessen bezeichnet, was der Meister (X1) mit seiner Schöpfungsfähigkeit (X2) erschaffen hat. Das Resultat der Schöpfung des Meisters ist X3: alles Erschaffene. Von den drei Elementen sind X1 und X2 ewig – sie existieren immer. X3 hingegen bezeichnet ein zeitgebundenes Element: den erschaffenen Körper oder die erschaffenen Dinge. Diese haben einen Anfang und ein Ende. Da sie einmal erschaffen wurden, werden sie irgendwann aufhören zu existieren.

Ein Beispiel dafür könnte unsere eigene Struktur sein: Wir Menschen haben ein „Ich" (X1), das der Schöpfer ist, wir haben eine Fähigkeit zu erschaffen (X2) und etwas, das wir erschaffen haben: unseren physischen Körper (X3). Von diesen drei sind X1 und X2 ewig und können nicht aufhören zu existieren. X3 ist etwas Erschaffenes und hat einen Anfang und ein Ende. Unser physischer Körper entsteht bei der Geburt und geht seiner Auflösung beim Tod entgegen. Da der Körper aber nur einen von drei Teilen unseres Wesens ausmacht, bedeutet sein Tod nicht das Ende unserer Existenz, denn wir haben ja noch die anderen beiden X, die unsere ewige Struktur ausmachen.

X2 enthält unser Bewusstsein, unsere Talente, unser Schicksalselement, unsere angesammelte Weisheit, unsere Moral, unser Mitgefühl und das, was wir imstande sind, anderen anzutun, unsere Fähigkeit, All-Liebe auszudrücken, sowie unsere Polstruktur.

Auch Gott hat diese Struktur, und da Gott das gesamte Universum darstellt, gilt diese dreieinige Struktur auch für das Universum. Es ist ein Lebewesen und besteht aus einem ewigen Teil und einem zeitlich begrenzten Teil.

Das Karmagesetz

Symbol Nr. 16 veranschaulicht, wie die Energien, die wir aussenden, zu uns zurückkommen. Martinus nennt die wiederkehrenden Energien „Schicksalsbögen". Das bedeutet, dass das, was wir aussenden, als unser Schicksal zu uns zurückkommt. Dieser universelle Mechanismus wird als das Karmagesetz bezeichnet, das einfach besagt, dass wir ernten, was wir säen. Da wir ernten, was wir säen, ist alles, was mit uns geschieht, das Ergebnis der Energien, die wir selbst einmal in Form unserer Handlungen ausgesandt haben. Es gibt niemanden, dem wir die Schuld geben können, wenn wir leiden. Was uns widerfährt, ist ein Ausdruck der höchsten Gerechtigkeit. Wir haben es uns selbst angetan durch unsere Behandlung anderer Lebewesen. Nicht nur der anderen Menschen, sondern aller anderen Lebewesen. In seiner letzten Konsequenz bedeutet das Karmagesetz, dass niemand Unrecht tun kann und niemand Unrecht erleiden kann.

Das Universum wird also von der allerhöchsten Gerechtigkeit beherrscht.

Das Karmagesetz ist das übergeordnete pädagogische Prinzip des Universums und zeigt uns ohne Umschweife, was wir anderen einmal angetan haben. Wir werden es am eigenen Leib spüren, wenn unser Karma zu uns zurückkommt, und wenn es eine Tat war, die andere verletzt, geschädigt oder ermordet hat, werden wir selbst auf entsprechende Weise leiden.

Das bedeutet, dass niemand für immer böse, egoistisch und mörderisch sein kann. Wenn die mörderischen Karmabögen zu ihrem Ursprung zurückkehren, wird das betreffende Wesen leiden, und je mehr es leidet, desto schneller wird es lernen, seine Handlungsweise zu ändern: Es wird aufhören, anderen Leid zuzufügen, weil es nun gelernt hat, dass dieses Leid als sein eigenes Schicksal zurückkehren wird. Durch unser eigenes Leiden wird unsere Mitmenschlichkeit geboren.

Wenn Soldaten wiederholt in Kriegen gefallen sind und die Schrecken der Schlachtfelder erlebt haben – die Schmerzen von Verwundungen und gebrochenen Gliedmaßen, das Verbluten, die Hilfeschreie ihrer sterbenden Kameraden und das Sterben unter unerträglichen Schmerzen – werden sie nach mehreren physischen Leben im Krieg schließlich als Pazifisten geboren, weil sie gelernt haben, dass Krieg nur zu Leid führt, nicht nur für andere, sondern auch für sie selbst. Und dann kann kein Diktator oder General sie mehr in eine Uniform zwingen. Auf diese Weise wird unsere Mitmenschlichkeit in jedem physischen Leben wachsen und uns schließlich in allliebende Menschen verwandeln. Wenn das geschehen ist, werden wir dafür reif sein, dass sich das kosmische Bewusstsein in unserer Mentalsphäre öffnet.

Das Karmagesetz zu verstehen ist Martinus zufolge die größte Herausforderung, vor der wir heute stehen. Heutzutage sind sich die meisten Menschen der Existenz dieses Gesetzes nicht bewusst und glauben, dass sie andere Lebewesen (einschließlich der Tiere) auf jede erdenkliche Weise behandeln können, ohne die Konsequenzen zu ernten. Diese Vorstellung ist hauptsächlich auf den vorherrschenden Glauben an die nie bewiesene Ein-Leben-Theorie zurückzuführen. Wenn man glaubt, dass nur physische Materie existiert und dass man mit seinem physischen Körper identisch ist, glaubt man auch, dass man tun kann, was man will, ohne die Konsequenzen zu ernten. Das glaubt man, weil man beobachten kann, wie Mörder und Diktatoren scheinbar frei herumlaufen und bis zu ihrem Tod nie die Folgen ihrer Taten zu spüren bekommen. Aber diese Konsequenzen werden die Mörder in einem späteren Leben treffen, und sie werden sehr schwerwiegend sein. Der Glaube an die Ein-Leben-Theorie blockiert die Sicht von Millionen von Menschen und verhindert, dass sie verstehen, wie wir unser Schicksal selbst gestalten.

Es ist wie in einen Gruselfilm, wenn man beobachtet, wie Menschen heute grausam, selbstsüchtig und mörderisch handeln, in dem Irrglauben, dass ihre bösartigen Handlungen keine Konsequenzen für ihr eigenes zukünftiges Schicksal haben werden. Aber diese Handlungen werden als ihr Schicksal zu ihnen zurückkommen und sie werden ernten, was sie einmal gesät haben. Zu lernen, andere so zu behandeln, wie man selbst behandelt werden möchte, ist die Lektion Nr. 1, die es heute zu lernen gilt.

Wenn der Diktator wüsste, was für ein unglückliches Schicksal er für sich selbst sät, würde er es sich zweimal überlegen, bevor er seine Gegner einsperrt, foltert und tötet. Aber seine „Erfahrungsbank" ist noch leer und er ist sich dieses größten pädagogischen Werkzeugs im Universum nicht bewusst, sodass er *„dort sicher wandelt, wo Engel nicht aufzutreten wagen"* – geradewegs in seinen eigenen Untergang und sein finsteres Schicksal hinein, das sich über mehrere zukünftige Leben erstrecken kann. Aber nachdem er die schmerzhaften Tode erlebt hat, die er einmal anderen bereitet hat, wird er schließlich sein Verhalten ändern, wird verstehen, dass er selbst gesät hat, was er geerntet hat, und lernen, andere mit Respekt und Liebe zu behandeln.

Die Höhe des „Guthabens" auf unserer „Erfahrungsbank" ist sehr individuell und hängt davon ab, was wir in früheren Leben an Lektionen und Leiden erfahren haben. Es ist wichtig zu verstehen, dass sich nicht jeder auf dem gleichen Niveau befindet, was Erfahrungen und geerntetes Wissen angeht.

Aber mit jedem Leben, das wir leben, fügen wir unserem karmischen „Bankkonto" Guthaben hinzu, und wenn sich genug davon angesammelt hat, werden wir zu allliebenden Wesen oder zu Millionären der Liebe. Wenn genügend von uns diesen Punkt erreicht haben, werden alle Kriege aufhören, einfach weil es niemanden mehr geben wird, der Soldat sein will. Dann werden wir Weltfrieden haben. Das wird laut Martinus innerhalb der nächsten 300 bis 500 Jahre geschehen.

Zu verstehen, wie das Karmagesetz funktioniert, ist eine Voraussetzung für eine friedliche und blühende Zukunft der Menschheit.

Lebensformen innerhalb von Lebensformen

Ein weiterer fundamentaler Begriff, den wir lernen müssen, um das Universum zu verstehen, ist, dass seine Struktur aus Lebewesen innerhalb von Lebewesen besteht. Das Verständnis dieser grundlegenden Struktur ist die Voraussetzung für das Verständnis des Universums und Gottes.

Wenn wir unseren eigenen Körper betrachten, ist mittlerweile durch jahrhundertelange wissenschaftliche Forschung klar geworden, dass wir darin eine unendliche Anzahl von Lebewesen in Form von Organen, Molekülen, Zellen, Atomen, Elektronen und anderen subatomaren Teilchen wie Quarks haben. Wenn wir sie unter dem Mikroskop beobachten (soweit dies möglich ist), können wir sehen, dass sie sich auf unterschiedliche Weisen verhalten, die Bewegung beinhalten. Und Bewegung ist ein klares Zeichen für Leben. Die Lebewesen in unserem Körper haben alle individuelle „Ichs". Sie sind nicht nur Materie oder Stoff, sondern Wesen, die ein individuelles Lebenserleben haben.

Wir wissen, dass unsere Blutzellen lebendig sind und dass wir sie aus unserem Körper entnehmen und durch eine Blutspende an einen anderen Körper abgeben können. Nach dieser Übergabe sind die Blutzellen immer noch lebendig und funktionsfähig. Diese Erkenntnis bedeutet, dass sie eine Lebensfunktion besitzen, die unabhängig von ihrem ursprünglichen Körper ist. Sie sind eigenständige Lebewesen und nicht nur eine Verlängerung ihres ursprünglichen Wirts. Sie sind lebendig, wenn wir Blut spenden, nachdem wir es gespendet haben, und nachdem die Zellen in einen anderen menschlichen Körper aufgenommen worden sind. Sie sind individuelle Lebewesen.

Dieses Prinzip gilt auch für unsere Organe. Durch Organtransplantationen wissen wir, dass auch unsere Organe ein Eigenleben haben und dass sie auch dann noch leben, wenn sie aus ihrem ursprünglichen Wirt entfernt wurden. Das bedeutet, dass sie auch außerhalb ihres ursprünglichen Wirts weiter funktionieren können, wenn sie in einen anderen menschlichen Körper transplantiert werden. Dies zeigt deutlich, dass auch Organe ein individuelles Leben haben. Dass sie lebendig sind, hängt nicht davon ab, ob sie sich in ihrem ursprünglichen Wirt befinden.

Wir bezeichnen die Gesamtheit der Lebensformen, die in unserem Körper leben, manchmal als unseren Mikrokosmos. Der Mikrokosmos eines menschlichen Körpers besteht aus Billionen von kleinen Lebewesen.

Martinus hat dieses Prinzip von Lebewesen in Lebewesen in einem seiner Symbole veranschaulicht: Symbol Nr. 7 – Das Lebenseinheitsprinzip. Das Symbol veranschaulicht, dass alle Lebewesen füreinander lebensnotwendig sind. Es ist unten zusammen mit der offiziellen Erklärung des Martinus-Instituts abgebildet.

Symbol 7

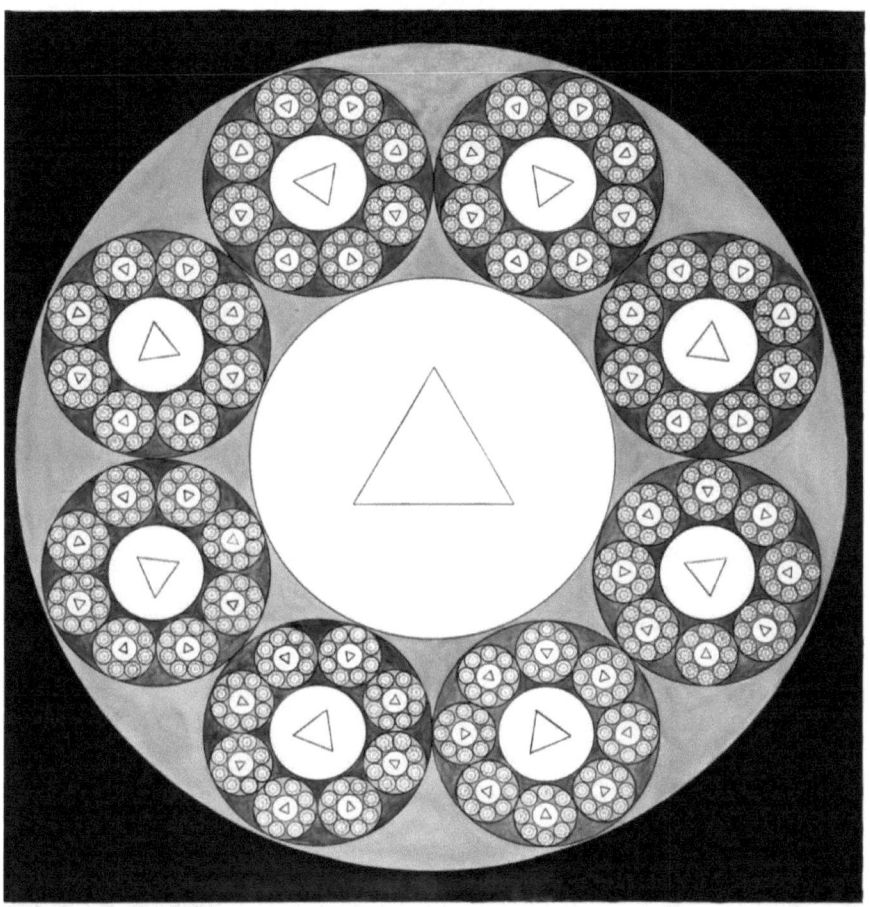

Das Lebenseinheitsprinzip

Zusammenfassung der Erklärung des Symbols 7 – Das Lebenseinheitsprinzip

Das Weltall, eine unendliche Einheit, ist ein allumfassendes Wesen, nämlich die Gottheit. Sie besteht aus allen existierenden Lebewesen. Diese sind als Leben innerhalb von Leben organisiert. D. h., dass jedes Wesen sowohl ein Makrowesen ist, das Mikrowesen einen Lebensraum bietet, als es auch ein Mikrowesen ist, das den Lebensraum von einem größeren Makrowesen erhält. Auf diese Weise sind alle Lebewesen unverrückbar aufeinander angewiesen.

Wichtige Einzelheiten des Symbols:

- Das Dreieck und das weiße Feld in der Mitte symbolisieren das Ich und sein Überbewusstsein. Das Feld außen herum symbolisiert seinen physischen Organismus und dessen Bewusstsein.
- Die Wiederholung des Symbols in vielen kleineren Formaten zeigt, dass die Organismen der Lebewesen in Organismen von Lebewesen eingegliedert sind.
- Unser physischer Organismus ist der Lebensraum unserer Organe, die wiederum der Lebensraum der Zellen sind, die wieder der Lebensraum noch kleinerer Mikrowesen sind, was sich nach unten unendlich fortsetzt.
- Entsprechend ist unser physischer Körper ein Mikrowesen im Organismus der Erde, die ein Organ im Organismus des Sonnensystems ist, das wiederum ein Mikroorganismus im Milchstraßensystem ist, was sich nach oben unendlich fortsetzt.

Siehe Martinus' eigene vollständige Beschreibung und Erklärung des Symbols 7 in den Büchern: *Das Ewige Weltbild 1*, *Logik* und das kleine Buch 5 *„Die ideale Nahrung"*.

Symbol Nr. 7 veranschaulicht die Struktur des Lebens und zeigt, dass alle Lebewesen innerhalb eines anderen Lebewesens leben, das ihnen den Lebensraum und die Nahrung gibt, die sie für die Aufrechterhaltung ihres Lebens benötigen.

Der große Kreis im Symbol könnte zum Beispiel einen menschlichen Körper symbolisieren. Dann könnten die kleineren Kreise innerhalb des menschlichen Körpers Organe symbolisieren, wie z. B. die Leber, und die noch kleineren Kreise könnten die Leberzellen symbolisieren, und dann könnten die noch kleineren

Kreise die Atome der Leber symbolisieren usw. All dies sind Lebewesen.

Oder wir könnten sagen, dass der große Kreis die Galaxie symbolisiert. Dann wären die kleineren Kreise Sonnensysteme, die noch kleineren wären Planeten in den Sonnensystemen und die noch kleineren würden die Tiere und Menschen symbolisieren, die auf den Planeten leben usw. Sie alle sind ebenfalls Lebewesen.

Das gesamte Universum besteht aus Lebewesen innerhalb von Lebewesen. Galaxien leben in Galaxienhaufen, die wiederum in noch größeren Haufen leben und so weiter. So weit das Auge reicht (und sogar noch weiter in den Mikro- und Makrokosmos hinein), gibt es Lebewesen innerhalb von Lebewesen.

Der springende Punkt ist, dass das, was wir als „Stoff" oder Materie betrachtet haben, aus Lebewesen besteht – Lebewesen, die in anderen Lebewesen leben, die den kleineren Lebewesen ein Habitat oder einen Lebensraum bieten. Wir können es auch so ausdrücken: Alle Lebewesen sind sowohl Mikrowesen für ihre Makrowesen als auch Makrowesen für ihre Mikrowesen.

Wir sind Makrowesen für die Billionen kleinerer Lebewesen, die in unserem Körper leben, und gleichzeitig sind wir Mikrowesen im Körper der Erde.

Das physische Leben eines Menschen hängt also von der Gesundheit seines Makrowesens (in diesem Fall der Erde) und der Gesundheit seiner eigenen Mikrowesen (seiner Organe, Zellen, Moleküle, Atome usw.) ab. Wäre die Erde nicht lebendig, könnten wir hier nicht leben, denn es sind die Lebensfunktionen der Erde, die uns mit Sauerstoff, Nahrung und Wasser versorgen.

Auf einem toten Planeten wie dem Mond gibt es keine Luft, keine Atmosphäre, kein Wasser und kein Wachstum von irgendetwas. Auf einem toten Planeten kann nichts leben, und die

Existenz des Mondes so nahe bei uns ist ein hervorragendes Beispiel dafür, wie ein toter Planet aussieht. Er sagt uns durch seine bloße Anwesenheit, dass die Erde lebendig ist und dass wir hier nicht leben könnten, wenn sie es nicht wäre.

Der Mond war einmal ein lebendiger Planet, der wie alle anderen Lebewesen von einem „Ich" und einem Bewusstsein beherrscht wurde. Doch irgendwann zog sich das „Ich" des Mondes zurück (aufgrund von Alter oder Beschädigung) und ließ seinen physischen Körper zurück, damit er sich schließlich auflösen könnte. Es ist dieser Planeten-Leichnam, den wir jetzt nachts beobachten und bestaunen können. Irgendwann wurde der Mond von der Schwerkraft der Erde angezogen und ist nun unser kosmischer Begleiter und ein Beispiel dafür, wie ein toter Planet aussieht, direkt vor der Nase von uns Erdbewohnern.

Der kosmische Spiralkreislauf

Als winzige Teile des ewigen Universums sind wir ewige Wesen. Wir sind in unserem geistigen Körper immer lebendig. Indem wir uns durch die Ewigkeit bewegen, bewegen wir uns in kreisförmigen Bahnen, die sich spiralförmig nach oben bewegen. Das bedeutet, dass wir uns, wenn wir eine Kreisbahn abgeschlossen haben, auf unserer nächsten Kreisbahn eine Stufe höher in der Spirale bewegen, sodass wir niemals dieselbe Kreisbahn wiederholen.

Wie bereits erwähnt, bewegt sich alles in Kreisbahnen. Die gerade Linie gibt es im Universum nicht. Für ein volles Verstehen des Universums ist es wichtig einzusehen, dass sich, wie im Symbol Nr. 16 auf Seite 43 zu sehen, alle Energien in Kreisbahnen oder Zyklen bewegen.

Wir sehen dieses zyklische Prinzip in unserem eigenen Sonnensystem, wo uns klar geworden ist, dass alle Planeten die Sonne in vollständigen Kreisbahnen umkreisen. Wir erleben es auch täglich an dem Zyklus, der uns Tag und Nacht beschert. Ein 70-jähriger Mensch hat den Tageszyklus 25.550-mal erlebt, es ist also nicht so, dass sich das zyklische Prinzip nicht in unser Bewusstsein eingebrannt hätte. In gleicher Weise hat derselbe Mensch den Zyklus der Jahreszeiten 70-mal erlebt. Das zyklische Prinzip durchdringt als fundamentales Grundgesetz das gesamte Universum.

Auch unser eigenes Leben ist in Zyklen organisiert (siehe: Symbol Nr. 22 auf Seite 244 oder hier: https://www.martinus.dk/de/symbole/symboluebersicht/symbol-22/index.html).

Ein solcher Zyklus wird auch in dem folgenden Symbol dargestellt, zusammen mit den darunter liegenden und darüber liegenden Zyklen. Das Durchlaufen eines solchen Zyklus dauert Millionen und Abermillionen von Jahren und ist so organisiert, dass es sowohl physische als auch rein geistige Leben umfasst. In jedem Zyklus sollen wir sowohl Licht (in der geistigen Welt) als auch Dunkelheit (in der physischen Welt) erleben.

Ein Durchgang des Zyklus beinhaltet die herrlichste Erfahrung von Glückseligkeit, Wissen, Einsicht, Erleuchtung und Liebe auf der geistigen Ebene (wie sie von vielen erlebt wird, die eine Nahtoderfahrung gemacht haben), aber auch das genaue Gegenteil: die Erfahrung von Elend, Finsternis, Leiden, Unwissenheit und Lieblosigkeit auf der physischen Ebene (wie sie die meisten Menschen hier auf der Erde erleben).

Wenn wir den Höhepunkt der Finsternis mit ihrem Leid und Elend, dem festen Glauben an den Tod und der Überzeugung, dass es keinen Gott gibt, erlebt haben, dann haben wir den Tiefpunkt erreicht und es kann nicht mehr dunkler werden. Dann beginnen wir allmählich, uns auf das Licht zuzubewegen, und während wir über eine Reihe von physischen Inkarnationen täglich von der Frucht des Baumes der Erkenntnis essen, beginnen wir, das Licht am Ende des Tunnels zu sehen, und wir gewinnen mehr und mehr Einblick in das Lebensmysterium. Der Höhepunkt dieses Prozesses ist erreicht, wenn wir kosmisches Bewusstsein erlangen und erleuchtete Wesen werden. Auf diese Weise entwickeln wir uns zum Licht hin und zur Gemeinschaft mit Gott. Wenn wir das kosmische Bewusstsein erlangt haben, leben wir noch einige wenige Inkarnationen auf der physischen Ebene im wahren Menschenreich und hören dann ganz auf zu reinkarnieren, weil wir auf dieser Ebene nichts mehr zu lernen haben.

Als rein geistige Wesen leben wir dann für Äonen in den geistigen Welten oder im Paradies, bis wir den Punkt erreichen, an dem wir von dieser glückseligen Erfahrung so gesättigt sind, dass sie für uns keinen Sinn mehr ergibt. Dann leben wir in einem totalen „Whiteout" und brauchen dringend eine kontrastierende Erfahrung. An diesem Punkt beginnen wir uns tatsächlich nach der Finsternis zu sehen. Wir beginnen dann einen Prozess der „Einwicklung" oder des Angezogenwerdens von der Dunkelheit, und dieser Prozess beinhaltet den Verlust von Einsicht und Wissen, den Verlust der Erleuchtung, den Verlust der Liebe, eine wachsende Unwissenheit und den Verlust des Kontakts mit und des Glaubens an Gott. Wir werden sozusagen aus dem Paradies geworfen und betreten wieder die physische Ebene, denn nur auf einem physischen Planeten können wir die Finsternis erleben, nach der wir uns jetzt sehnen.

Wir kehren auf die physische Ebene in mineralischer Form zurück. Dann entwickeln wir uns zu Pflanzen, dann zu Tieren und später zu Menschen. Aber als Menschen in unserem jetzigen Stadium sind wir noch unfertig und unvollkommen. Wir haben noch nicht das vollkommene, fertige Stadium erreicht, in dem wir zu allliebenden, mitfühlenden Wesen geworden sind. Wir sind sozusagen unfertige Kunstwerke in Ausarbeitung: Menschen auf dem Weg dahin, fertige Menschen zu werden, die nur All-Liebe zum Ausdruck bringen können. Im Moment wird der Planet Erde von einer sehr „bunten Mischung" von Menschen bevölkert. Wir befinden uns zwar alle auf der gleichen evolutionären Reise von primitiven, egoistischen, kriegslüsternen und schießwütigen Wesen zu fortgeschrittenen, zivilisierten, empathischen, humanen und allliebenden Wesen, aber nicht alle sind gleich weit gekommen. Darin liegt kein moralisches Urteil, es hängt davon ab, wann wir die physische Ebene unseres aktuellen Zyklus betreten und unsere Evolution zum Licht begonnen haben.

In unserem gegenwärtigen Stadium sind wir mit Martinus' Worten: verwundete Flüchtlinge zwischen zwei Reichen: dem Tierreich und dem wahren Menschenreich. Wir sind keine echten Tiere mehr, aber wir sind auch noch keine fertigen Menschen. Wir sind wie die Sphinx: halb Tier und halb Mensch. Dazu später mehr. Aber wir alle, jeder Einzelne von uns, werden den Punkt erreichen, an dem wir wahre Menschen mit kosmischem Bewusstsein werden. Es ist nur eine Frage der Zeit und der Akkumulation von Weisheit während vieler Inkarnationen.

Auf solche Weise, durch die Erfahrung dieser kontrastierenden Existenzebenen, wird unser Bewusstsein ständig erneuert. Wenn es im Universum keine Kontraste zu erleben gäbe, dann würde es aufhören zu existieren, sobald es für die darin lebenden Wesen nichts Neues mehr zu erleben gäbe. Wenn ein totaler „Whiteout" oder ein totaler „Blackout" für alle Lebewesen erreicht wäre, wäre alles zu Ende, weil dann die Möglichkeiten, etwas Neues zu erfahren, erschöpft wären. Aber das Universum ist so genial konstruiert, dass uns die kontrastierenden Erfahrungen nie ausgehen, und so kann ein ewiges Universum aufrechterhalten werden.

Alle Zyklen sind auf diese Weise organisiert, mit Licht und Finsternis und einem ständigen Prozess der Entwicklung und Einwicklung zwischen diesen beiden Gegensätzen. Wenn wir einen Zyklus abgeschlossen haben, treten wir sofort in den nächsten ein, aber eine Stufe höher auf der Spirale als der vorherige.

Martinus hat ein Symbol (Nr. 14) gezeichnet, das einen Teil unserer ewigen Reise durch die Spirale illustriert. Auf dem Symbol können wir sieben Zyklen sehen. Der mittlere Zyklus, der mit D gekennzeichnet ist (das D ist nicht leicht zu erkennen, aber es ist der mit dem weißen, gestreiften dreieckigen Band), veranschaulicht unseren aktuellen Zyklus, den Zyklus, in dem wir und die Lebewesen um uns herum (unser Zwischenkosmos) gerade jetzt leben.

Die roten, orangefarbenen und gelben Teile veranschaulichen die physische Welt, während die grünen, blauen und indigofarbenen Teile die geistige Welt veranschaulichen.

Unter uns, in den Zyklen A, B und C, haben wir die Zyklen unseres Mikrokosmos: C steht für den Zyklus unserer Organe, B für unsere Zellen und A für unsere Atome.

Über uns, in den Zyklen E, F und G, liegen die Kreisbahnen unseres Makrokosmos: Der Zyklus E ist die Kreisbahn der Planeten, auf denen wir leben, der Zyklus F ist die Kreisbahn der Sonnensysteme, in denen wir leben, und der Zyklus G ist die

Kreisbahn der Galaxien wie der Milchstraße, in der sich unser Sonnensystem befindet.

Das unten abgebildete Martinus-Symbol zeigt einen Ausschnitt aus unserer kosmischen Spirale:

Symbol 14

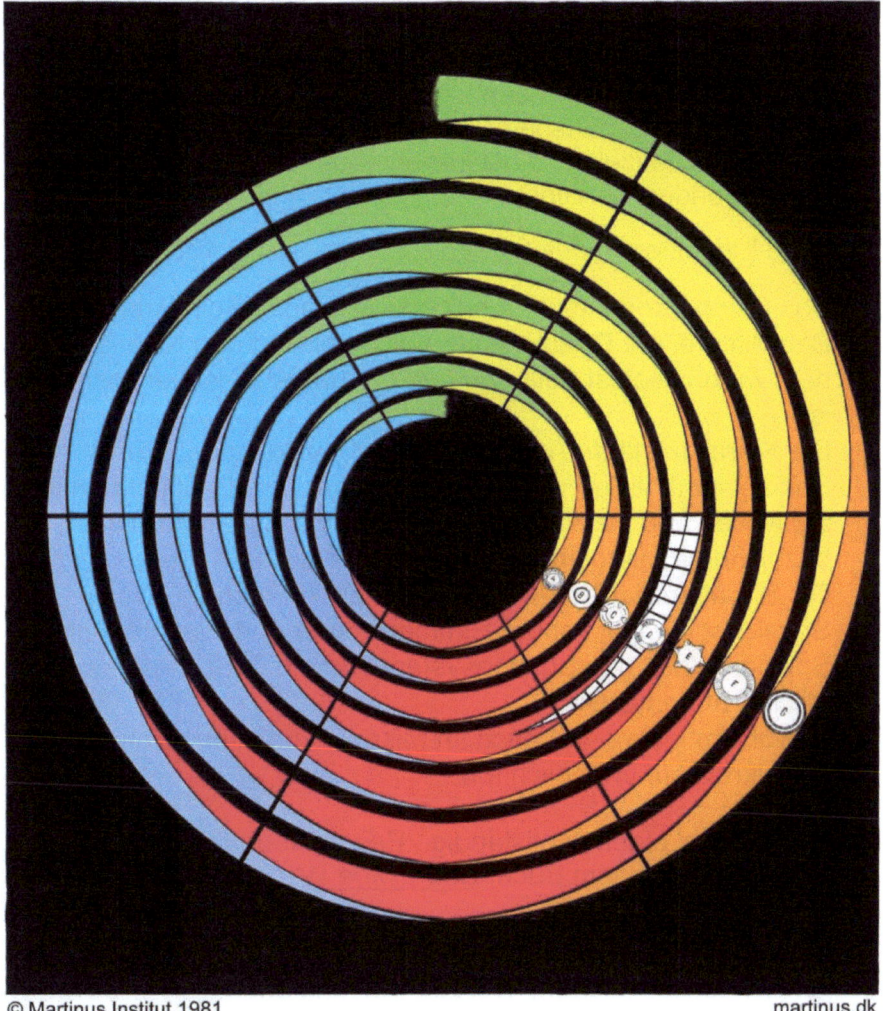

martinus.dk

Der kosmische Spiralkreislauf 1

Zusammenfassung der Erklärung des Symbols 14 – Der kosmische Spiralkreislauf 1

Alle Lebewesen gehen eine ewige organische Zusammenarbeit ein, die als Spiralkreislauf organisiert ist. In jedem Kreislauf erleben die Wesen eine Bewegung von der Finsternis oder Unwissenheit zum Licht oder kosmischen Bewusstsein und zur Liebe. Danach geht es zu Finsternis- und Lichterlebnissen eines neuen Spiralkreislaufs weiter. Jeder neue Spiralkreislauf wird in einer neuen Variation erlebt. Jedes Lebewesen ist ein Makrowesen, das Mikrowesen in darunter liegenden Spiralen Lebensraum und Lebensbedingungen gibt, während es als Mikrowesen gleichzeitig selbst Lebensraum von Makrowesen aus darüber liegenden Spiralen erhält.

Wichtige Einzelheiten des Symbols:

- Das Symbol repräsentiert sieben kosmische Spiralkreisläufe.
- Der Mittlere, mit D bezeichnete, symbolisiert den Kreislauf, in dem wir uns selbst befinden und der unser Zwischenkosmos ist.
- Die Spiralkreisläufe A-C sind unser Mikrokosmos. Die C-Spirale symbolisiert unsere Organwesen, die B-Spirale unsere Zellwesen und die A-Spirale das als Stoff oder Materie bezeichnete Mikroleben.
- Die Spiralkreisläufe E-G sind unser Makrokosmos. Die E-Spirale ist die Heimat der Himmelskörper und Planeten, die F-Spirale enthält das Sonnensystem und die G-Spirale das Milchstraßensystem.
- Sowohl im Makro- als auch im Mikrokosmos setzt sich der Spiralkreislauf unendlich fort.

Siehe Martinus' eigene vollständige Beschreibung und Erklärung des Symbols 14 in dem Buch: _Das Ewige Weltbild 1_.

Die sieben Zyklen der Spirale, die nur einen kleinen Teil unserer ewigen Reise ausmachen, werden von Billionen von Lebewesen bewohnt. All diese unzähligen Billionen von Lebewesen bevölkern das Universum, das somit von Leben wimmelt. Es gibt einfach überall Leben: in unserem eigenen Körper und außerhalb in unserem Makrokosmos. Der alte Spruch *„Erkenne dich selbst und du wirst das ganze Universum erkennen"* ist also absolut wahr.

Die Grundenergien und ihre entsprechenden Farben

Um das kosmische Spiralsymbol zu verstehen, muss man wissen, was die Farben des Symbols bedeuten. Wir sehen, dass die Spirale durch sechs schwarze Linien unterbrochen ist, die den Kreis in sechs Teile aufteilen. Jeder Teil hat drei Farben: eine Farbe, deren Anteil im Verhältnis zu ihrer Dominanz im vorherigen Teil abnimmt, wenn man sich gegen den Uhrzeigersinn bewegt, eine Farbe, deren Anteil dominant ist, und eine Farbe, deren Anteil zunimmt und im folgenden Teil dominieren wird.

Die Farben repräsentieren die sechs Grundenergien, aus denen alles besteht. Wir sehen, dass in jedem Abschnitt eine Grundenergie vorherrschend ist. Im Folgenden werden in aller Kürze die individuellen Merkmale der sechs Grundenergien und ihre entsprechenden „Reiche" oder Dominanzbereiche erläutert.

Wir beginnen mit dem Abschnitt, der überwiegend rot ist, dem unteren Abschnitt. Dieser Abschnitt stellt das Pflanzenreich dar und die rote Farbe symbolisiert die Instinktenergie. Die Instinktenergie ist für alles physische Wachstum verantwortlich. Im Pflanzenreich sehen wir, wie alle Pflanzenformen automatisch wachsen. Auch die physischen Körper anderer Lebensformen, wie die der Tiere und Menschen, wachsen. Dieses Wachstum wird durch die Instinktenergie bewirkt. Die Instinktenergie ist auch eine Bewusstseins- oder Gedankenenergie. Aber als Bewusstseinsenergie ist die Instinktenergie ziemlich schwach. Sie kann nur eine vage und unbestimmte Empfindung vermitteln. Das bedeutet, dass die Pflanzen nur vage wahrnehmen können, was in ihrer Umgebung vor sich geht.

Die Instinktenergie ist auch im Tierreich stark ausgeprägt, da der Instinkt eine wichtige Rolle im Verhalten der Tiere spielt. Der Instinkt sagt ihnen, wie sie leben sollen, wie sie auf Nahrungssuche gehen, sich paaren, ihr Nest bauen und sich um ihre Jungen kümmern sollen usw. Das Verhalten von Tieren wird generell durch ihren Instinkt bestimmt.

Für unsere religiösen Überzeugungen ist ebenfalls die Instinktenergie verantwortlich. Ein religiöser Glaube basiert nicht auf Fakten oder Wissen, sondern auf unbestimmten Empfindungen. Die Instinktenergie gibt uns ein vages Gefühl davon, dass es einen Schöpfer oder Gott gibt. Als Energie der physischen Wahrnehmung ist die Instinktenergie eine schwache und vage Energie, die dem „Ich" nur eine unbestimmte und undefinierte Empfindung vermitteln kann.

Im unteren Abschnitt sehen wir dann noch, dass die orange Farbe auf der rechten Seite auftaucht und dass sie im nächsten Abschnitt vorherrschend sein wird. Die orange Farbe symbolisiert die Schwereenergie und ist im Tierreich vorherrschend. Die Schwereenergie ist identisch mit Wärme, Hitze und Feuer. Die Eigenschaften des Feuers sind, dass es erwärmt, erhitzt, ausdehnt, auflöst und dematerialisiert. Wir alle wissen, dass Feuer physisches Material dematerialisieren kann: Es verbrennt, löst sich auf und ist verschwunden.

Die Schwereenergie vermittelt die Wärme der Sonne und die Wärme unseres eigenen Organismus. Jede Form von Wärme, Hitze und Verbrennung (Sonnenschein, Fieber, brennendes Holz oder Gas, elektrische Geräte, die Wärme abgeben, heiße Quellen usw.) ist Ausdruck von Schwereenergie in Aktion. Ein Lagerfeuer ist der Ausdruck einer sich frei entfaltenden Schwereenergie.

Auf der Bewusstseinsebene ist diese Energie der Auslöser für alle mentalen Explosionen wie Raserei oder extreme Wut.

Es ist auch die Schwereenergie, die das Raubtier in die Lage versetzt, die Kraft zu entfalten, die es zum Töten seiner Beute benötigt. Wenn eine Löwin lossprintet, um eine Gazelle zu erlegen, wird diese gewaltige Anstrengung durch die Schwereenergie vermittelt. Das Tierreich ist durch das tötende Prinzip gekennzeichnet. Wo die Schwereenergie die Oberhand hat, herrschen Hass, Intoleranz, Zerstörung, Verwüstung, Krieg, Mord, Totschlag und Blutvergießen.

Der nächste Abschnitt wird von der gelben Farbe dominiert, die die Gefühlsenergie symbolisiert, die im wahren Menschenreich dominiert. Die Gefühlsenergie bringt Frieden, Ruhe, Harmonie und Kühle oder Kälte. Diese Energie kann der feurigen Schwereenergie entgegenwirken. Schwereenergie und Gefühlsenergie sind in der physischen Materie immer gleichzeitig vorhanden, da die beiden Energien sich gegenseitig ausgleichen. Als Gegengewicht zur Hitze und zum Feuer der Schwereenergie vermittelt die Gefühlsenergie Kälte. Damit es weder extreme Hitze noch extreme Kälte gibt, müssen sich die beiden Energien vermischen. Um eine „normale" Temperatur zu erzeugen, müssen die Schwereenergie und die Gefühlsenergie zu etwa gleichen Teilen vorhanden sein. Unsere Körpertemperatur von etwa 37 Grad Celsius ist das Ergebnis einer passenden Mischung der beiden Energien.

Die Kälte des Universums wird durch die Gefühlsenergie vermittelt. Kälte hat die Fähigkeit zu gefrieren, zu kondensieren, zu kristallisieren und zu materialisieren.

Es ist die Gefühlsenergie, die alle Manifestationen von Harmonie, Schönheit, Frieden und Glück vermittelt. Aber diese positiven Manifestationen können nur vollkommen werden, wenn die Gefühlsenergie mit der nächsten Energie, der Intelligenzenergie, deren Abschnitt oben im Kreis zu sehen ist, vermischt wird.

Die Intelligenzenergie wird durch die Farbe Grün symbolisiert und ist im Weisheitsreich, einem geistigen Reich, das nur auf der geistigen Ebene existiert, vorherrschend. Die Intelligenzenergie vermittelt Logik und analytische Fähigkeiten. Sie steht für unsere Fähigkeit, die Welt um uns herum zu verstehen. Deshalb basieren unsere materialistischen Wissenschaften auf der Intelligenzenergie. Es ist der wachsende Einfluss der Intelligenzenergie auf unsere Mentalität, der zu unseren materialistischen Wissenschaften geführt hat.

Mit der Intelligenzenergie allein kann das Lebewesen nichts außerhalb der physischen Welt wahrnehmen, da die Intelligenzenergie nur Informationen über Dinge vermitteln kann, die zeit- und raumdimensional sind, Dinge, die gewogen und gemessen werden können.

Der überwiegend blaue Abschnitt veranschaulicht die Intuitionsenergie, die für die göttliche Welt typisch ist, die ebenfalls ein rein geistiges Reich ist. Durch diese Energie werden alle Tatsachen jenseits der Dimensionen von Zeit und Raum offenbart. Die Enthüllung der ewigen Wahrheiten über das Lebewesen, wie die Lösung des Lebensmysteriums, die Unsterblichkeit der Lebewesen, die Liebe als Grundton des Universums und die Existenz Gottes, kann nur durch die Anwesenheit der Intuitionsenergie im Bewusstsein geschehen. Die Intuitionsenergie ist das feinste Bewusstseinsmaterial, das es gibt; sie ist identisch mit dem

„Heiligen Geist" oder dem Material, aus dem Gottes eigenes Bewusstsein besteht.

Die Intuition vermittelt eine höhere Form der Erfahrung, die sich von der physischen Erfahrung dadurch unterscheidet, dass sie innerer Natur ist. Intuition ist etwas, das von innen heraus erlebt wird. Sie ist nicht etwas, das man durch seine physischen Sinne erlebt.

Der letzte Teil des Zyklus wird von der Farbe Indigo beherrscht, die die Gedächtnis- oder Seligkeitsenergie symbolisiert. Sie dominiert im Seligkeitsreich, das ein vorwiegend geistiges Reich ist. Diese Energie vermittelt unsere Fähigkeit zu erinnern. Ohne diese Energie wäre jedes Erinnern an die Vergangenheit unmöglich. Dann müsste der Mensch ausschließlich im „Jetzt" leben. Alle Erlebnisse wären vergessen, sobald sie das „Jetzt" passiert hätten.

Die Gedächtnisenergie vermittelt uns die Fähigkeit, uns an unsere eigene Vergangenheit zu erinnern, und durch diese Energie sind wir imstande, mentale „Kopien" unserer Erlebnisse zu schaffen. Mit der Zeit erhalten wir eine ganze Sammlung dieser „Kopien". Diese „Kopien" nennen wir Erinnerungen. Diese Erinnerungen bilden eine ganze kleine Welt für sich. Wir können geistig in diese Welt eintauchen und eine Zeit lang in unserer eigenen Vergangenheit verweilen. Wir können uns durch diese mentale Welt bewegen und verschiedene Stimmungen durchleben; wir können traurige oder glückliche Momente durchleben. In dieser inneren Welt sind die Details der Vergangenheit aufbewahrt. Unsere Fähigkeit, diese Details wieder aufzurufen, hängt von der Stärke der Gedächtnisenergie in unserem Bewusstsein ab.

Die Gedächtnisenergie vermag auch, die „Kopien" unserer Vergangenheit reifen zu lassen. Durch diesen Reifungsprozess werden die Erinnerungen positiver, sie werden glücklicher und wertvoller. Martinus nennt sie „Goldkopien", was bedeutet, dass die Erinnerungen mit der Zeit zu etwas sehr Kostbarem werden. Wir wissen, dass viele alte Menschen sich an ihren Kindheitserinnerungen erfreuen, die jetzt als „Goldkopien" viel freudvoller erscheinen als zu der Zeit, als sie erlebt wurden. Da die Gedächtnisenergie Glück vermittelt, indem sie vergangene Ereignisse als „Goldkopien" wieder ins Gedächtnis ruft, wird diese Energie auch Seligkeitsenergie genannt.

Alles, was existiert, basiert auf einer Kombination der sechs Grundenergien.

Der Entfaltungsgrad der sechs Grundenergien in den verschiedenen Reichen wird von der Mutterenergie reguliert, die die Stärke ihres Einflusses in jedem Reich steuert. Die Farbe, die Martinus der Mutterenergie gegeben hat, ist violett. Sie ist auf diesem Symbol nicht abgebildet, aber sie ist oft auf anderen Symbolen von Martinus zu sehen, wie z. B. auf dem Symbol Nr. 16, das bereits vorgestellt wurde.

Unsere evolutionäre Reise

Der mit D gekennzeichnete Zyklus stellt den Zyklus dar, den wir als Menschen gerade durchlaufen, und spiegelt unsere aktuelle evolutionäre Reise durch den Spiralkreislauf wider. Die schwarze Linie links neben dem roten Feld steht für den Moment, in dem wir die geistige Welt verlassen, um einen neuen Durchgang durch die physischen Reiche zu beginnen. Dies markiert auch den Beginn unserer Erfahrung mit der Finsternis des Zyklus via Reinkarnation. Die Passage der Finsternis umfasst 2/6 des Zyklus: die Teile, die überwiegend rot und orange sind.

Schauen wir uns die roten und orangen Teile genauer an. Der Teil, der überwiegend rot ist, zeigt das Pflanzenreich. Aber es gibt einen indigofarbenen Teil, der links in den roten Teil hineinreicht. Dieser stellt das Mineralreich dar, was bedeutet, dass unsere ersten zaghaften Schritte auf der physischen Ebene in der mineralischen Materie stattfinden. Wir betreten die physische Ebene als Zellen aus Stein. Über die Flechten- und Moosstadien gelangen wir in das Pflanzenstadium, und als Pflanzen entwickeln wir uns von einfachen, primitiven Pflanzen zu großen, komplexen Pflanzenwesen wie Bäumen.

Über die Stufen der fleischfressenden Pflanzen (halb pflanzlichen, halb tierischen Wesen, veranschaulicht durch die orangefarbene Zunge, die in den roten Bereich hineinragt) gelangen wir in das Tierreich und entwickeln uns allmählich zu echten Tieren wie Raubtieren. Aus dem egoistischen Stadium des Raubtiers, das vom Selbsterhaltungstrieb bestimmt wird, entwickeln wir uns allmählich zu primitiven Menschen und von diesen zu den fortgeschritteneren, aber immer noch unfertigen Menschen, die wir heute sind. Wenn wir reichlich Erfahrung und Leid gesammelt haben und nach und nach immer intellektueller, weiser und liebevoller geworden sind, erreichen wir schließlich das Stadium des fertigen Menschen, der nur noch All-Liebe ausstrahlen kann. An diesem Punkt werden wir vollkommen erleuchtet, erlangen kosmisches Bewusstsein und erreichen die schwarze Linie, die den orangen und den gelben Teil trennt.

Martinus sagt, dass der wichtigste Satz in der Bibel derjenige ist, in dem Gott sagt: *„Lasset uns Menschen machen in unserem Bilde, nach unserem Gleichnis."* Der Evolutionsweg, den wir gerade beschrieben haben, ist eine Illustration des Prozesses der Erschaffung eines Menschen nach dem Bild und Gleichnis Gottes: ein Mensch, der den Unterschied zwischen Gut und Böse kennt, ein Mensch, der von den Früchten des Baumes der Erkenntnis gegessen hat, sodass er nur noch das Gute tun kann, der Einblick in das Lebensmysterium hat und nur All-Liebe zum Ausdruck bringen kann. Wir alle sind auf dem Weg zu diesem Punkt, und niemand kann ihn verfehlen. Aber diejenigen, die am liebevollsten sind, sind dem Ziel schon näher gekommen als diejenigen, die es immer noch fertig bringen, zu verletzen, zu schädigen und zu töten.

Wenn wir die schwarze Linie rechts vom orangefarbenen Teil überqueren, sind wir vollkommen erleuchtete Wesen mit kosmischem Bewusstsein und hören dann auf zu reinkarnieren und werden die restlichen 4/6 Teile des Zyklus in den geistigen Reichen des Lichts leben.

Das bedeutet, dass der Teil, in dem wir die Dunkelheit als physische Wesen auf einem physischen Planeten erleben, nur 1/3 des Zyklus ausmacht. Wir leben weitaus länger im Licht als in der Finsternis. Wir bekommen nur die Finsternis, die wir brauchen, um unser Bewusstsein zu erneuern. Und diese Erfahrung der Finsternis ist keine Strafe eines zornigen Gottes, sondern eine Voraussetzung für die Aufrechterhaltung unserer ewigen Fähigkeit zur Wahrnehmung. Ohne Finsternis können wir kein Licht wahrnehmen. Unser Bedürfnis nach kontrastierenden Erfahrungen zum Licht in den geistigen Welten macht unseren Aufenthalt in der Finsternis notwendig.

Auf diese Weise rechtfertigt Martinus die Existenz der Finsternis. Endlich haben wir eine Erklärung dafür, warum es Finsternis, Leid und unglückliche Schicksale gibt.

Es muss hinzugefügt werden, dass unser Durchgang durch das Pflanzenreich ohne Schmerzen und Leiden ist. Die Pflanzen haben ihr Bewusstsein noch auf der geistigen Ebene und können ihre physische Umgebung nur vage ahnen. Sie haben kein entwickeltes Nervensystem, mit dem sie Schmerzen empfinden könnten. Mit der Annäherung an das Tierreich (orangefarbener Teil) entwickelt sich jedoch allmählich ihr Nervensystem, sodass sie mit fortschreitender Evolution mehr und mehr in der Lage sind, mit allen Sinnen zu empfinden.

Tatsächlich können wir nur in 1/6 des Zyklus Schmerz und Leid empfinden – im Tierreich und im unfertigen Menschenreich – im orangen Teil. Sobald wir in den gelben Teil eintreten, ist unser Schmerzerleben vorbei.

Unsere Reise schreitet durch die Reinkarnation voran: Jedes physische Leben stellt einen Schritt auf das Ziel hin dar, ein Mensch im Bilde Gottes, ihm gleichend, zu werden. Kein physisches Leben ist vergeudet oder verloren: Es gibt immer einen Fortschritt, wie klein er auch sein mag. In jeder neuen Inkarnation werden wir eine bessere Version von uns selbst, als wir es in unserer letzten Inkarnation waren. In jedem Leben gibt es Lektionen zu lernen, Erlebnisse zu ernten, Weisheit zu erlangen, Talente zu entwickeln und zu verfeinern, Leiden zu erfahren und auszuhalten, Finsternis zu erleben und Fortschritte auf dem Weg zu größerer Mitmenschlichkeit zu machen. Manche Leben sind sehr lehrreich, insbesondere sehr harte und schmerzhafte Leben, und manche Leben sind weniger lehrreich, insbesondere stille und friedliche Leben. Aber es gibt immer Fortschritt, niemals Stillstand.

Die Erfahrungen, die wir in einem Leben machen, werden in unserem Schicksalselement gespeichert, das ein Teil unseres Überbewusstseins ist. Das bedeutet, dass wir jedes Mal, wenn wir reinkarnieren, die gelernten Lektionen, die Essenz dessen, was wir in früheren Leben aus unseren Leiden gelernt haben und die Weisheit, die wir in diesen Leben erworben haben, mit in die neue Inkarnation nehmen. Auf diese Weise SIND wir unsere vergangenen Leben. Wir haben keine aktiven Erinnerungen an diese Leben, aber die Essenz dessen, was wir in ihnen gelernt haben, ist in unserem Überbewusstsein als unauslöschlicher Leitfaden für unser zukünftiges Handeln gespeichert.

Und eines schönen Tages werden wir als wahre Menschen, die nur All-Liebe ausstrahlen können, fertig-erschaffen sein und jetzt nach dem Bild und Gleichnis Gottes erscheinen.

Die Reinkarnation vollzieht sich folgendermaßen: Im Moment der Befruchtung überschattet unser Bewusstsein (unsere Seele) das befruchtete Ei in der Gebärmutter. Das bedeutet, dass bei der Befruchtung nicht nur zwei, sondern drei Parteien anwesend sind. Von den dreien spielt die eintreffende Seele bei weitem die größte Rolle. Sie weiß, wie ein neuer Körper geschaffen wird, denn sie hat es schon oft gemacht. Sie erschafft ihren neuen Körper auf der Grundlage der Informationen, die in ihrem Bewusstsein gespeichert sind. Die Ei- und Samenzellen dienen nur als Initiatoren des Prozesses der Embryonalbildung. Sie liefern die notwendige winzige Menge an physischer Materie, die notwendig ist, um den Prozess in Gang zu setzen. Aber es ist das Bewusstsein der eintreffenden Seele, das die gesamte Embryonalbildung orchestriert, und zwar ganz zu ihren Gunsten, und das heißt: genau so, wie sie es will. Sie schafft sich ihren neuen Körper so, wie sie es für richtig hält und ganz in Übereinstimmung mit ihren eigenen Zielen. Sie nutzt alle Erfahrungen und Talente, die sie in ihren früheren Inkarnationen gesammelt hat und wählt das genetische Material, das ihr zur Verfügung steht, nach ihren eigenen Bedürfnissen aus. Ihr neuer Körper wird ein Spiegelbild ihrer gegenwärtigen Evolutionsstufe, ihrer angesammelten Talente, ihres Karmas und Schicksals sein, denn all diese Elemente sind in ihrem Bewusstsein vorhanden. Das bedeutet, dass die eintreffende Seele ihre Evolution genau dort fortsetzt, wo sie beim letzten Mal, als sie „starb", aufgehört hat. (Eine ausführliche Erklärung des Reinkarnationsprozesses und wie wir zu unseren neuen Eltern hingezogen werden, findest du in dem Buch: „Reinkarnation in a Nutshell").

Auf diese Weise entwickeln wir uns von Pflanzen über Tiere und unfertige Menschen zu hochentwickelten, humanen und allliebenden Menschen. Dieser Prozess dauert Millionen von Jahren, aber mit jedem physischen Leben, das wir leben, wachsen wir an Wissen und Einsicht, Moral, Weisheit und Mitmenschlichkeit. So ist jedes physische Leben nur ein einzelner Ton in einem Lied, das die Seele singt.

Der physische Teil des Zyklus ist so schlau eingerichtet, dass wir zwischen jedem physischen Leben eine schöne lange Ruhepause bekommen: einen Aufenthalt auf der geistigen Ebene, wo wir uns in der himmlischsten Umgebung ausruhen und unsere Batterien wieder aufladen können, bevor wir uns in eine neue Inkarnation in der physischen Materie begeben.

Alles ist so göttlich eingerichtet, dass wir etwa die Hälfte unseres Durchgangs durch die Finsternis in der himmlischen Umgebung auf der geistigen Ebene verbringen, wenn wir „tot" sind.

Ein wirklicher Tod, verstanden als Beendigung unseres Lebenserlebens, existiert absolut nicht. Der Tod ist eine Illusion und daher ist es einleuchtend, dass es völlig unnötig ist, den Tod zu fürchten. Wenn es etwas zu fürchten gibt, dann sind es die physischen Inkarnationen mit ihren Unannehmlichkeiten, Kämpfen, Schmerzen, Elend, Leiden, Hunger, Armut und Krankheiten. Sterben ist ein Segen und eine wunderbare Wiedergeburt auf der geistigen Ebene voller Licht, Weisheit und Liebe.

Das Symbol Nr. 14 ist insofern äußerst interessant, als es zeigt, wie wir uns in einem von Leben wimmelnden Universum durch die Ewigkeit bewegen.

Was bewirkt unsere Vorwärtsbewegung durch jeden Zyklus?

Unsere Bewegung oder Evolution durch den Zyklus kann nur vorwärts gehen. Die Evolution ist sozusagen eine Einbahnstraße. Sie kann nicht rückwärts gehen. Unsere Bewegung hat nur eine Richtung: vorwärts. Die treibenden Kräfte hinter dieser Vorwärtsbewegung sind mindestens drei.

1. Wir folgen einem „Masterplan", der von einem höheren Wesen festgelegt wurde. Wir müssen in jedem Zyklus die 6 Reiche durchlaufen, die aus den 6 Grundenergien bestehen: das Pflanzenreich (rot), das Tierreich (orange), das wahre Menschenreich (gelb), das Weisheitsreich (grün), die göttliche Welt (blau) und das Seligkeits-/Mineralreich (indigo). Wie wir anhand des Symbols Nr. 14, der Spirale, sehen können, wiederholen sich die 6 Farben in jedem Zyklus. Die Kombinationen der 6 Grundenergien verändern sich beständig und lassen unterschiedliche Körper für unser ewiges „Ich" und unterschiedliche Lebensbedingungen entstehen. Die Freisetzung der verschiedenen Kombinationen der Grundenergien wird durch die Mutterenergie bewirkt. Kein Wesen kann von diesem Masterplan abweichen.

2. In jedem Lebewesen gibt es ein Urbegehren nach Leben. Alle Lebewesen wollen leben. Wir nennen das unseren Selbsterhaltungstrieb. Dieser Trieb ist in jedem Lebewesen als ein unvergänglicher Wunsch, am Leben zu sein, angelegt. Es stimmt, dass manche Wesen zuweilen nicht leben wollen und vielleicht Selbstmord begehen, aber

dieser Wunsch ist durch die Umstände bedingt und nicht immanent. Unser grundlegendes Urbegehren, zu leben, treibt uns zu immer neuen Erfahrungen. Da wir die Erfahrungswerkzeuge der Gottheit sind (mehr dazu später), kann unser Wunsch nach neuen Lebenserlebnissen und neuen Lebenserfahrungen nicht ausgelöscht werden.

3. Das Prinzip des Hungers und der Sättigung. Wir kennen dieses Prinzip aus unserer Beziehung zur Nahrung. Wenn wir hungrig sind, haben wir Lust zu essen, und wenn wir satt sind und genug haben, ist die Lust befriedigt. Es ist ein Grundprinzip, das nicht nur für das Essen, sondern für alle unsere Erfahrungen gilt: Es gab eine Zeit, in der wir in den Krieg ziehen und Kriegshelden werden wollten, um neue Gebiete und Reichtümer für unseren Stamm oder unser Land zu erobern. Doch mit jedem Krieg, an dem wir teilnahmen, wuchs allmählich unsere Sättigung davon und irgendwann, wenn wir viele Schlachten verloren, viel gelitten und zahllose schmerzhafte Sterbeprozesse durchlebt haben, sind wir so gesättigt und dem Krieg gegenüber so negativ eingestellt, dass wir an keinen Schlachten mehr teilnehmen können. Der Sättigungspunkt ist bis zum Überdruss erreicht, sodass wir nun Pazifisten geworden sind. Wir werden auf diese Weise von allen Erlebnissen satt und dann entstehen neue Sehnsüchte nach anderen Arten von Erlebnissen.

Wir sind NICHT allein im Universum

Es ist heute die allgemein akzeptierte Auffassung, dass wir allein im Universum sind, dass wir die einzigen Lebewesen in ihm sind. NICHTS KÖNNTE WEITER VON DER WAHRHEIT ENTFERNT SEIN. Zu glauben, dass wir allein im Universum sind, ist der höchste Ausdruck kosmischer Unwissenheit.

Martinus formuliert es so: *„Zu glauben, dass das Universum oder Weltall nur ein zufälliges Spiel eines unendlichen Ozeans toter Kräfte sei und dass aus dem zufälligen Zusammenspiel das bisschen Mikroleben käme, das die Erdenmenschheit darstellt, dass also die Bewohner auf dem Staubkorn im Weltall, das wir die Erde nennen, das einzige und höchste existierende Leben sein sollten, ist eine gigantische, kosmische Entgleisung vom logischen Denken. Das ist, im Tod statt im Leben zu leben."* (*Livets Bog*, Band 6, Abschnitt 2350, Unterstreichung von mir).

Dank intensiver Forschung und dem Bau riesiger Teleskope kommen die meisten modernen Astronomen allmählich zu der Überzeugung, dass es Leben auf anderen Planeten geben muss, einfach weil das Universum mit seinen Milliarden anderer Galaxien, die jeweils Milliarden von Sonnen mit Planeten um sich herum enthalten, so groß ist, dass es keinen Sinn macht, dass die Erde der einzige Planet mit Leben sein soll. Wenn Leben hier entstehen konnte, konnte es das auch anderswo, so das Argument.

Aber aufgrund der enormen Entfernungen zwischen den Himmelskörpern im Universum kann die Wissenschaft die Existenz von Leben auf anderen Planeten vielleicht erst dann akzeptieren, wenn ein Kontakt mit diesen Wesen hergestellt ist.

Aber für einen Menschen mit kosmischem Bewusstsein (wie Martinus) ist es eine Tatsache, dass es überall im Universum Leben gibt. Es wäre einfach unlogisch, wenn wir die einzigen Lebewesen im riesigen Weltraum wären.

Wir alle haben in früheren Inkarnationen auch auf anderen Planeten gelebt, und ich werde später auf diesen faszinierenden Punkt zurückkommen.

Unsere Erde ist ein Lebewesen und es gibt so viele interessante Dinge über sie zu sagen, also fahren wir fort ...

3. Die Erde

Schauen wir uns die Erde an. Da alles Lebendige, wie in Symbol Nr. 7 dargestellt sowohl als Makro- als auch als Mikrowesen existiert, folgt daraus, dass es sowohl über uns (auf den Planeten und Sonnensystemen des Universums) als auch unter uns (in unseren Körpern) Lebewesen im Inneren von Lebewesen gibt. Das bedeutet, dass die Erde lebendig ist – sie ist ein Lebewesen und nicht ein Klumpen toter Materie, wie es ja die allgemeine Auffassung ist. Die Erde bietet Lebensraum für uns, ihre Mikrowesen – Menschen, Tiere, Pflanzen –, die unseren Zwischenkosmos ausmachen. Sie versorgt uns auch mit der notwendigen Nahrung, mit Wasser und mit Luft. Wäre die Erde kein Lebewesen, wäre sie nicht imstande, uns das zu geben, was wir brauchen, um unser Leben aufrechtzuerhalten.

Die Lebenszeichen der Erde

Heute ist die allgemeine Auffassung wie gesagt, dass die Erde ein Klumpen toter Materie ist und dass wir für ihr Klima und ihr Wohlergehen verantwortlich sind. Aber so ist es in Wirklichkeit überhaupt nicht. Die Erde ist ein eigenständiges, lebendiges Wesen. Sie hat ein Bewusstsein, ein „Ich" (den Kern ihres Selbst) und ein Lebenserleben, genau wie jedes andere Lebewesen. Sie reguliert auch ihre Körperfunktionen wie jedes andere Lebewesen.

Wenn wir krank werden, erhöht unser Körper seine Temperatur, um die Krankheit zu bekämpfen, und wir bemerken, dass wir Fieber haben. Das Gleiche gilt für die Erde. Sie kontrolliert und reguliert die Temperatur ihrer Oberfläche.

Wir wissen heute, dass das Klima nie konstant war, und der Grund dafür ist, dass es durch das „Ich" des Erd-Wesens reguliert wird. Das Klima war einmal viel wärmer als heute: Die Nordsee war einst eine warme Savanne. Und vor nicht allzu langer Zeit („nur" 11.550 Jahre) bedeckten riesige Eismassen die nördliche Hemisphäre bis hinunter nach Süddeutschland. Dann begann das Eis aus irgendeinem unbekannten Grund plötzlich zu schmelzen. Aber es war nur die Erde, die ihre Oberflächentemperatur regulierte, um sie den Plänen anzupassen, die sie zu dieser Zeit mit ihrem Körper hatte. Das ist kein Grund zur Verwunderung, wenn wir anerkennen, dass der Planet lebendig ist.

Aber, so könnte man fragen, wie kann eine solche Kugel ein Lebewesen sein? Das kann sie, weil die Formen, die ein Lebewesen annehmen kann, unbegrenzt sind. Wir glauben vielleicht, dass ein Lebewesen zwei Beine und zwei Arme oder vier Beine haben muss, aber wir brauchen nur an einen Fisch, einen Wal, eine Qualle, einen Vogel und ein Insekt, einen Wurm und einen Baum, an irgendeine Pflanze oder an eine Bakterie zu denken, und wir erkennen, dass es keine Grenzen gibt, wie sich eine Lebensform manifestieren kann.

Wir bezeichnen die Erde gerne als Mutter Erde oder Gaia, sodass die Vorstellung, dass sie lebendig ist, vielen Menschen nicht so fremd ist. Es gibt viele Aspekte, die darauf hinweisen, dass die Erde lebendig ist. Der Sauerstoffgehalt der Luft, die wir atmen, liegt zum Beispiel konstant bei etwa 21 %. Aber wie kann er konstant sein, wenn es niemanden gibt, der ihn reguliert? Heute wissen wir, dass wir derzeit eine Menge Kohlendioxid oder CO_2 produzieren, und logischerweise müsste der Sauerstoffanteil in der Luft sinken und der CO_2-Anteil steigen. Aber das ist nicht der Fall. Es ist nicht der Fall, weil der bestimmte Prozentsatz von 21 % Sauerstoff in der Luft für die Mikroorganismen der Erde (Menschen, Tiere, Vögel,

Pflanzen usw.) notwendig ist, um ihr Leben aufrechtzuerhalten und die Erde als guter Wirt diese richtige Menge an Sauerstoff für uns alle bereitstellt.

Das Gleiche gilt für den Salzgehalt der Meere. Er bleibt konstant bei etwa 3,5 %. Wird also auch von jemandem reguliert.

Aber das offensichtlichste Zeichen dafür, dass die Erde lebt, ist ihr Stoffwechsel. Nur Lebewesen haben einen Stoffwechsel. Der Stoffwechsel der Erde ist gut bekannt und beschrieben als der Kreislauf der Materie. Wir wissen, dass sich alle Materie auf der Erdoberfläche irgendwann zersetzt und in Erdreich verwandelt. Wenn die Blätter der Bäume im Herbst zu Boden fallen, können wir sehen, dass ein Zersetzungsprozess beginnt und sich die Blätter nach einiger Zeit in Humus, in Erde verwandelt haben. Diese Erde wird dann von den Pflanzen zum Wachsen genutzt.

Alle Stoffe auf der Oberfläche unseres Planeten unterliegen diesem Wiederverwertungsprozess. Je nachdem, um welche Art von Materie es sich handelt, kann der Prozess schnell oder langsam verlaufen. Eine Erdbeere beginnt sich rasch zu zersetzen, und nach höchstens einer Woche ist sie mehr oder weniger verrottet. Eine Metalldose braucht Jahrzehnte, um sich zu zersetzen, ein Auto sogar noch länger, aber es gilt für alle Stoffe, dass sie sich mit der Zeit auflösen. Mit anderen Worten: Sie unterliegen dem Stoffwechsel oder Metabolismus der Erde.

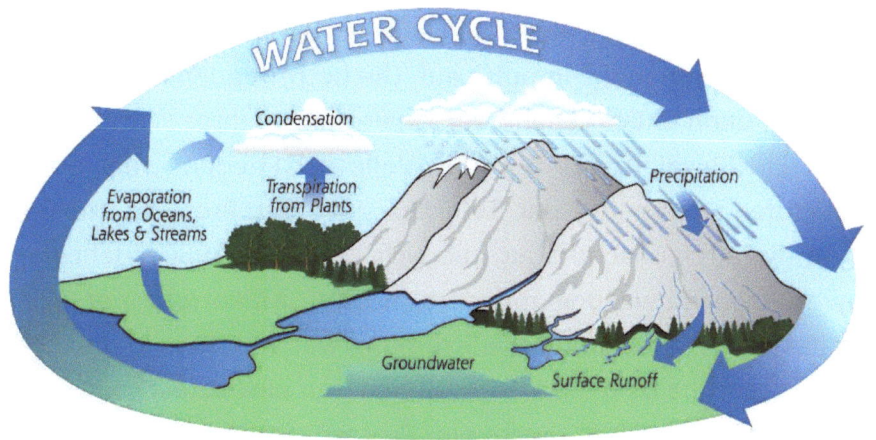

Die Erde atmet und ernährt sich auch. Ihre Atemzüge bestehen aus der ständigen Verdunstung und Kondensation von Wasser auf ihrer Oberfläche. Wenn sich Wasser erwärmt, verdunstet es und wird als Wasserdampf in die Luft aufgenommen, wo es zu Wolken wird, die, wenn sie abkühlen, ihre Feuchtigkeit als Regen abgeben, die Pflanzen bewässern und Bäche, Flüsse und Ströme bilden, die die Oberfläche des Planeten wie ein Blutkreislauf durchziehen.

Die Erde ernährt sich von der enormen Menge an Lichtpartikeln, die sie jede Minute auf der beleuchteten Seite von der Sonne erhält. Die Seite, die der Sonne abgewandt ist, schläft. Auf diese Weise schläft der Planet und ist wach, je nachdem, welche Seite das Sonnenlicht erhält. Der Planet schläft „schichtweise", wenn die Mikrowesen auf seiner unbeleuchteten Oberfläche schlafen.

Die Erde denkt auch und hat ein Lebenserleben. Die Gedanken der Erde manifestieren sich auf ihrer Oberfläche als kulturelle Strömungen. Dies geschieht in der Weise, dass das Erd-Wesen Impulse aus seinem Bewusstsein an die Bewusstseine seiner Mikrowesen sendet, und diejenigen, deren Mentalität auf der gleichen Wellenlänge liegt wie die Gedanken, die die Erde aussendet, nehmen die Impulse auf. Die betreffenden Mikrowesen reagieren dann entsprechend den Anweisungen ihres Wirts.

Ein Beispiel dafür war die Welle der Friedens-, der freien Liebe-, der Harmonie-, der Toleranz- und der Protestbewegung gegen die alten Machthaber, die sich Ende der 1960er-Jahre als Flower-Power-Bewegung mit dem Slogan *„Make love not war"* manifestierte. Diese kulturelle Strömung war vor allem in den USA und Westeuropa zu spüren. Sie war nicht nur ein Protest gegen den Vietnamkrieg, sondern auch ein Protest gegen ein veraltetes, repressives Establishment, das schon lange an der Macht war und in einem autoritären Modus Operandi feststeckte. Die Studentenrevolte in Paris 1968 war ein deutliches Beispiel dafür, dass die jungen Menschen genug von den alten Verhältnissen hatten, und ein klares Zeichen dafür, dass ein globaler Wandel bevorstand.

Auch die Staatsoberhäupter der Welt werden vom Erd-Wesen an ihren Platz gestellt. Es ist das „Ich" der Erde, das entscheidet, wer die Macht zum Regieren bekommt, und diese Entscheidung wird auf der Grundlage des generellen Plans getroffen, den die Erde für ihre aktuelle Inkarnation hat. So wie unser „Ich" in unserem Körper das Sagen hat, so gilt dasselbe auch für die Erde. Stell dir vor, eine unserer Gehirnzellen käme auf die verrückte Idee, dass sie über unseren Körper bestimmen würde! Das tut sie nicht, es ist unser „Ich", das bestimmt. Auf die gleiche Weise herrscht auch das „Ich" der Erde. Wir glauben vielleicht, dass wir Präsidenten und Premierminister in ihr Amt wählen, aber das tun wir nicht wirklich. Das „Ich" des Makrowesens entscheidet, wer die Macht zum Regieren bekommt. Und es tut dies, um uns zu zeigen, was passiert, wenn bestimmte unfähige Führer oder

Diktatoren die Macht bekommen, damit wir Erfahrungen sammeln und dazulernen können und Fehler nicht mehr wiederholen.

In Wirklichkeit hat alles, was auf dem Planeten geschieht, einschließlich der Kriege, nur einen einzigen Zweck: uns zu unterweisen und uns wertvolle Lebenserfahrungen sammeln zu lassen. Das Erzeugen von Erfahrung und die daraus resultierende Weisheit und Einsicht sind das Ziel der Evolution. Je mehr Fehler wir machen und je mehr Erfahrungen dadurch ernten, desto mehr Weisheit sammeln wir. Das Sammeln von Weisheit ist das Ziel unserer evolutionären Reise. Und genau wie wir befindet sich auch die Erde auf einer evolutionären Reise, um ein weises, fertig entwickeltes Lebewesen zu werden, das nur All-Liebe ausstrahlen kann und kosmisches Bewusstsein besitzt. Sie ist auf dem besten Weg, aber noch nicht ganz am Ziel. Mehr dazu in den nächsten Unterkapiteln.

Das Klima der Erde

Wie ich bereits sagte, war das Klima auf unserem Planeten noch nie konstant. Das ist eine Tatsache, die nicht bestritten werden kann. Derzeit erleben wir einen Anstieg der Oberflächentemperatur des Planeten, den wir als globale Erwärmung bezeichnen. Wir glauben auch, dass dieser Anstieg ausschließlich auf menschliche Faktoren zurückzuführen ist, insbesondere auf unsere CO_2-Emissionen. Dies ist jedoch nur teilweise der Fall. Der Temperaturanstieg ist hauptsächlich darauf zurückzuführen, dass die Erde ihre Oberflächentemperatur reguliert, denn dieser Anstieg spiegelt die mentale Krise wider, die sie derzeit erlebt.

Worum geht es bei dieser mentalen Krise? Die Erde ist ein sehr altes Lebewesen, und wie alle Lebewesen befindet sie sich auf einer evolutionären Reise. Das tun wir Menschen auch, aber unsere Reise verläuft viel schneller als die der Erde. Die Zeitachse der Erde ist viel länger als unsere. In Milliarden von Jahren hat sich die Erde auf das Ziel aller Evolution auf der physischen Ebene hin entwickelt: die Erlangung des kosmischen Bewusstseins oder der vollkommenen Erleuchtung. Martinus nennt dies auch „die Große Geburt".

Die Erde nähert sich jetzt dem Zeitpunkt, an dem sie ein erleuchtetes Wesen wird, kosmisches Bewusstsein erlangt oder „die Große Geburt" erlebt. Laut Martinus wird dies in etwa 3000 Jahren geschehen. Für uns mögen 3000 Jahre eine lange Zeit sein, aber für die Erde ist es „gleich um die Ecke".

Dem Erlangen des kosmischen Bewusstseins geht immer eine mentale Krise voraus. Diese mentale Krise entsteht, weil die Erde sich von den letzten Resten ihrer gewohnheitsmäßigen primitiven Denkweise (gekennzeichnet durch das tötende Prinzip, vermittelt durch die Schwereenergie – orange, erklärt in Symbol Nr. 14) befreien muss, die ihre Mentalität seit Millionen von Jahren beherrscht hat. Doch um kosmisches Bewusstsein zu erlangen, muss dieses primitive Gedankengut eliminiert werden. Das bedeutet, dass diejenigen Mikrowesen der Erde, die dieses primitive, egoistische, gierige, aggressive und kriegslüsterne Gedankenklima in sich tragen, beseitigt werden müssen, um Platz für friedliebende, tolerante, altruistische, allliebende Mikrowesen zu machen. Die alten Mikrowesen müssen durch neue ersetzt werden, damit sich in der Mentalität der Erde eine neue Denkweise durchsetzt, die von bedingungsloser Liebe, Harmonie, Verzeihen und friedlicher Koexistenz geprägt ist.

Die Krise entsteht, weil die Erde eine Art geistigen Frühjahrsputz in ihrer Gedankensphäre durchführen muss, in der zwei gegensätzliche Kräfte um die Kontrolle kämpfen: das alte, gewohnheitsmäßige, mehr oder weniger primitive Gedankenklima von Egoismus, Intoleranz, Gier und Machtstreben und das neue, fortschrittliche Gedankenklima von Altruismus, All-Liebe und Toleranz.

Die Krise entsteht, weil das alte Gedankenklima überwunden werden muss, um Platz für das neue zu schaffen. Es ist in Wirklichkeit der „alte" Kampf zwischen Gut und Böse. Aber das Alte gibt nicht kampflos auf. Es wehrt sich dagegen, ausgemerzt zu werden. Das ist es, was wir im Moment mit dem Krieg in Europa erleben. Die Erde ist eifrig dabei, die alten Überreste des primitiven, kriegslüsternen Gedankenklimas loszuwerden, und sie ist zornig (hot-tempered), weil dieser Prozess langsam vorangeht. Dies ist die Hauptursache für die globale Erwärmung. Die Erde erzeugt sie für ihre eigenen Zwecke.

Dieser Kampf zwischen Gut und Böse wirkt sich auf die mentale Stabilität der Erde aus, was wiederum das Geschehen auf ihrer Oberfläche beeinflusst. Martinus sagte schon vor etwa 60 Jahren, dass es eine große Umwälzung auf dem Planeten in der ersten Hälfte des 21. Jahrhunderts geben würde. Der Umbruch sei – und ist immer noch – auf den Kampf zwischen zwei Kulturen zurückzuführen: die alte, auf dem tötenden Prinzip basierende Kultur und die neue, auf der All-Liebe basierende Kultur. Was wir gerade jetzt erleben, sind der Todeskampf der alten Kultur und die Geburtswehen der neuen Kultur.

Aber es besteht nie ein Zweifel daran, wer als Sieger hervorgehen wird, denn die Evolution kann nur vorwärts gehen, und die All-Liebe wird auf lange Sicht gewinnen. Aber das alte gewohnheitsmäßige Gedankenklima, das seit Äonen herrscht, wehrt sich, und es muss überwunden und entfernt werden, bevor die neuen, allliebenden Gedanken endgültig die Oberhand gewinnen können.

Die Unwissenheit über die Lebensgesetze

Das völlig egoistische Verhalten vieler Menschen heute ist auf die Unwissenheit über die kosmischen Gesetze des Lebens zurückzuführen: Weil wir glauben, dass wir nur einmal leben, lassen wir unser Verhalten von Gier und Egoismus bestimmen. Wir wollen mehr für uns selbst haben, damit wir unser „einziges Leben" genießen können – egal, ob das auf Kosten anderer geht. Und weil wir auch das Karmagesetz nicht kennen, verhalten wir uns so, als ob unsere Handlungen niemals Konsequenzen haben würden.

Die Unkenntnis des Karmagesetzes ist die gefährlichste Unkenntnis, die es gibt, denn wir glauben, dass es keine Konsequenzen für uns selbst haben wird, egal was wir tun, egal wie viele Leben wir auslöschen, wie sehr wir die Umwelt verschmutzen, wieviel wir lügen, stehlen und andere betrügen.

Aber so ist es nicht. In diesem oder in zukünftigen Leben werden wir ernten, was wir einmal für andere gesät haben, denn das Karmagesetz besagt, dass wir ernten, was wir säen.

Es ist höchste Zeit, dass wir erkennen, wie wir unser eigenes Schicksal erschaffen. Es ist höchste Zeit, dass wir lernen, andere so zu behandeln, wie wir selbst behandelt werden wollen. Und es ist höchste Zeit, dass wir erkennen, dass wir das, was wir anderen antun, letztlich uns selbst antun. Es ist unser eigenes zukünftiges Schicksal, das wir formen, wenn wir betrügen, lügen, stehlen, verletzen, schädigen und töten.

Die derzeitige globale Krise ist auch ein Ergebnis dieser Unkenntnis unserer kosmischen Verantwortung. Sie ist eine weitere große Lektion, die in Gang gesetzt wurde, um uns über unsere kosmische Verantwortung und das Karmagesetz zu unterrichten.

Es ist ja nicht so, als ob uns das niemand gesagt hätte! Vor zweitausend Jahren sagte Jesus zu seinem Apostel Simon Petrus: *„Steck dein Schwert in die Scheide! Denn wer das Schwert nimmt, der wird durch das Schwert umkommen."* (Mt 26,52-53).

Aber wir hörten und befolgten diese Ermahnung nicht. Wir haben das Schwert benutzt wie nie zuvor. Und wenn wir nicht hören wollen, müssen wir fühlen. Wir müssen am eigenen Leib spüren, wie das Karmagesetz wirkt.

Das ist es, was wir gerade durchleben, und die derzeitige Krise ist eine Illustration unserer kosmischen Unwissenheit und ein Versuch, uns die Lektionen auf die harte Weise beizubringen, nachdem wir uns nicht die Mühe machten zuzuhören.

Der Klimawandel ist ein Teil dieser Lektion, und unsere CO_2-Emissionen spielen zwar eine Rolle bei den steigenden Temperaturen, sind aber nicht die Hauptursache. Die eigentliche Ursache der globalen Erwärmung liegt bei der Sonne (nächstes Unterkapitel) und der Erde in ihrem Prozess, die primitivsten ihrer Mikrowesen zu eliminieren: diejenigen, die noch an Krieg, Macht und ans Töten glauben.

Aber wir sehen auch, wie die guten Mikrowesen wichtige Schritte unternehmen, um den Auswirkungen von sinnloser Gier und Egoismus entgegenzuwirken. Es werden viele Initiativen ergriffen, um der Umweltverschmutzung, dem Töten und den CO_2-Emissionen entgegenzuwirken.

Grüne Energie wird in einem noch nie dagewesenen Ausmaß produziert, der Widerstand gegen den Krieg war nie größer, und die Zahl der Menschen, die sich pflanzlich ernähren, war noch nie so hoch.

Wir sind Zeugen eines Kampfes zwischen Gut und Böse auf globaler Ebene, und dieser Kampf und das Leid, das er für Millionen von Menschen mit sich bringt, haben zwei Ziele: uns für unsere kosmische Verantwortung wachzurütteln und unsere Ignoranz gegenüber dem Karmagesetz, einem der wichtigsten Gesetze des Lebens, zu beseitigen.

Die Erde möchte uns alle – alle ihre Mikrowesen – in Friedenszellen verwandeln, die sich ihrer kosmischen Verantwortung bewusst sind und sich dementsprechend verhalten. Wie bereits erwähnt, sagt Martinus, dass in 300 bis 500 Jahren der letzte Krieg auf diesem Planeten ausgefochten sein wird. Dann wird sich der globale Frieden allmählich in alle Ecken der Welt ausbreiten, und von da an werden wir beginnen, harmonische Gesellschaften zu schaffen, in denen alle in Wohlstand und Frieden leben.

Wir werden auch allmählich eine gerechte und gleichmäßige Verteilung der Reichtümer des Planeten zu sehen beginnen. Diese Reichtümer gehören allen Bewohnern des Planeten, nicht nur einer Handvoll Superreicher. Heute besitzen 10 % der Weltbevölkerung 76 % der Reichtümer, und das muss sich natürlich ändern. Alle Erdenbewohner sind Erben des Reichtums der Erde, nicht nur die wenigen „Glücklichen", die ihn sich mit Gewalt oder List aneignen konnten.

Aber der Wind des Wandels weht, und es gibt bereits eine Tendenz unter den Superreichen, ihren Reichtum zu teilen. Dies ist ein Zeichen für die ersten zaghaften Schritte in Richtung einer gleichmäßigeren Verteilung des Reichtums, den der Planet produziert. Dieses Teilen ist keineswegs erzwungen, sondern beruht auf der Freude am Geben und der Absurdität, andere Menschen hungern und leiden zu sehen, während man selbst im

Geld schwimmt. Es ist ein deutliches Zeichen dafür, dass ein solidarisches Bewusstsein erwacht, und dieses Gefühl wird letztendlich zu einer gerechten und gleichmäßigen Verteilung der Reichtümer des Planeten führen. Im Jahr 2010 wurde die Organisation „The Giving Pledge" gegründet, die eine Umorientierung in den Reihen der Superreichen in Richtung Philanthropie und Teilen widerspiegelt. Hier erfährt man, wer sie sind: https://en.wikipedia.org/wiki/The_Giving_Pledge

Aufgrund unseres wachsenden Kriegsüberdrusses, den wir im Laufe vieler Leben angesammelt haben, wachsen die Reihen der Friedliebenden ständig. Jeder Einzelne von uns spielt eine Rolle im Friedensprozess. Diejenigen, die bereits Frieden im Herzen tragen und aufgehört haben, sich an jeglicher Form des Tötens zu beteiligen (einschließlich des Tötens von Tieren, die wir essen), sind die guten Zellen, und wir alle können uns entschließen, gute Zellen zu werden, indem wir einen mentalen Frühjahrsputz unseres eigenen Bewusstseins durchführen, indem wir daran arbeiten, unsere Tendenzen zu Gier, Egoismus, Lieblosigkeit, Unehrlichkeit und zum Töten zu beseitigen. Auf diese Weise werden wir zu einer besseren Welt beigetragen haben.

Darüber, inwieweit wir das Klima der Erde beeinflussen können, schreibt Martinus, dass die Sonne den weitaus größten Einfluss hat.

Die Rolle der Sonne für das Klima der Erde

Die Sonne ist auch ein Lebewesen, und sie ist der Faktor, der bei weitem die größte Rolle für das Klima auf allen Planeten in unserem Sonnensystem spielt. Große Veränderungen des Erdklimas haben stattgefunden, lange bevor der Mensch darauf Einfluss hatte. Man denke nur daran, warum die letzte Eiszeit zu

Ende ging und die riesigen Eiskappen zu schmelzen begannen. Was könnte diese große Klimaveränderung, diese massive globale Erwärmung verursacht haben, wenn nicht die Erde selbst in Wechselwirkung mit der Sonne? Am Ende der letzten Eiszeit vor 11.550 Jahren bestand die geschätzte Erdbevölkerung aus 2 bis 4 Millionen primitiven, mit Keulen bewaffneten Wesen. Diese konnten auf keinen Fall eine derart große Klimaveränderung auf der Erde verursachen.

Aber trotzdem wird heute allgemein angenommen, dass wir, die Erdbewohner, die alleinigen Verursacher der globalen Erwärmung sind. Ist dies nicht das Ergebnis einer tiefen kosmischen Unwissenheit? Zeigt uns das „große Tauwetter" vor etwa 11 550 Jahren nicht, dass es einen Faktor gibt, den wir übersehen haben?

Dieser Faktor ist die Erde selbst in Verbindung mit der Sonne. Die Erde ist ein Organ im Sonnensystem, und sie erhält ihre lebensfördernde Kraft und Nahrung von der Sonne. Durch die Sonne bekommen wir nicht nur Licht und Wärme, sondern auch enorme Mengen elektrischer Energie und kosmischer Strahlung. Die Sonne ist einfach eine riesige Kraftquelle mit gigantischen Kräften. Auf der Sonne herrscht eine enorme Aktivität mit atomaren Explosionen. Wir können diese Explosionen, die wir Sonnenflecken nennen, von der Erde aus beobachten. Sie sind so riesig, dass sie 2-3 Planeten von der Größe der Erde in sich enthalten könnten. In diesen Sonnenflecken kommt es zu heftigen elektrischen Stürmen.

Zwischen der Sonne und der Erde gibt es eine unsichtbare Verbindung. Diese Verbindung gilt für alle Planeten des Sonnensystems, und es ist die elektrische Kraft der Sonne, die allen Planeten in ihrer Umlaufbahn Leben gibt.

Martinus drückt es so aus: *„Die Erde steht in einer bestimmten Beziehung zur Sonne, und diese Beziehung bestimmt generell das Klima überall auf dem Planeten."*

Das bedeutet, dass unser Einfluss auf das Klima viel geringer ist, als die meisten Forscher glauben. Der bei weitem größte Faktor für die Temperatur des Planeten sind die Rollen, die die Sonne und die Erde selbst als Lebewesen spielen.

Dies sollte jedoch nicht als „Erlaubnis zur Umweltverschmutzung" angesehen werden. Die Erde ist ein Lebewesen, und so wie wir alle anderen Lebewesen mit Respekt behandeln sollten, sollten wir auch die Erde – sogar mit noch größerem Respekt behandeln. Nur ein Narr würde seinen eigenen Garten vermüllen, und das tun wir gerade im großen Stil.

Das bedeutet, dass wir unser Handeln ernsthaft überdenken müssen. Wir müssen damit aufhören, die Umwelt so stark zu verschmutzen, Müll und Plastik in die Flüsse und Meere zu werfen, aufhören, die Ressourcen der Erde übermäßig auszubeuten, aufhören, noch mehr Wälder abzuholzen, um Weideland für die Viehzucht zu schaffen, aufhören, so große Mengen fossiler Brennstoffe zu verbrennen und anfangen, „grüner" zu leben, anfangen, uns auf Pflanzenbasis zu ernähren, anfangen, den unnötigen Verbrauch von Ressourcen zu begrenzen und anfangen, verantwortungsbewusste Verbraucher zu sein.

Im Augenblick behandeln wir unseren Gastgeber nicht mit Respekt und Liebe. Wir erlauben der Gier, den Planeten zu beherrschen, was zu Ungleichheit und einer ungerechten Verteilung der Reichtümer des Planeten führt. Dies schafft Elend für Milliarden von anderen Lebewesen. Wenn wir nicht zusammenarbeiten, um dies zu stoppen, wird es die Erde selbst auf drastische Weise für uns stoppen. Die Erkenntnis, dass die Erde ein

Lebewesen ist, ist mehr als jemals zuvor auf globaler Ebene vonnöten.

Ein kosmisches Schutzprinzip

Zwischen dem Makrowesen und seinen Mikrowesen besteht eine symbiotische Beziehung. Wir könnten nicht leben, wenn die Erde nicht lebendig wäre, und die Erde könnte nicht leben, wenn ihre Mikrowesen nicht auch lebendig und in der Lage wären, die Aufgaben zu erfüllen, für die sie designt sind.

Aus diesem Grund ist ein kosmisches Schutzprinzip am Werk. Das Makrowesen tut, was es kann, um seine Mikrowesen zu schützen, weil das in seinem eigenen Interesse ist.

„Da kein Lebewesen existieren kann, ohne ein Makrowesen für seine Mikrowesen zu sein, und da sich dies, was die Mikrowesen anbelangt, ebenfalls wiederholt, indem diese auch Makrowesen für die Mikrowesen in ihrem Organismus sind, wird es eine Tatsache, dass alle Lebewesen wie bereits erwähnt also einem kosmischen Schutzprinzip unterworfen sind. Da es somit für das Makrowesen eine Lebensbedingung ist, die Mikrowesen in seinem Organismus zu beschützen, wird das, was sich unter dem Begriff ‚die Vorsehung‘ verbirgt, hier zu einer lebendigen unumgänglichen Tatsache. Alle Lebewesen sind also dem Schutzprinzip einer Vorsehung unterworfen. Die Menschen, Tiere, Pflanzen und Mineralien der Erde sind organische Teile des großen Körpers, den wir den Erdball nennen. Der Erdball ist also ein Lebewesen und unser Makrowesen und er ist der Lebensbedingung eines solchen Wesens unterworfen: Das Beschützen der Mikrowesen in seinem eigenen Organismus.“ (Martinus: *Livets Bog,* Band 6, Abschnitt 2025, Unterstreichungen von mir).

Im Universum ist ein Schutzprinzip am Werk, vom Makrowesen zu seinen Mikrowesen. Dieses schützende Prinzip ist das, was traditionell als Vorsehung bezeichnet wird. Die Definition von Vorsehung ist: Die schützende Fürsorge Gottes oder der Natur als geistige Kraft (aus Oxford Languages). Es ist tatsächlich eine geistige Kraft am Werk, und ich werde in Kapitel 5 darauf zurückkommen.

Wir kennen dieses Prinzip des Schutzes von unserem eigenen Körper. Unsere Mikrowesen kommunizieren manchmal mit uns und wir „hören" sie und helfen ihnen, wenn wir können. Eine Art, wie unsere Mikrowesen mit uns kommunizieren, ist, wenn wir Hunger verspüren. Hunger ist eine kollektive Bitte bestimmter Zellen, die uns mitteilen, dass die „Speisekammer" leer ist und wir sie bald auffüllen sollten. Wenn wir können, folgen wir der Bitte der Zellen und essen. Während wir essen, halten uns die Zellen über den Auffüllprozess auf dem Laufenden, und wenn die Speisekammer voll ist, geben sie uns Bescheid und wir fühlen uns satt und hören auf zu essen.

Das gleiche Prinzip gilt, wenn wir müde sind und zu gähnen beginnen. Gähnen ist auch eine kollektive Bitte unserer Zellen, die uns mitteilen, dass wir uns ausruhen sollen, damit sie die Schäden reparieren können, die das Nervensystem im Laufe des Tages erlitten hat. Das Beste, was wir tun können, ist deshalb, ins Bett zu gehen und uns auszuschlafen. Wenn wir feiern, tanzen und trinken, können wir die Aufforderung der Zellen vielleicht ignorieren, aber das hat seinen Preis. Wir werden später extra Schlaf brauchen und es kann mehrere Tage dauern, bis wir wieder einen Zustand erreichen, in dem wir richtig ausgeruht sind.

Es ist der „Job" des Makrowesens, seine Mikrowesen zu schützen, und dieser Schutz geschieht auf unterschiedliche Weise.

Aber wir können nur in dem Maße geschützt werden, wie es mit unserem Karma übereinstimmt. Solange wir andere Lebewesen (einschließlich der Tiere, die wir essen) töten oder uns am Töten beteiligen können, sind wir nicht geschützt. Wir sind nicht geschützt, weil wir die Erfahrung brauchen, selbst getötet zu werden, damit wir am eigenen Leib spüren können, wie es ist, getötet zu werden. Auf diese Weise werden wir schließlich so klug werden, dass wir aufhören zu töten. Das Karma ist der größte Lehrmeister des Lebens, es ist das höchste Erziehungsprinzip des Universums, und ohne Karma würde niemand klüger werden und niemand würde sein Verhalten gegenüber anderen Lebewesen ändern.

In diesem Zusammenhang soll noch einmal betont werden, dass wir ewige Wesen sind und der Verlust eines physischen Lebens nicht das Ende unserer Existenz bedeutet. Wenn unser physischer Körper aufgrund von Verletzungen, Krankheit oder Alter unbrauchbar wird, ziehen „wir" uns (in Form unseres Bewusstseins) heraus und begeben uns auf die geistige Ebene, um eine ausgiebige Ruhepause einzulegen. Wenn wir uns ausgeruht haben, ist es wieder an der Zeit, in einen neuen physischen Körper zu reinkarnieren, um mit unserer Evolution voranzukommen. Das physische Leben zu verlieren, ist keine Tragödie. Es ist der notwendige Austausch des physischen Körpers und ein Schritt vorwärts in unserer Evolution. Es ist aber auch eine Lektion in Moral und richtiger Lebensführung. Eine Lektion, die uns lehren will, alle anderen Lebensformen zu respektieren und nie wieder einem anderen Lebewesen das Leben zu nehmen.

Als Teil dieses Schutzprinzips kann uns die Erde zum Beispiel dabei helfen, übermäßige CO2-Emissionen loszuwerden. Siehe dazu diesen Artikel über ein großes Rätsel:

Das Rätsel um das verschwundene CO2

von David Herring und Robert Kannenberg
28. April 1999

Wissenschaftler schätzen, dass zwischen 1 und 2 Milliarden Tonnen CO_2 pro Jahr im globalen CO_2-Haushalt „fehlen". Genauer gesagt können sie nicht erklären, wo sich zwischen 15 und 30 Prozent des CO_2 befinden, das jedes Jahr durch die Verbrennung fossiler Brennstoffe in die Atmosphäre gelangt (Sellers u. a. 1997). Weltweit setzt der Mensch jährlich etwa 7 Milliarden Tonnen CO_2 frei. Davon verbleiben 3 Milliarden Tonnen in der Atmosphäre, 2 Milliarden Tonnen werden vom Ozean absorbiert, und ... der Rest? Wissenschaftler nehmen an, dass die Landvegetation den Rest absorbiert, aber sie wissen nicht genau, wo oder wie viel.

Unter folgendem Link kann man den vollständigen Artikel lesen:
https://earthobservatory.nasa.gov/features/BOREASCarbon

Der Artikel enthält keine Schlussfolgerung darüber, was mit dem fehlenden CO2 geschieht – er deutet lediglich an, dass es die borealen Wälder in der nördlichen Hemisphäre absorbieren. Zu diesem Ergebnis kann die Wissenschaft kommen, solange sie nichts von dem enormen Schutzprinzip weiß, das vom Makrowesen (in diesem Fall der Erde selbst) auf seine Mikrowesen wirkt. Das „Ich" der Erde besitzt sowohl die Einsicht als auch die Fähigkeit dazu, unseren übermäßigen CO2-Emissionen entgegenzuwirken. Es weiß, was zu tun ist, und hilft seinen Mikrowesen, denn das liegt in seiner Natur.

Wir sind die Gehirnzellen des Planeten

Unsere Gehirnzellen sind die wichtigsten Zellen in unserem Körper, und ebenso sind die Gehirnzellen der Erde die wichtigsten Zellen in ihrer Körperstruktur. Wir, die Menschen des Planeten, sind die am weitesten fortgeschrittenen Wesen auf dem Planeten in Bezug auf Intelligenz und technische und gesellschaftliche Entwicklung, also sind wir identisch mit den Gehirnzellen der Erde. Martinus drückt es so aus: *„Und da die gesamte Erdenmenschheit infolge der kosmischen Analysen das Gehirnorgan der Erde ist und jeder einzelne Mensch somit der Erde oder dem Erd-Wesen gegenüber nur eine ihrer Gehirnzellen ist …"* (Martinus, *Livets Bog* Band 1, Abschnitt 58).

Das erklärt, warum der Mensch eine höhere geistige Kapazität hat als die Tiere. Es erklärt unsere Überlegenheit gegenüber den meisten anderen Lebewesen auf diesem Planeten. Es erklärt, dass wir die am weitesten fortgeschrittenen hier lebenden „Zellen" sind, die Zellen, deren Intelligenz generell höher ist als die der Tiere.

Unsere Position hier, als die Gehirnzellen des Planeten, bedeutet jedoch nicht, dass wir perfekte Zellen sind. Wir sind auf dem Weg, perfekte, friedliche, allliebende Zellen zu werden, aber wir sind noch nicht am Ziel. Wir sind noch unfertige Menschen, und das solange, wie viele von uns noch das „tötende Prinzip" unterstützen und sich daran beteiligen. Solange wir noch fähig und willens sind, anderen Lebewesen das Leben zu nehmen, sind wir unvollkommene Gehirnzellen. Aber wir sind alle ohne Ausnahme auf dem Weg, vollkommene, friedliche und allliebende Gehirnzellen zu werden. In diesem Prozess sind wir jedoch nicht alle gleich weit fortgeschritten. Die weniger Entwickelten sind diejenigen, die noch Anhänger des tötenden Prinzips sind, die egoistisch, gierig und machthungrig sind und nicht davor zurückschrecken, andere Lebewesen zu töten, um sie zu essen. Die am weitesten Entwickelten sind diejenigen, die Frieden in ihrem Herzen haben, die andere Lebewesen nicht töten können, die tolerant und nachsichtig sind und alle anderen Wesen lieben.

Aber wir werden alle den Punkt erreichen, an dem wir uns in allliebende Friedenszellen verwandelt haben. Es ist nur eine Frage der Zeit. Das große Prinzip, das diese Veränderung sicherstellt, ist wie bereits erklärt das Karmagesetz.

Über den Kampf zwischen den guten und den bösen Zellen auf der Erde sagt Martinus: *„Im Bewusstsein des Erd-Wesens findet zurzeit ein innerer Kampf statt, und da die Menschen Gehirnzellen im physischen Gehirn der Erde sind, empfangen sie die Impulse aus dem Bewusstsein ihres Makrowesens, und zwar sowohl solche, die sich dem neuen Zustand noch widersetzen, als auch solche, die stark für seine Verwirklichung in der physischen Welt arbeiten. Diese Verwirklichung wird nicht ohne die Mitwirkung der irdischen Menschen stattfinden können."* (Martinus: „Schutzengel im Bewusstsein der Erde", Artikel-ID: M0879).

Die Erde befindet sich also derzeit in einem Konflikt mit sich selbst. Zwei gegensätzliche Kräfte kämpfen: die eine, um die Kontrolle zu behalten, und die andere, um die Kontrolle zu übernehmen. Diesen Kampf zwischen Gut und Böse erleben wir gerade jetzt (2023) mit all den Unruhen, Kriegen und sozialen Ungleichheiten in vielen Teilen der Welt. An den meisten Orten gibt es kein harmonisches Zusammenleben, keine Rücksicht auf das Wohlergehen anderer, sondern einen ständigen Kampf ums Überleben und um die Verbesserung des eigenen Lebens.

Aber wie gesagt, das Endergebnis steht fest: Die Friedenszellen werden siegen und ein harmonisches Zusammenleben wird in weniger als 1000 Jahren Wirklichkeit werden. In 2000 bis 3000 Jahren wird der Prozess abgeschlossen sein und ein Reich fertiger Menschen, die in Frieden leben, wird rund um den Globus Wirklichkeit geworden sein.

Ich weiß, dass viele Menschen zutiefst pessimistisch sind, was unsere Zukunft angeht, und glauben, dass das Ende der Welt oder die Götterdämmerung (Ragnarök) vor der Tür steht, aber das liegt daran, dass sie sich das „größere Bild" noch nicht vor Augen geführt haben. Die Evolution kann nur vorwärts gehen und das Karma kann uns alle nur in allliebende, friedliche Wesen verwandeln. Das Gegenteil ist nach den ewigen, universellen Gesetzen einfach nicht möglich.

Martinus drückt es so aus: *„Aber lange, bevor so etwas stattfindet, und ob es auf die eine oder andere Weise geschehen soll,* _werden immer mehr Gehirnzellen der Erde oder Erdenmenschen das_ _mentale Gleichgewicht und die seelische Ausgeglichenheit_ _erreichen, womit sie die physische Erde zu einer Welt des Friedens_ _verwandeln."_ (Martinus: „Die Neigung der Lebensachse" Artikel-ID: M1290, deutscher Kosmos 7/1977, Unterstreichung von mir).

Der Weltfrieden wird kommen. Das ist kein Wunschdenken, sondern das unvermeidliche Ergebnis der Evolution. Viel mehr dazu später.

Der Geist des Erd-Wesens

Alle Lebewesen ohne Ausnahme sind in erster Linie geistige Wesen. Ihr Geist oder Energiefeld, das mit ihrem „Ich" und Bewusstsein identisch ist, ist ihre wahre Identität. Alle sind in ihrem geistigen Körper ewig lebendig. Dieser geistige Körper, dieses

Energiefeld, das aus unserem Bewusstsein besteht, wird traditionell als Seele bezeichnet.

Unser Geist/unsere Seele ist ein Energiefeld. Dieses Energiefeld hat einen gewissen Magnetismus. Magnetismus bedeutet, dass es „Dinge" zu sich hinzieht. Wir können auch sagen, dass es alles anzieht, was sich auf der gleichen Wellenlänge wie es selbst befindet. Das gilt sowohl für physische als auch für geistige Materie. Geistige Materie ist Energie.

Das Gesetz der Anziehung und Abstoßung besagt, dass Energien gleicher Wellenlänge einander anziehen und Energien unterschiedlicher Wellenlänge einander abstoßen. Das Gesetz der Anziehung ist das stärkste Naturgesetz, das es im Universum gibt. Es bestimmt, wie sich alle Materie, physische und geistige (Energie), verhält. Es ist dieses Gesetz, das die Planeten an ihrem richtigen Platz um ihre Sterne (Sonnen) hält. Es ist dieses Gesetz, das bestimmt, wer wo reinkarniert, es bestimmt, in welchen Teil der geistigen Welt wir zwischen den physischen Leben reisen, wen wir treffen, wer unsere Freunde werden, wer als unsere Kinder reinkarniert, es regelt unser Schicksal und wirkt in den meisten Aspekten des Lebens. Das Gesetz der Anziehung ist ein enormer Faktor in unserem Leben, und da unser eigener Geist/Energiefeld (unser Bewusstsein) ebenfalls magnetisch ist, ziehen wir die Aspekte unserer Umgebung an, die in unseren Gedanken vorherrschen. Das gilt sowohl für Menschen als auch Planeten. Die Gesetze des Lebens sind im gesamten Universum die gleichen und wirken auf allen Ebenen.

Unsere Anziehung wird dadurch bestimmt, welcher Art von Gedanken wir erlauben, in unserer Mentalsphäre zu dominieren. Eine sehr freundliche, hilfsbereite und liebevolle Person wird eine völlig andere Anziehung haben als eine sehr hasserfüllte und bösartige Person.

Die freundliche Person wird gleichgesinnte Wesen anziehen und wird daher von anderen freundlichen Menschen umgeben sein. Sie werden ihre Freunde, Gefährten und Liebhaber werden, einfach weil sich gleiche Wellenlängen gegenseitig anziehen.

Und auf die gleiche Weise wird die hasserfüllte Person andere gleichgesinnte Menschen als ihre Freunde, Gefährten und Liebhaber anziehen.

Es kann nicht genug betont werden, wie wichtig unser dominierendes Gedankenklima in unserem Leben ist, denn mit unseren Gedanken magnetisieren wir unseren Körper und unsere Aura und erzeugen unsere Anziehungskraft. Die gute Nachricht ist, dass wir unsere Anziehung ändern können, wenn wir unsere dominierenden Gedanken ändern.

Es gibt eine Menge über das Gesetz der Anziehung zu sagen, lies also bitte meine Bücher: „The Art of Attraction": bit.ly/43UOmdT und „Life After Death in a Nutshell" (zusammen mit Maria McMahon geschrieben): bit.ly/3YrZpKb

Letzteres erklärt, wie unsere vorherrschenden Gedanken bestimmen, in welchen Teil der geistigen Welt wir eintreten, wenn wir „sterben".

Das Magnetfeld der Erde

Der Ursprung des Erdmagnetfeldes ist ein großes Rätsel für die Wissenschaft, denn was ist es und welche Funktion hat es? Die Antwort ist einfach: Das Magnetfeld ist das Energiefeld des Erdbewusstseins. Wir können es auch als die Aura der Erde bezeichnen.

Alle Lebewesen haben eine Aura, die das Energiefeld ist, das alle physischen Körper umgibt. Menschen, Tiere und Pflanzen haben alle eine Aura, und diese Aura ist ein Spiegelbild des Bewusstseins des Wesens.

Die menschliche Aura ist gut beschrieben. Die Aura enthält das Bewusstsein des Wesens. Das Bewusstsein ist nicht auf das Gehirn beschränkt, wie allgemein angenommen wird. Unser Bewusstsein ist ein Energiefeld, das sich in und um unseren Körper herum befindet, und es ist, wer wir wirklich sind. Wir sind genau dieselben, ob wir einen physischen Körper haben oder nicht.

Kirlianfotografie einer Menschen-Aura

Unsere Aura hat einen Magnetismus und zieht das an, womit sie auf gleicher Wellenlänge ist.

Unser Bewusstsein enthält die gesamte Information darüber, wer wir sind, und diese Information ist von uns gesammelt und über viele, viele Leben hinweg akkumuliert worden. Wir sind von Leben zu Leben dasselbe Wesen, und der Kern dessen, wer wir sind, unser „Ich" oder unser Selbstgefühl, ist das konstante Zentrum in unserem Wesen. Um unser „Ich" herum sitzt unser Bewusstsein, und es wird mit jedem Leben, das wir leben, verfeinert und erweitert. Was wir in einem Leben lernen, folgt uns in unser nächstes, sodass wir mit jedem physischen Leben, das wir leben, weiser und moralischer, einsichtiger, menschlicher und liebevoller werden.

Das Gleiche gilt für die Erde. Auch sie hat eine Aura, die mit ihrem Bewusstsein identisch ist. Die Wissenschaft nennt die Aura der Erde ihr Magnetfeld. Wie alle Magnetfelder zieht auch die Aura der Erde andere Energien oder „Dinge" an.

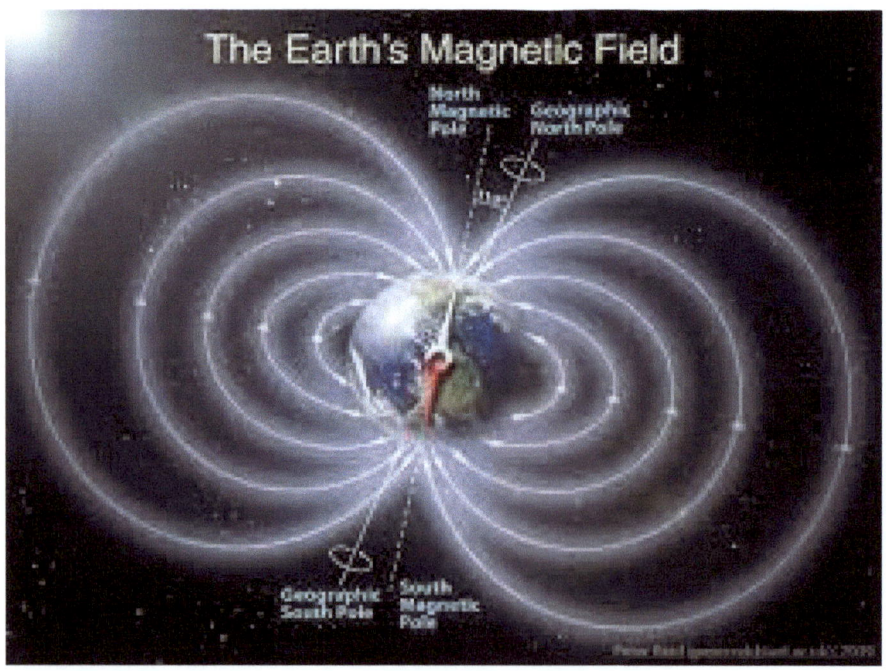

Das Magnetfeld der Erde hat eine starke Anziehungskraft. Seine Anziehungskraft entspricht seiner Größe und ist damit millionenfach stärker als unsere eigene Anziehungskraft. Aber egal, ob wir groß oder klein sind, alle Lebewesen haben eine Aura / ein Energiefeld / ein Bewusstsein / einen Geist, der einen Magnetismus und damit eine Anziehungskraft besitzt.

Die Erde zieht diejenigen an, die hier reinkarnieren

Die Erde zieht diejenigen an, die hier reinkarnieren. Es ist die Anziehungskraft der Erde, die alle geistigen Körper (Bewusstseinsfelder) anzieht, die den Wesen gehören, die hier leben werden. Der angezogene geistige Körper reinkarniert dann im Moment der Empfängnis im befruchteten Ei seiner neuen Eltern und erschafft seinen neuen physischen Körper auf Grundlage der Information, die er in seinem Bewusstsein / Magnetfeld gespeichert hat. Die Anziehungskraft jedes Lebewesens hängt von seiner Mentalität ab und davon, welcher Art von Gedanken es erlaubt, in seiner Gedankensphäre zu dominieren.

Wie bereits erwähnt, befindet sich die Erde derzeit in einer Krise, in der ein Kampf zwischen ihren mentalen Kräften stattfindet: den friedliebenden Zellen (Menschen) auf der einen Seite und die kriegsliebenden Zellen (andere Menschen) auf der anderen Seite. Die derzeitige Verteilung zwischen „guten und bösen" Zellen wird durch das „Ich" der Erde auf der Grundlage ihres derzeitigen mentalen Zustands bestimmt. Auf der einen Seite hat die Erde die kriegsliebenden Zellen angezogen, die ihr altes gewohnheitsmäßiges und primitives Gedankenklima repräsentieren, und auf der anderen Seite hat sie die Friedenszellen angezogen, die ihre neue Gedankenmaterie repräsentieren. Wir können sagen, dass die kriegsliebenden Zellen ihre Vergangenheit und die neuen, allliebenden Zellen ihre Zukunft repräsentieren, angespornt durch den neuen Weltimpuls. Mehr über den neuen Weltimpuls im nächsten Unterkapitel.

Die Erde wird, wie bereits erwähnt, in 2000 bis 3000 Jahren kosmisches Bewusstsein erlangen, und sie braucht spezielle, hoch entwickelte Gehirnzellen als Träger ihres kosmischen Bewusstseins. Die heutigen Friedenszellen sind Wesen, die auf diese wichtige Aufgabe vorbereitet werden. Sie sind noch nicht in der Überzahl, aber eines Tages werden sie es sein. Die Zahl der Friedenszellen hat noch nicht die „kritische Masse" erreicht, aber das wird im Zuge des „Frühjahrsputzes" in der Mentalität der Erde geschehen, bei dem die Kriegstreiber eliminiert oder in Friedenszellen umgewandelt werden. Dies geschieht, wie gesagt, jedes Mal, wenn es Krieg gibt.

Während sich die Erde zu ihrem kosmischen Bewusstsein hin entwickelt, wird sie immer mehr hochentwickelte Zellen (fortgeschrittene Menschen) anziehen, und wenn das geschieht, wird sie nicht mehr in der Lage sein, besonders wilde Tiere wie Löwen, Tiger, Eisbären, Giftschlangen, schädliche Insekten, Krokodile und dergleichen anzuziehen. Sie wird es nicht mehr können, weil sie, indem sie immer allliebender wird, nicht mehr genug primitive (kriegsliebende) Mentalitätsmerkmale hat, um diese Wesen anzuziehen. Sie werden daher hier auf der Erde aussterben.

Martinus hat ein Symbol gezeichnet, das das Magnetfeld/ die Aura der Erde veranschaulicht, und in der Erklärung des Symbols erläutert er die gegenwärtige Phase oder „Etappe" der evolutionären Reise der Erde. Der Planet ist dabei, sich von seinem primitiven, tierischen Stadium zu einem mehr humanen und aufgeklärten Stadium zu entwickeln. Dabei werden fleischfressende und giftige Tiere aussterben, wie ich weiter unten im Anschluss an das Symbol und seinen offiziellen Erläuterungstext ausführen werde.

Symbol 27

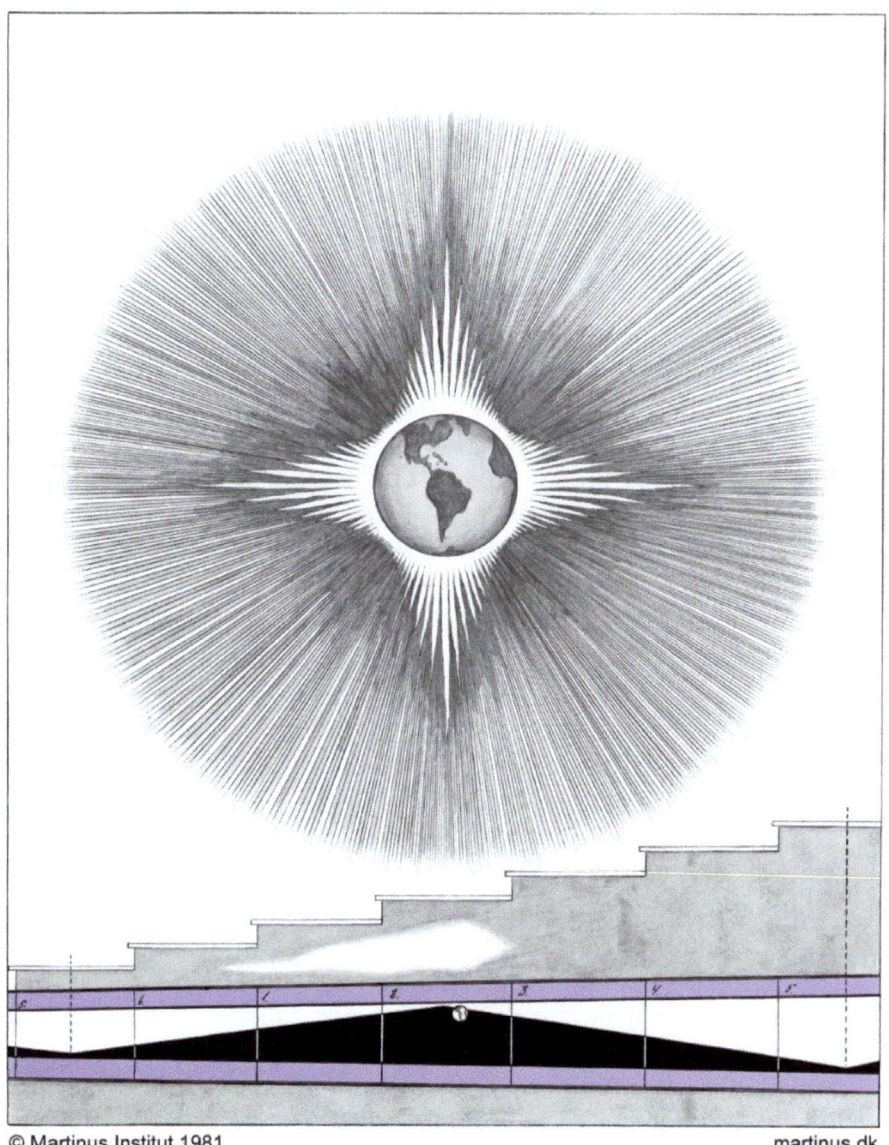

© Martinus Institut 1981   martinus.dk

Der kosmische Strahlenglanz der Erde

Zusammenfassung der Erklärung des Symbols 27 – Der kosmische Strahlenglanz der Erde

Das Symbol zeigt die Erde und ihr Bewusstsein. Die Erde entwickelt sich zu lichteren Verhältnissen weiter und wird lebendiger und angenehmer für die Menschheit. Raubtiere und andere fleischfressende sowie giftige und Krankheiten auslösende Tiere sind dabei, auf der Erde auszusterben. Dschungelgestrüpp und Urwälder werden verschwinden. Die am wenigsten entwickelten Menschen der Erde sind dabei, sich zu Zivilisation und Kultur weiterzuentwickeln. Die Menschen werden in ihrem Verhalten von Tierischem zu Menschlichem verwandelt, was durch das von ihrer unfertigen Natur hervorgerufene finstere Schicksal geschieht.

Wichtige Einzelheiten des Symbols:

- Wie zu sehen, ist die physische Erde von einer Aura oder Strahlenglorie umgeben.
- Der weiße kreuzförmige Teil symbolisiert alles Menschliche und das ganz dunkle Feld alles Tierische der Menschheit.
- Die hellere Aura um das dunkle Feld zeigt die gewöhnliche irdische Atmosphäre, die aus einer Mischung des menschlichen und tierischen Gedankenklimas besteht. Aus dieser Mischung besteht der gegenwärtige kulturelle Stand der Erde.
- Das tierische Gedankenklima nimmt ab. Entsprechend wird sich die menschliche Aura, also die weiße Aura im Symbol, ausbreiten und das ganze Bild ausfüllen.
- Die unteren grauen Treppenstufen symbolisieren die Entwicklung während des kosmischen Spiralkreislaufs. Die Erde befindet sich auf ihrer Entwicklungsbahn über der Stufe 2, der Stufe des Tierreiches.
- Zwischen den beiden waagerechten violetten Feldern wird das Verhältnis der Erde zur Kulmination des Spiralkreislaufs in Licht und Finsternis gezeigt. Die Erde hat gerade die Kulmination der Finsternis durchlaufen und ist auf dem weiteren Weg des zunehmenden Lichts.

Siehe Martinus' eigene vollständige Beschreibung und Erklärung des Symbols 27 in den Büchern: *Das Ewige Weltbild 3* und *Livets Bog*, Band 1.

Das Aussterben

Der Text unter dem Symbol erklärt eine Reihe von Dingen: Er erklärt, dass die Erde für die Menschheit ein angenehmerer Lebensraum werden wird. Das kann unter anderem auch erklären, warum die Klimaveränderungen stattfinden. Die Erde ebnet den Weg zu angenehmeren Lebensbedingungen für ihre Mikrowesen, während diese sich in Richtung kosmisches Bewusstsein weiterentwickeln. Unser Leben wird allmählich leichter und angenehmer werden.

Das Symbol erklärt auch, warum bestimmte Arten aussterben: Dies geschieht, wenn die Mentalität des Wirts-Wesens vibrationsmäßig[2] nicht mehr mit der Mentalität der Wesen übereinstimmt, die es bisher angezogen hat. Wenn die Mentalität des Wirts immer liebevoller wird, verschwindet seine Fähigkeit, wilde und giftige Tiere anzuziehen, weil es keine Vibrationsübereinstimmung mehr zwischen den beiden Mentalitäten gibt. Eine sehr liebevolle Mentalität kann keine Lebewesen mit einer Tötungsmentalität anziehen. Das Gesetz der Anziehung verhindert, dass dies geschieht. Das bedeutet, dass der Begriff des Aussterbens in einer viel größeren Perspektive gesehen werden muss, als dies heute der Fall ist.

Heute gibt es die Redensart: „Aussterben ist für immer", aber auch das ist nicht wahr, wenn wir es aus einer kosmischen Perspektive betrachten. Alle Lebewesen sind ewig und nichts – kein

---

[2] Der Begriff „Vibration" wird in diesem Buch oft synonym mit „Schwingung" oder auch „Frequenz" gebraucht. Anm. d. Übers.

Tier, kein Insekt, überhaupt kein Wesen – kann „aussterben". Was passiert, ist Folgendes: Wenn sich der Lebensraum einer bestimmten Art (wie z. B. der Eisbären) auf einem bestimmten Planeten aufgrund eines Klimawandels verändert, wird dieses Lebewesen in seiner nächsten Inkarnation auf einem anderen, viel kälteren Planeten reinkarnieren, wo es viel bessere Lebensbedingungen vorfindet als auf seinem derzeitigen Planeten. Sein Geist/Bewusstsein wird dann von einem Planeten angezogen, der zu seiner Entwicklungsstufe passt, und auf der Grundlage der Information, die es in seinem Geist/Bewusstsein hat, reinkarniert es, erschafft seinen neuen Körper und wird zu einem physischen Wesen, das zu der Mentalität und den Verhältnissen auf dem „neuen" Planeten passt. Dies ist ein enormer Vorteil für die betreffende Spezies und nichts, was wir beklagen sollten.

Wir wissen, dass in der Vergangenheit Tausende und Abertausende von Arten auf diesem Planeten gelebt haben, weil wir Fossilien ihrer Skelette gefunden haben. Zum Beispiel wurden an vielen Orten Fossilien verschiedener Dinosaurierarten gefunden, und wir wissen, dass diese riesigen und wilden Tiere vor etwa 65 Millionen Jahren auf der Erde umherstreiften. Als sie noch lebten, entsprachen sie der Mentalität der Erde, die damals ebenso wild und ungezähmt war.

Im Begleittext des Symbols heißt es außerdem: *„Dschungelgestrüpp und Urwälder werden verschwinden".* Das mag viele überraschen, denn derzeit gibt es eine starke Bewegung zur Erhaltung von Regenwäldern wie etwa im Amazonasgebiet. Wir wollen, dass diese Wälder so bleiben, wie sie sind, zum einen, weil wir glauben, dass sie die „Lungen" unseres Planeten sind, und zum anderen, weil wir die dort lebende Tierwelt und die relativ wenigen indigenen Stämme, die unter eher primitiven Bedingungen leben, nicht stören wollen.

In diesem Zusammenhang sollten wir das Gesamtbild betrachten und erkennen, dass die Evolution bedeutet, dass der gesamte Planet schließlich zum Lebensraum für hochentwickelte Menschen soll. Die Idee ist, dass die indigenen Völker/Stämme mit der Zeit von unserer modernen Gesellschaft absorbiert werden und schnell das Niveau der fortgeschritteneren Wesen erreichen, einfach weil der Weg für sie von all den Menschen gebahnt wurde, die ihnen bereits vorausgegangen sind. Ihre Integration in die moderne Gesellschaft wird viel schneller vonstattengehen als bei denen, die vorangegangen sind.

Mit dem Aussterben der wilden, bissigen und gefährlichen Tiere werden auch die Dschungel als Lebensraum für diese Wesen überflüssig werden.

Dschungel sind äußerst fruchtbare Orte für den Anbau von Nahrungsmitteln, nicht für den Viehbestand, sondern für die Menschen der Zukunft, die sich ausschließlich von Pflanzen ernähren werden. In Zukunft werden aber auch große Flächen für Erholungszwecke erhalten bleiben.

Dschungel und Regenwälder sind nicht die „Lunge" des Planeten. In den letzten Jahren hat sich gezeigt, dass der größte Teil des von uns benötigten Sauerstoffs von Algen oder Phytoplankton in den Ozeanen produziert wird. Jüngste Forschungen gehen davon aus, dass 70 % des Sauerstoffs auf der Erde von Phytoplankton (Prochlorococcus) und anderen Wasserpflanzen produziert wird, während Wälder, Pflanzen und Bäume außerhalb der Wälder nur 28 % des Sauerstoffs produzieren, den wir atmen. Siehe: bit.ly/444iIKK

Wir müssen verstehen, dass sich die Dinge ständig verändern. Die Vorstellung, die wir derzeit von der Welt haben, ist die, dass die Dinge so bleiben sollten, wie sie sind, und sich niemals verändern dürfen. Aber das ist auf einem lebenden Planeten, der sich in einem ständigen Evolutionsprozess vorwärts und aufwärts befindet, einfach unmöglich. Alles, und ich meine ALLES, ist ständig im Wandel. Es ist töricht, Stagnation und Stillstand zu verlangen.

Wenn wir auf die Geschichte zurückblicken, können wir feststellen, dass sich die Verhältnisse immer wieder verändert haben. Der Wunsch nach Stagnation und einem Stopp der Evolution ist so, als würde man von der Ulme Birnen verlangen. Es ist nicht möglich, die Dinge in dem Zustand einzufrieren, in dem sie sich gerade jetzt befinden. Wir und die Erde entwickeln uns, und auf einem lebendigen Planeten, der sich zum kosmischen Bewusstsein hin entwickelt, können die Dinge nicht so bleiben, wie sie sind. Die Verhältnisse hier müssen sich im Einklang mit der geistigen Entwicklung unseres Wirts ändern. Dafür zu kämpfen, dass die Dinge so bleiben, wie sie sind, ist ein verlorener Kampf, bevor er begonnen hat. Die Kräfte des Planeten sind weitaus größer als die unseren, daher ist dieser Versuch, gegen Windmühlen zu kämpfen, sinnlos und die Folge der unaufgeklärten Vorstellung, dass die Erde ein toter Klumpen Materie ist. Das glauben wir nur aufgrund unserer kosmischen und geistigen Unwissenheit.

Wir haben Angst vor einem Armageddon (dänisch: Ragnarok), einem Weltuntergang, einer Vernichtung und Zerstörung, die nach den ewigen Gesetzen niemals eintreten wird. Wir haben Angst, weil wir glauben, dass wir für das Wohlergehen unseres Wirts verantwortlich sind. Wir haben Angst, weil wir uns nicht einmal vorstellen können, dass wir einen lebendigen Wirt haben und auf einem lebendigen Planeten leben. Wir haben Angst, weil wir nicht ahnen, dass wir von einer Vorsehung beschützt werden, deren Existenz wir leugnen und deren Fürsorge für uns unendlich groß ist. Es ist an der Zeit, dass wir eine größere Perspektive bekommen.

Wir müssen begreifen, dass es die Mentalität unseres Wirts ist, die hier das Sagen hat. Wir bestimmen nicht, was auf diesem Planeten geschieht. Das zu glauben ist so, als ob einige unserer Gehirnzellen bestimmen könnten, was in unserem Körper vor sich geht. Das können sie nicht. Das „Ich", dem der Körper angehört, hat die Oberhand. Was wir tun können, ist unbedeutend im Vergleich zu dem, was dieser oberste Herrscher tun kann. Aber wenn wir Impulse von unserem Wirt erhalten, können wir entsprechend handeln, wie wir jetzt bei der Umstellung auf grüne Energie sehen.

Ein weiterer wichtiger Punkt ist, dass ein Lebewesen mit seinen mentalen Kräften oder dem Magnetismus seiner Gedanken seine Mikrowesen anzieht. Das gilt für alle Lebewesen. Wenn sich die Erde zu einem immer mehr „humanen" und allliebenden Wesen entwickelt, muss der Mikrokosmos ihr folgen. Dafür sorgt das Gesetz der Anziehung. Die Mikrowesen, die sich auf einem bestimmten Planeten inkarnieren, entsprechen zu jeder Zeit genau dem mentalen Zustand ihres Wirts.

Da die Erde immer noch eine große Anzahl von Kriegszellen beherbergt, die zu ihrer alten, absterbenden Mentalität gehören, während sie gleichzeitig einer wachsenden Anzahl von friedliebenden Zellen Lebensraum bietet, haben wir hier im Moment eine Mischung aus Kriegs- und Friedenszellen aufgrund des Entwicklungsstadiums, in dem sich die Erde gerade befindet, wie auf dem Symbol Nr. 81 auf Seite 150 zu sehen ist. Die Erde ist dabei, ihre primitiven und kriegslüsternen mentalen Züge zu eliminieren, und sie weiß, dass sie es damit eilig hat, bevor sie kosmisches Bewusstsein erreichen kann. Deshalb gibt es an vielen Orten Kriege und Unruhen, damit das Alte schnell beseitigt werden kann, um Platz für das Neue zu schaffen.

Im Zuge unserer Entwicklung wechseln wir den Planeten

Wir Menschen haben uns nicht in all unseren früheren Inkarnationen hier auf der Erde inkarniert, denn es muss eine genaue Übereinstimmung zwischen den mentalen Kräften unseres Wirts und unseren eigenen bestehen. Es gilt für alle Lebewesen, dass ihre vielen physischen Leben auf verschiedenen Planeten im Universum stattfinden.

Im späten 19. Jahrhundert lebten in Europa viele hochkultivierte und entwickelte Menschen wie Künstler, Komponisten, Philosophen, Erfinder und Schriftsteller. Doch als sie starben, konnte die Erde ihnen keine Möglichkeiten mehr für ihre weitere Entwicklung bieten, sodass sie auf einem weiter fortgeschrittenen Planeten als der Erde reinkarnieren mussten. Sie mussten von hier wegziehen, da die Erde ihrem Bedürfnis nach geistigem Wachstum nicht gerecht werden konnte.

Wenn bestimmte Arten aussterben, ist das nichts, was wir beklagen sollten. Es ist der Lauf der Natur, und diejenigen, die auf einem Planeten aussterben, werden ihre Evolution auf einem anderen Planeten fortsetzen, dessen Mentalität und damit Lebensraum besser zu ihnen passt. Wir müssen also manchmal den Planeten wechseln. Martinus drückt es auf folgende Weise aus:

„Hier muss man verstehen, dass überhaupt kein einziges Lebewesen in seiner Entwicklung ewig an den Planeten geknüpft ist, auf welchem es zurzeit das Dasein erlebt, sondern alle haben eine vorausgehende und werden eine nachfolgende Entwicklung auf ganz anderen Planeten im Weltall erhalten. Die Entwicklung der

Wesen manifestiert sich somit in Bahnen, die sich von Planet zu Planet erstrecken." (Martinus: *Livets Bog,* Band 1, Abschnitt 284).

Kein Wesen lebt einen vollen Zyklus der Spirale auf demselben Planeten. Während es sich entwickelt, muss es zwischen den physischen Inkarnationen zu einem anderen Planeten „springen", der besser zu seinen neu entwickelten mentalen Eigenschaften passt. Da wir Mikrowesen sind, verläuft unsere Entwicklung viel schneller als die unserer Planeten-Wirte, sodass wir sozusagen „aus dem Takt" geraten. Wir entwickeln uns viel schneller als unser Wirt. Wenn unsere Mentalität also liebevoller, fortschrittlicher und altruistischer wird als die unseres Wirts, werden wir in unserer nächsten Inkarnation von einem weiter entwickelten Planeten angezogen, dessen Mentalität zu unserem neuen, fortgeschritteneren mentalen Niveau passt. Aus diesem Grund müssen wir den Planeten wechseln.

Die Erde hat den Höhepunkt der Finsternis passiert

Zu beachten ist auch, dass die Erklärung unter Symbol Nr. 27 die Aussage enthält: *„Die Erde entwickelt sich zu lichteren Verhältnissen weiter und wird lebendiger und angenehmer für die Menschheit."*

Da die Erde nun den Höhepunkt der Finsternis überschritten hat (dies geschah wahrscheinlich während des Zweiten Weltkriegs), bewegt sie sich auf das Licht zu, und dann werden hier hellere und angenehmere Bedingungen entstehen.

Im unteren Teil des Symbols können wir sehen, dass die Erde den Höhepunkt der Finsternis überschritten hat (sie hat die schwarze Spitze passiert) und sich auf lichtere Verhältnisse und angenehmere Lebensbedingungen für ihre Mikrowesen – für uns, zubewegt. Das Klima wird milder mit weniger strengen Wintern, was bedeutet, dass das Leben leichter und bequemer für uns wird.

Das kommende Schicksal des Planeten Erde und seiner Bevölkerung, also von uns, ist sehr hell, denn jetzt haben wir die Zone unseres kosmischen Winters hinter uns gelassen und der Frühling steht vor der Tür.

„Haben wir nicht hier gesehen, wie diese Details demjenigen, der ihre Sprache versteht, offenbaren, dass die Schicksalssituation der Erdenmenschheit ein ‚kosmisches Tauwetter‘, ein Sich-Messen der gigantischen Kräfte eines ‚kosmischen Winters‘ und eines ‚kosmischen Frühlings‘ ist, einer Auseinandersetzung, <u>aus welcher der ‚Frühling‘ hier wie in allen anderen Kreisläufen des Lebens als absoluter Sieger hervorgehen wird? Die unsterbliche Erdenmenschheit geht also einer strahlenden, glücklichen kosmischen Zukunft entgegen.</u> Ein ‚kosmischer Frühling‘ in Gestalt einer neuen Weltepoche strahlt heute bereits sein ‚kosmisches Sonnenlicht‘, seine beginnende ‚Sommerwärme‘ über das mentale Terrain der Erdenmenschheit aus. Der göttliche Wille in Gestalt der gigantischen Kräfte des kosmischen Kreislaufs führt alles erdenmenschliche Leben mit sich hin zum Licht, zu diesem ‚kosmischen Frühling‘, der wiederum vom großen ‚kosmischen Sommer‘ dieses gigantischen Kreislaufs abgelöst werden wird.“ (Martinus: Kap. 34 im kleineren Buch Nr. 9, „Zwischen zwei Weltepochen“, deutscher Kosmos 2/1995, Unterstreichungen von mir).

Ein kosmischer Frühling wartet auf uns, und die ersten schwachen Spuren seines Sonnenlichts werden schon von dem Teil der Menschheit gespürt, der offen und bereit ist, es wahrzunehmen.

Aber viele der Menschen, mit denen ich spreche, glauben, dass die gesamte Menschheit bald ausgestorben sein wird und dass wir in 100 Jahren alle tot sein werden, aufgrund des Klimawandels, wegen der Kriege, Atombomben oder was auch immer. Aber das wird nicht passieren. Wir sind als Spezies von der Vorsehung geschützt, die eingreifen wird, lange bevor ein Massenaussterben stattfinden kann. Unsere Zukunft ist hell und schön, wenn die Kriegszellen ihr Karma erhalten haben und in Friedenszellen umgewandelt worden sind. Das Anwachsen der Zahl der Friedenszellen wird durch einen neuen globalen Impuls angeregt, der auf den Planeten Erde einwirkt: den neuen Weltimpuls.

Der neue Weltimpuls

Ein Prozess hin zu globaler Harmonie, zu spiritueller Einsicht und zum Ende des tötenden Prinzips wird durch einen kraftvollen neuen kosmischen Impuls unterstützt, den die Erde aus dem Zentrum der Milchstraße – unserer Galaxie – empfängt.

Martinus nennt diesen Impuls den „neuen Weltimpuls", und wenn er auch noch in seinen Anfängen ist, so sind seine Vibrationen doch stark genug, um von vielen Menschen aufgenommen zu werden, die spüren, dass ein Wandel bevorsteht. Das sehen wir heute, wo alte Ideen und Dogmen in Frage gestellt und verworfen werden, das Interesse an den alten Religionen an Boden verliert, der Atheismus zunimmt, wo es keine kollektive Wahrheit mehr gibt, sondern „alternative Wahrheiten" oder persönliche Wahrheiten, wo Anstand und Gesetzestreue keine allgemeinen Tugenden mehr sind, sondern Gier und Egoismus in Ordnung zu sein scheinen, solange sie von der Instanz ausgeübt werden, die man unterstützt, und wo die Flammen der Intoleranz wie nie zuvor auflodern. Das

Wiederaufleben der alten Untugenden ist Ausdruck ihrer letzten Zuckungen, ihres Todeskampfes.

All diese Veränderungen in den Einstellungen sind Teil der Auswirkungen des neuen Weltimpulses, dessen Ziel es ist, den Weg für eine völlig neue Weltkultur zu ebnen. Was wir erleben, ist der Todeskampf einer alten und die Geburtswehen einer neuen Weltkultur. Das Alte muss zerstört werden, bevor die neuen Ideen Wurzeln schlagen und aufblühen können. Das Ziel des neuen Weltimpulses ist nicht nur die Schaffung einer friedlichen Welt, sondern auch die Stärkung der geistigen Seite des Lebens. Martinus drückt es so aus:

„Es wird also das fundamentale und endgültige Resultat des neuen Weltimpulses sein, dass die gegenwärtigen latenten geistigen Fähigkeiten der Menschheit zu einem voll brauchbaren Zustand entwickelt werden, damit die Wesen allmählich so weit kommen werden, geistig ebenso leicht wahrzunehmen, wie sie jetzt physisch wahrnehmen." (Martinus: *Livets Bog*, Band 1, Abschnitt 65).

Ferner sagt Martinus: *„Durch den neuen geistigen oder kosmischen Weltimpuls, der nun über die Erde hinweggeht und durch den eine vollkommene Geisteswissenschaft, ein reinerer und höherer Idealismus, eine reinere und höhere Moral oder Kultur als die jetzige (gemäß dem ‚Livets Bog') ausgelöst wird, wird das Ernährungsbewusstsein der Erdenmenschheit ebenfalls vervollkommnet werden. Man wird hiernach nun in einem viel größeren Ausmaß als früher Gewicht auf das fünfte Gebot legen."* (Martinus: Kap. 5 im kleineren Buch Nr. 5 „Die ideale Nahrung").

Der neue Weltimpuls wird uns geistig wecken, uns die geistige Wirklichkeit eröffnen, sodass unsere derzeitige geistige Unwissenheit abnehmen wird. Ein neues geistiges Interesse wird unseren Appetit auf das Studium der Geisteswissenschaft wecken, es wird unseren Idealismus, unsere Moral und unsere Kultur stärken und uns bewusst machen, dass die Worte des fünften Gebots: „Du sollst nicht töten" ernst genommen werden müssen, damit wir mit dem sinnlosen Blutbad aufhören, das wir heute unter unseren Mitwesen, den Tieren, die wir so gerne essen, veranstalten. Der neue Impuls wird uns bewusst machen, dass das 5. Gebot, nicht zu töten, für alle anderen Lebewesen gilt, nicht nur für andere Menschen, und dass der Verzehr von Fleisch von großen wie kleinen Tieren äußerst schädlich für unsere eigene Gesundheit ist. Dies wird durch neuere Forschungen bestätigt, die von Michael Greger von https://nutritionfacts.org/ zusammengestellt und präsentiert wurden. Siehe Literaturübersicht.

Auch unsere Intelligenz wird wachsen: *„Allmählich werden jetzt die Energien des neuen Weltimpulses die Intelligenz der Wesen entwickeln, und der Mehrzahl der Erdenmenschen werden immer mehr die Augen aufgehen für die Gesellschaftsübel, die zu überwinden der Staatsgewalt vorbehalten ist, damit der große Frieden über der Erde herrschen wird. Die Erdenmenschen werden somit zur Erkenntnis dessen kommen, dass alle in ihrem Bewusstsein noch existierenden Reste des tierischen Lebensprinzips entfernt werden müssen, bevor der Friede eine Tatsache werden kann."* (Martinus: *Livets Bog,* Band 1, Abschnitt 96).

Mit unserer wachsenden Intelligenz und unserer aufkommenden geistigen Erkenntnis werden wir in der Lage sein, die vielen sozialen Missstände, die unsere Gesellschaft heute plagen, zu korrigieren und endlich Gleichheit für alle, eine gerechte Wohlstandsverteilung und Frieden auf der Erde zu schaffen. Die Zukunft wird eine neue Kultur bringen, in der Geld seine Bedeutung verloren hat, in der es keine sozialen Unterschiede, keine Ober-

oder Unterschichten, keine Sklaverei, keine Ausbeutung von irgendjemandem, keine Obdachlosen oder Notleidenden und keine Armut mehr geben wird. Stattdessen wird es eine gleichmäßige Verteilung der Reichtümer der Erde geben, und Kreativität, Kunst und universelle Liebe werden den Planeten beherrschen. Viel mehr dazu später.

Die Größe der Erdbevölkerung

Die Weltbevölkerung wächst, und auch das bereitet vielen Menschen Sorgen. Wird es genug Platz für uns alle geben? Wie können wir all diese Menschen in Zukunft ernähren?

Am 15. November 2022 überschritt die Weltbevölkerung die Grenze von 8 Milliarden Menschen. Die Geburtenrate wächst viel schneller als die Sterberate. Was sollen wir tun?

Zuallererst müssen wir verstehen, dass die Größe der Bevölkerung des Planeten nicht von uns abhängt. Es ist das Erd-Wesen, das entscheidet, wie viele Menschen in seinem Körper reinkarnieren sollen.

Martinus drückt es so aus:

„Der Anteil, den die Menschen daran haben, die Anzahl der Lebewesen auf der Erde zu regulieren, <u>ist in Wahrheit völlig unbedeutend neben dem wahren Regulierungsfaktor, nämlich der geistigen Atmosphäre der Erde</u>, weil sie das unmittelbar auslösende Moment in der Anziehungs- und Abstoßungsfähigkeit der Erde ist. Diese Fähigkeit ist gemäß kosmischer Analysen wiederum das Fundament für die astronomischen Verhältnisse der Erde und damit auch für ihr Klima. Folglich bestimmt die geistige Atmosphäre hierdurch alle Ernährungsverhältnisse und Existenzmöglichkeiten und damit auch die Anzahl der Lebewesen auf der Erde." (Martinus:

Kap. 5 im kleineren Buch Nr. 5 „Die ideale Nahrung", Unterstreichung von mir).

Wir bestimmen oder regulieren in keiner Weise die Größe der Bevölkerung auf dem Planeten. Der wahre Regulierungsfaktor ist das Klima des Planeten, das wiederum bestimmt, wie viel Nahrung er für seine Mikrowesen produzieren kann. Ein weiterer wichtiger Faktor ist die geistige Atmosphäre der Erde. Diese bedingt wiederum die Anzahl der Mikrowesen, die der Planet als Gehirnzellen benötigt. Wir sollten uns niemals Sorgen machen, dass der Planet überbevölkert wird. Die Erde hat genau die Anzahl an Mikrowesen, die sie zu einem bestimmten Zeitpunkt braucht.

Im Augenblick ist die Erde ein sehr attraktiver Planet für eine Reinkarnation, weil aufgrund der bereits erwähnten mentalen Krise auf dem Planeten die Möglichkeiten für Wachstum enorm sind. Aufgrund des mentalen „Frühjahrsputzes", den die Erde durchführt, gibt es für viele Wesen gute Voraussetzungen, ihr finsteres Karma hinter sich zu bringen. Wenn man in einem Kriegsgebiet reinkarniert, kann man eine Menge finsteres Karma abarbeiten, das auf dem karmischen „Bankkonto" liegt, was für viele eine sehr willkommene Gelegenheit ist.

Auch die technologische Entwicklung schreitet in einem unerhörten Tempo voran, sodass der Planet im Moment viele Möglichkeiten für Wachstum auf intellektueller, technischer, wissenschaftlicher, künstlerischer, spiritueller und emotionaler Ebene bietet. Das bedeutet, dass viele diskarnierte Wesen darauf warten, hier zu inkarnieren. Die Nachfrage nach einem physischen Leben auf diesem Planeten ist im Moment sehr groß und das ist ein weiterer Grund für das Bevölkerungswachstum.

Martinus hat die folgende interessante Beobachtung über die beschleunigte Entwicklung, in der wir leben:

„1. Eine explosionsartige Entwicklung

Die Menschen auf der Erde sind in eine kolossal beschleunigte, ja, in eine explosionsartige Entwicklung gekommen, bei der mehr in zehn Jahren geschieht, als früher in Jahrhunderten geschah. Ganz gewiss fassen einige Menschen den gegenwärtigen Zustand auf, als ob es den entgegengesetzten Weg ginge, dem Untergang der Menschheit entgegen. Aber das ist absolut nicht der Fall. Was wir erleben, ist der Untergang einer Kultur. Es sind ihre Todeskrämpfe sozusagen, aber es ist gleichzeitig die Geburt einer neuen Kultur und es sind damit die Geburtswehen der neuen Kultur. Deshalb gibt es viele Leiden und Schmerzen und so viele Schwierigkeiten." (Martinus: „Die Menschheit und die Erde auf dem Weg zur kosmischen Einweihung" Artikel-ID: M1580, deutscher Kosmos 2/2021, Unterstreichungen von mir).

Die Unruhen und Kriege, die wir derzeit erleben, sind der Untergang einer alten Kultur und die Geburt einer neuen. Es sind Todeskrämpfe und Geburtswehen zugleich. Es sind die Todeskrämpfe einer vom tötenden Prinzip geprägten Kultur und die Geburtswehen einer technisch-wissenschaftlichen Kultur, die von höherem Wissen und geistiger Erkenntnis, von Frieden, Wohlstand, Harmonie und All-Liebe geprägt ist. Solch ein großer Wandel geht auch an den Mikrowesen nicht spurlos vorüber, und so leben wir in einer Zeit des globalen Umbruchs, aber das ist nicht das Ende von allem. Weit gefehlt. Eine neue Morgendämmerung zeichnet sich am Horizont ab, und ihr Licht wird bald die Finsternis der alten Kultur in den Schatten stellen.

Trotz Kriegen, Unruhen, Terrorismus, globaler Erwärmung, Umweltverschmutzung und Pandemien ist die Erde in keiner Weise in Gefahr, zerstört zu werden. Der Planet ist in seiner Evolution auf dem Weg zum kosmischen Bewusstsein so weit fortgeschritten, dass er jenseits jeder Gefahr steht, unterzugehen. Er kann nicht von einem Meteor oder einem Asteroiden getroffen werden, er kann nicht durch einen großen Atomkrieg zerstört werden und er kann auch auf keine andere Weise zugrunde gehen. Die Erde wird von kosmischen Kräften geschützt, weil sie ihrem kosmischen Bewusstsein so nahe ist.

Was wir jetzt erleben, ist das, was Jesus in 1. Joh 2,18 als „die letzte Stunde" bezeichnet hat: *„Kinder, es ist die letzte Stunde! Und wie ihr gehört habt, dass der Antichrist kommt, sind jetzt viele Widersacher Christi aufgetreten; daran erkennen wir, dass es die letzte Stunde ist."*

Aber diese unruhigen Zeiten sind nicht „die letzten". Sie sind gleichzeitig der Untergang und die Geburt von zwei gegensätzlichen Kulturen. Das Gelobte Land erscheint jetzt am Horizont und das ist etwas, worauf wir uns alle in unseren zukünftigen Inkarnationen freuen können. Es ist der Schnittpunkt zweier gigantischer Prinzipien, an dem wir jetzt stehen, und niemand wird sich den Konsequenzen entziehen können.

Diejenigen, die Frieden in ihrem Herzen haben, haben nichts von Kriegen zu befürchten, weil sie durch ihr Karma geschützt sind. Die globalen wirtschaftlichen Folgen werden uns jedoch alle betreffen. In diesen Umbruchszeiten haben wir alle viel zu lernen, also müssen wir beobachten und Lehren daraus ziehen und nicht verzweifeln und klagen.

Martinus betont, dass es, wenn Katastrophen eintreffen, wichtig ist, sich auf dem richtigen Kurs zu halten. Wir müssen versuchen, all unsere geistige Kraft zu sammeln, um die dunklen Zeiten auf würdige, ruhige und ausgeglichene Weise zu überstehen und nicht zu verzweifeln. Je mehr wir unser emotionales und mentales Gleichgewicht aufrechterhalten können, desto besser ist es für uns selbst und für den Planeten als Ganzes. Die finsterste Stunde ist immer kurz vor der Morgendämmerung, und die Morgendämmerung kommt bald. Wir können bereits die ersten schwachen Anzeichen der Morgendämmerung am Horizont sehen.

Wir sollten froh sein, dass derzeit so viele Menschen auf dem Planeten inkarnieren, denn je mehr Wesen ihr finsteres Karma abarbeiten können, desto besser sieht die Zukunft für uns alle aus. Und durch Martinus' Einsicht wissen wir, dass unsere Zukunft hell und schön ist, wenn die letzten Reste der Finsternis überwunden sind.

Globale Hungersnot

Aber wie können wir eine wachsende Bevölkerung ernähren? Hat die Erde genug Ressourcen, um uns alle zu ernähren? Ja, das hat sie, und Martinus sagt, dass die Erde Platz für viel mehr Menschen hat als die, die jetzt hier leben, wenn wir damit aufhören, etwa 36 % der Agrarflächen für die Erzeugung von Tierfutter zu nutzen.

Fakten (Wikipedia): 26 % der eisfreien Fläche des Planeten werden als Weideflächen für Vieh genutzt, und 33 % der Anbauflächen dienen der Erzeugung von Futtermitteln für das Vieh.
Nur 55 % der weltweit angebauten Nahrungskalorien werden tatsächlich direkt vom Menschen verzehrt. Weitere 36 % werden für Tierfutter verwendet. Die restlichen 9 % werden für Biokraftstoffe und andere industrielle Zwecke verwendet.

Das Essen von Fleisch gehört zu einem Entwicklungsstadium, dem viele heute lebende Menschen entwachsen sind. Der Verzehr von Fleisch ist für wilde Raubtiere wie Tiger, Löwen, Eisbären, Krokodile, Schlangen und dergleichen geeignet, und in dem Maße, in dem wir Menschen in der Evolution über diesen Raubtieren stehen, ist Fleisch für uns als Nahrung ungeeignet. Der Verzehr von Fleisch ist für Tiere geeignet, deren Verdauungssystem auf das Verdauen dieser sehr groben Nahrung ausgelegt ist, und das ist unseres nicht.

In dem Maße, wie wir uns vom tierischen Stadium wegentwickeln, wird unsere Mentalität immer mehr verfeinert und humaner, und unsere Mentalität formt unseren Körper. Das bedeutet, dass eine verfeinerte und humane Mentalität einen verfeinerten und humanen Körper hervorbringt. Und für einen solchen Körper ist Fleisch ungeeignet, weil es eine grobe Nahrung ist, die wir nur schwer verdauen können, aber auch wegen des Tötungsprinzips, das damit einhergeht. Wir müssen ein anderes Lebewesen töten, um das Fleisch zu bekommen, und dieser Gedanke ist für sehr humane und allliebende Menschen unerträglich. Je humaner wir werden, desto verfeinerter wird unsere Verdauung, und auf unserer jetzigen Stufe ist Fleisch aufgrund seiner hohen Vibration für den Menschen als Nahrung einfach ungeeignet.

Alles hat Vibration.

Fleisch besteht aus Muskelfasern von kleinen und großen Tieren, und wenn wir es in unseren Körper aufnehmen, dann wird unser Verdauungssystem sehr stark in Anspruch genommen. Die Vibration in unserem eigenen Körper muss die Vibration im Fleisch überwinden, und da beide mehr oder weniger auf dem gleichen Vibrationsniveau sind, muss unser Körper alle seine Kräfte einsetzen, um das Fleisch abzubauen. Deshalb fühlen wir uns nach dem Fleischverzehr oft sehr müde und müssen uns aufs Sofa legen.

Wenn wir 40 oder 50 Jahre lang mehrmals täglich Fleisch gegessen haben, hat unser Verdauungssystem ebenso lange Überstunden gemacht, und diese ständige Belastung wird früher oder später die allgemeine Gesundheit unseres Körpers untergraben.

Menschen, die sich auf Pflanzenbasis ernähren, sind viel gesünder als Fleischesser, einfach weil sie ihr Verdauungssystem nicht täglich belasten. Pflanzen sind die natürliche Nahrung für uns in unserem derzeitigen Stadium, und ihre Vibrationen sind so niedrig, dass es für unseren eigenen Körper leicht ist, sie abzubauen. Die meisten Vegetarier und Veganer belasten ihr Verdauungssystem nicht übermäßig und untergraben daher auch nicht ihre Gesundheit. Sie bleiben bis ins hohe Alter gesund und leiden nicht an den gleichen degenerativen Krankheiten wie Fleischesser. Die Forschung belegt, dass Vegetarier bezüglich einer Vielzahl von Krankheiten ein geringeres Risiko haben und dass Menschen, die sich pflanzlich ernähren, länger leben, weniger anfällig für Depressionen und Unfälle sind und weniger Angst vor dem Tod haben.

Der Verzehr von Fleisch ist verantwortlich für die meisten tödlichen Krankheiten, an denen die Menschen in der westlichen Welt leiden, wie Krebs, Arthritis, Herzkrankheiten, Diabetes, Kreislauferkrankungen, Verdauungsprobleme, Schlafstörungen, Rheuma, Übergewicht und Depressionen. (Quelle: Michael Greger: „How not to die" – siehe Literaturübersicht).

Abgesehen davon verschmutzt die Fleischproduktion die Umwelt in hohem Maße, erschöpft die Wasserressourcen, trägt zur Freisetzung von Methangas in die Atmosphäre bei (durch das Aufstoßen der großen Säugetiere, die wir essen), führt zur Überfischung der Meere und zeugt von einer respektlosen Haltung gegenüber dem Leben der Tiere, die auf unserer Speisekarte landen.

Es gibt kein stichhaltiges Argument für den Verzehr von Fleisch, abgesehen davon, dass man den Geschmack mag. Es ist schlecht für unsere Gesundheit und die Umwelt, es erschöpft die Ressourcen der Erde, es ist unethisch und gruselig, und es ist schlecht für unser Karma.

Aber indem wir uns weiterentwickeln, werden immer mehr Menschen erkennen, was es heißt, ein Steak zu produzieren – das Leid und die erbärmlichen Lebensbedingungen, die damit verbunden sind – und immer mehr Menschen werden auf eine pflanzliche Ernährung umsteigen. Diese Tendenz ist bereits überall auf der Welt zu beobachten und wird immer weiter zunehmen, bis es keine Fleischesser mehr gibt. Das kann ein paar Jahrhunderte dauern, aber es wird auf jeden Fall geschehen.

Einem anderen Lebewesen das Leben zu nehmen, um etwas zu essen zu bekommen, ist völlig unnötig, denn es gibt unzählige Arten von Gemüse, Körnern, Hülsenfrüchten, Mais, Nüssen, Samen und Früchten, die wir essen können. Das Essen von Pflanzen hat keine Konsequenzen für unser Karma, das Essen von Fleisch hingegen schon.

Pflanzen sind zwar auch Lebewesen, aber sie haben kein entwickeltes Nervensystem wie die Tiere, die wir für gewöhnlich essen. Pflanzen können kein Leid empfinden, wenn sie geerntet werden – sie stehen zu weit unten auf der evolutionären Leiter, um so entwickelte Gefühle wie die Tiere zu haben. In diesem Zusammenhang sollte erwähnt werden, dass es aus ethischer und karmischer Sicht keine Rolle spielt, dass wir die Tiere nicht selbst töten. Unsere Nachfrage nach Fleisch macht uns mitschuldig an der Tötung von Tieren, sodass kein Fleischesser den karmischen

Konsequenzen des Tötens entgehen kann. Wenn wir Fleisch essen, ernten wir das Leid, das mit der Fleischproduktion einhergeht.

Wenn wir kein Leid säen, können wir auch kein Leid ernten. Um also eigenes Leid in Zukunft zu vermeiden, ist eine pflanzliche Ernährung die sichere Wahl. Und von zwei Übeln sollten wir immer das kleinere wählen.

Unter https://nutritionfacts.org/ findet man Hinweise auf Forschungsergebnisse, die die gesundheitsfördernde Wirkung einer pflanzlichen Ernährung bestätigen.

Es wird also kein Problem sein, eine wachsende Zahl von Menschen zu ernähren, wenn wir einmal geistig so reif sind, dass wir es nicht mehr übers Herz bringen, uns an der Tötung von Lebewesen mit einem entwickelten Nervensystem zu beteiligen, um sie zu essen. Und dann wird eine faire und gleichmäßige Verteilung der Nahrungsmittel, die der Planet produzieren kann, den weltweiten Hunger für immer beseitigen.

Die Energie der Zukunft

Gerade jetzt, im Jahr 2023, haben wir eine Energiekrise, und es herrscht große Sorge um die künftige Energieversorgung. Es ist deutlich geworden, dass die Verbrennung fossiler Brennstoffe, die in den letzten 200 Jahren in immer schnellerem Tempo stattgefunden hat, aufhören muss, weil sie die Umwelt zu stark verschmutzt und die Vorräte begrenzt sind.

Deshalb erleben wir jetzt eine grüne Wende hin zu nachhaltigen Energiequellen wie Wind, Sonne, Erdwärme und Wellenkraft. Das macht Sinn, denn laut NASA erhält die Erde jeden Tag 14.000-mal mehr Energie von der Sonne als sie benötigt. Mit anderen Worten: Es gibt genug Energie, um uns am Laufen zu halten. Wir haben die Technologie, es geht also „nur" darum, die entsprechenden Investitionen zu tätigen.

Leider verleitet die derzeitige Krise einige Menschen zu der Ansicht, dass wir wegen der CO2-Überbelastung durch die Verbrennung fossiler Brennstoffe zur Kernenergie zurückkehren sollten. Ist das eine gute Idee? Nein, absolut nicht! Für Martinus ist die Atomkraft die denkbar schlechteste Energiequelle. Warum ist sie das? Weil der Atommüll eine Verstopfung im Körper der Erde verursacht. Wie wir wissen, ist die Erde ein Lebewesen mit einem lebendigen Organismus, in dem ein Stoffwechsel in Form eines planetarischen Metabolismus stattfindet. Aber an den Orten, an denen Atommüll gelagert wird, wird der natürliche Stoffwechsel des Erdkörpers verlangsamt oder gestoppt. Der Atommüll ist für den Organismus des Planeten unverdaulich und richtet in dem Gebiet, in dem er gelagert wird, Unheil an. Martinus sagt:

„Die Erde wird durch Atomkraft sabotiert und die Anhäufung des Abfalls ist wie eine Verstopfung in ihrem Organismus

Mit der Atomkraft hat man vieles zerstört. Hier ist die Erde etwas Verkehrtem ausgesetzt, das durch höhere Kräfte gerichtet werden muss. Man hat den Atomkern gesprengt und das hätte man niemals tun sollen. Damit hat man begonnen, die Erde zu sabotieren. Damit wurde die Erde praktisch ‚mikrokrank', d. h. krank in ihrem Inneren. Es zeigt sich jetzt, wie schrecklich, zerstörerisch und tödlich die Kräfte sind, die man benutzt. Es gibt eine Menge Atomabfall, der nicht in einen Kreislauf übergehen kann. Die Erde ist ein lebendiger Organismus, genauso wie wir. Alles, was in uns ist, muss abgeführt werden und in einen Kreislauf übergehen. Es gibt hier etwas, was die Menschen gebremst haben, so dass sich der Abfall anhäuft und die Atomkraft ausströmt." (Artikel von Martinus:

„Christi Wiederkunft – das Kommen des Beistandes", Kap. 17, Artikel-ID: M1189, DE-Kosmos 4/2001).

Unsere Nutzung der Atomkraft ist eine so schwerwiegende Sabotage des natürlichen Stoffwechsels der Erde, dass höhere Mächte – die Vorsehung mit ihren geistigen Wesenheiten – eingreifen müssen, um sie zu stoppen. Es wäre daher ein großer Fehler, neue Kernkraftwerke in dem Irrglauben zu bauen, Atommüll sei „besser" und weniger schädlich als CO_2. Das ist er nicht. Er ist viel schlimmer, und selbst wenn wir neue Wege zur Lagerung von Atommüll finden und ihn in neue haltbare Materialien einpacken können, wird der Atommüll das Material, in dem er gelagert wird, immer überdauern. Er ist „einfach" so haltbar, dass er nicht durch den Stoffwechsel der Erde abgebaut werden kann. Jede andere Materie kann das.

Wir sollten alle unsere derzeitige Nutzung der Kernenergie einstellen und stattdessen in grüne Energie investieren, bei der wir die enorme Energie nutzen können, die wir ständig von der Sonne erhalten.

In Zukunft wird es keinen Mangel an Energie geben. Martinus schreibt:

„Eine neue Energie. Die neue Kraft der Zukunft entspricht der Kraft des Herzens

Die Menschen können das nicht selbst in Ordnung bringen, aber das glauben sie, und sie bauen weiter, sie bauen immer noch Atomkraftwerke, und deshalb müssen geistige Wesen jetzt mithelfen. Die Menschen verstehen nicht, dass sie eine neue Kraft bekommen werden, die der des Herzens oder des Pulses entspricht. Wir bekommen ja unsere Kraft durch unser Herz. Was ist es, was das Herz zum Schlagen bringt? Das ist Feuer und Kälte. Deshalb haben wir eine Temperatur von 37 Grad. Es liegt an der Balance zwischen Feuer und Kälte, dass eine Kraft entstehen kann. Wenn man Feuer und Kälte in ein so harmonisches Gleichgewicht bringen kann, kann man eine neue Kraft erzeugen. Es kann mit Eis und Wasser funktionieren. Aber das kann ich nicht verraten und ich habe diese Dinge ja auch nicht selbst studiert. Aber intuitiv habe ich bereits gesehen, dass dies die Kraft der Zukunft werden kann. Warum sollten nicht auch die Menschen die Kraft finden, die das Herz gefunden hat?" (Ebd., Kap. 19).

Mit der richtigen Technologie werden wir in Zukunft die unerschöpfliche Energiequelle finden und nutzen lernen, die das Herz oder der Puls hat. Martinus sagt, dass im Balance-Punkt zwischen Wärme und Kälte eine solche neue Kraft gefunden werden kann. Martinus sah das intuitiv, aber er hatte die technischen Details nicht studiert.

Dem Schüler von Martinus, Per Bruus-Jensen, zufolge soll Martinus eine weitere unerschöpfliche Energiequelle enthüllt haben: die Energie im „leeren Raum". In der Zukunft werden eine Reihe neuer Erfindungen gemacht werden, die es den Menschen ermöglichen werden, mit einer einfachen Antenne auf dem Dach unbegrenzte Energiemengen aus dem Energieozean im „leeren Raum" anzuzapfen. (Per Bruus-Jensen: „Martinus kosmologi – en kort præsentation", Seite 71, Nordisk Impuls, 1994).

Das Magnetfeld der Erde und die Schwerkraft

Es wurde oben erwähnt, dass das Magnetfeld der Erde identisch ist mit ihrer Aura bzw. mit dem Energiefeld, in dem ihr Bewusstsein enthalten ist. Wie gesagt besitzt das menschliche Bewusstsein Magnetismus und das gilt auch für das Bewusstsein/ die Aura/das Energiefeld der Erde. Es zieht Dinge zu sich heran.

Diese Fallkraft ist das, was wir Gravitation nennen. Die Schwerkraft ist die „Willenskraft" der Erde.

Martinus drückt es so aus:

„Einen sehr handfesten Beweis für diese ‚Macht des Willens' sehen wir in Form dessen, was wir ‚Schwerkraft' nennen. Diese Kraft ist wieder dasselbe wie die Kraft, die bewirkt, dass ein Ding zur Erde ‚fällt'. Diese Kraft ist nichts geringeres als der ‚Wille' des ‚Ichs der Erde' und seine hierdurch manifestierte Anziehung den Energien gegenüber, aus denen sein physischer Organismus (der Erdball) besteht. Dieser Organismus ist ja dasselbe wie eine Materiekombination, die ausschließlich kraft des Begehrens oder der Anziehungskraft des ‚Ichs der Erde' aufrechterhalten wird. Diese Kraft ist es, die bewirkt, dass ein Ding ‚Gewicht' hat. Dass wir genau dieselbe Kraft in unserem eigenen Inneren besitzen, merken wir, wenn wir z. B. ein Ding ‚heben'. Die ‚Kraft', mit der wir ‚heben', ist nichts anderes als die in unserem eigenen Organismus von unserem eigenen Ich ausgelöste ‚Schwerkraft'. Aber hier nennen wir sie nicht ‚Schwerkraft', sondern wir bezeichnen sie als unseren ‚Willen'.

Jegliche ‚Fallkraft' in der Natur wird also vom ‚Willen' des ‚Ichs der Erde' aufrechterhalten, während unser eigenes ‚Heben' eines Dinges von unserem eigenen ‚Willen' aufrechterhalten wird. So wie die ‚Fallkraft' in der Natur für uns ‚Schwerkraft' ist, so ist also auch unser eigenes ‚Heben' ‚Schwerkraft' für das Ding, das gehoben wird. Wir sehen hier also zwei Arten von ‚Schwerkraft'. Die erste Art können wir ‚makrokosmische Schwerkraft' und die letztere ‚zwischenkosmische Schwerkraft' nennen, je nachdem, von welchem Kosmos sie ausgeht." (Martinus: *Livets Bog*, Band 2, Abschnitt 524 und 525 (Auszug)).

Was wir Schwerkraft nennen, ist in Wirklichkeit das Ergebnis der Willenskraft der Erde. Mit seinem Willen zieht der Planet Dinge an, sodass sie auf den Boden fallen. Martinus vergleicht die Schwerkraft des Planeten mit unserer eigenen Kraft, wenn wir etwas heben. Beide Funktionen hängen mit dem Willen des Wesens zusammen, das sie einsetzt. Die Schwerkraft ist eine Widerspiegelung der Willenskraft der Erde als Lebewesen und der Anziehung, die die Erde auf Objekte in ihrer Umgebung ausübt.

Die evolutionäre Reise von uns und der Erde

Genau wie wir befindet sich auch die Erde auf einer evolutionären Reise von einem primitiven zu einem fortgeschrittenen und erleuchteten Stadium.

Wie bereits erwähnt, erstreckt sich unsere evolutionäre Reise über Millionen von physischen Inkarnationen. Wenn wir anfangen, auf unseren Hinterbeinen zu laufen und die ersten menschlichen Stadien erreichen, haben wir noch Tausende von Inkarnationen zu durchlaufen, um das Stadium zu erreichen, auf dem wir uns heute befinden: die Stufe des kulturellen, fortgeschrittenen Menschen mit einer entwickelten Intelligenz und einem gewissen Maß an Menschlichkeit und Mitgefühl.

Aber unsere derzeitige Stufe ist nicht das Ziel. Das Ziel ist, 100 % allliebend zu werden und den Punkt zu erreichen, an dem wir kosmisches Bewusstsein erlangen und wirklich erleuchtet sind. Martinus sagte oft, dass er als erleuchtetes Wesen nicht mehr wäre, als es alle anderen Lebewesen eines Tages sein würden.

Unsere eigene Erlangung des kosmischen Bewusstseins liegt laut Martinus nicht mehr so weit in der Zukunft. In 3000 Jahren wird die gesamte Bevölkerung des Planeten diesen hohen, erleuchteten Zustand erreicht haben. Aber schon in 300 bis 500 Jahren (wenn der letzte Krieg ausgefochten ist) werden die am weitesten entwickelten Menschen beginnen, kosmisches Bewusstsein zu erlangen. Wenn sie dies tun, wird sich das Wissen und die Einsicht, die diese Wesen haben, in alle Ecken der Erde ausbreiten und es wird allmählich eine erleuchtete Bevölkerung entstehen.

Das Entstehen einer vollständig erleuchteten Bevölkerung auf der Erde wird mit dem Erreichen des kosmischen Bewusstseins durch die Erde selbst zusammenfallen. Wie gesagt sind wir die Gehirnzellen des Planeten, und wenn allmählich immer mehr von uns kosmisches Bewusstsein erlangen, werden wir zu Trägern des kosmischen Bewusstseins des Planeten. Dieser Prozess wird in 3000 Jahren ganz abgeschlossen sein, und damit wird klar, dass uns allen eine lichte und strahlende Zukunft bevorsteht.

Wie bereits gesagt, befindet sich die Erde auf einer evolutionären Reise von einem primitiven zu einem fortgeschrittenen Wesen, genau wie wir. Auch die Erde war einst ein primitives Wesen mit einer groben, unkultivierten, selbstsüchtigen Mentalität und egoistischen Wünschen.

Martinus hat eine Serie von insgesamt 8 Symbolen geschaffen, die die Entwicklung der Erde vom primitiven zum erleuchteten Wesen veranschaulichen. Diese Symbole sind nummeriert von 78 bis 85 und drei von ihnen werden in diesem Buch kurz vorgestellt. Du kannst sie alle hier auf der Website des Martinus-Instituts sehen:

https://www.martinus.dk/de/symbole/symboluebersicht2/index.html

Man kann auf die einzelnen Symbole klicken, um die Erklärung zu lesen.

Es gibt einige allgemeine Hinweise, die für alle 8 Symbole gelten, und zwar:

Allgemeine Bemerkung zu den Symbolen 78-85

Die Symbole 78-85 zeigen die verschiedenen Entwicklungsepochen der Erde. Die Erde ist ein Lebewesen und geht wie alle anderen Lebewesen durch den Spiralkreislauf. In der Mitte des Symbols ist der physische Körper der Erde abgebildet. Die darum herumliegenden gefärbten Strahlenfelder symbolisieren die geistige Welt oder das Bewusstseinsgebiet der Erde. Das große Strahlenfeld zeigt das Tagesbewusstsein der Erde in der betreffenden Entwicklungsepoche. In der Mitte dieses Feldes gibt es einen Ring mit gezackten Figuren, der die Polstruktur symbolisiert. Mit fortschreitender Entwicklung wandern die äußeren Energiefelder zum Platz des Tagesbewusstseins, um danach zu degenerieren, indem sie weiter nach innen wandern und immer kleiner werden.

Die geistige Welt der Erde ist bevölkert mit Wesen, die aufgrund der Reinkarnation dort ihren Zwischenaufenthalt haben, sowie mit Wesen, die in diesem Gebiet zuhause sind. (Martinus: Allgemeine Erklärung der Symbole 78-85, zu finden unter Symbol Nr. 78).

Beachte bitte, dass Martinus beschreibt, wie sich unsere Mentalität und die der Erde im Laufe unserer Entwicklung verändern, je nachdem, welche Grundenergie in unserer Mentalität vorherrscht. Wenn die Schwereenergie (orange) vorherrscht, sind wir primitive Wesen, aber wir wachsen allmählich über unsere primitiven Züge hinaus, wenn die Gefühlsenergie (gelb) mehr und mehr in unserer Mentalität Platz greift. Das Gleiche gilt für die Erde. Wir folgen alle demselben „Masterplan", unabhängig davon, welche Art von Wesen wir sind.

Martinus erwähnt auch, dass die Bevölkerung des Planeten aus zwei Arten von Wesen besteht: denjenigen, die der Erde für eine lange Zeit als ihre ständigen Bewohner angehören, den echten Erdenbürgern, und dann denjenigen, die auf der Durchreise sind, deren Heimatplanet aber irgendwo anders liegt. Bei den Durchreisenden kann es sich um Wesen handeln, die hier eine Mission haben, um der irdischen Menschheit bei ihrer Entwicklung zu helfen, oder es können Wesen sein, die sich hier inkarnieren wollen, weil hier gerade sehr günstige Bedingungen herrschen, um dunkles Karma aus der Vergangenheit aufzuarbeiten, wie bereits auf Seite 119 erwähnt.

Lass uns nun ein Phänomen betrachten, das sehr rätselhaft ist und ein großes Geheimnis darstellt: die Neigung der Planetenachse.

Die drei Symbole, die hier präsentiert werden, sind alle relevant für bestimmte Ereignisse in der Geschichte des Planeten.

Das erste Symbol – Nr. 80 – ist relevant für die Neigung der Planetenachse, also schauen wir uns diese zuerst an.

Die Achsenneigung

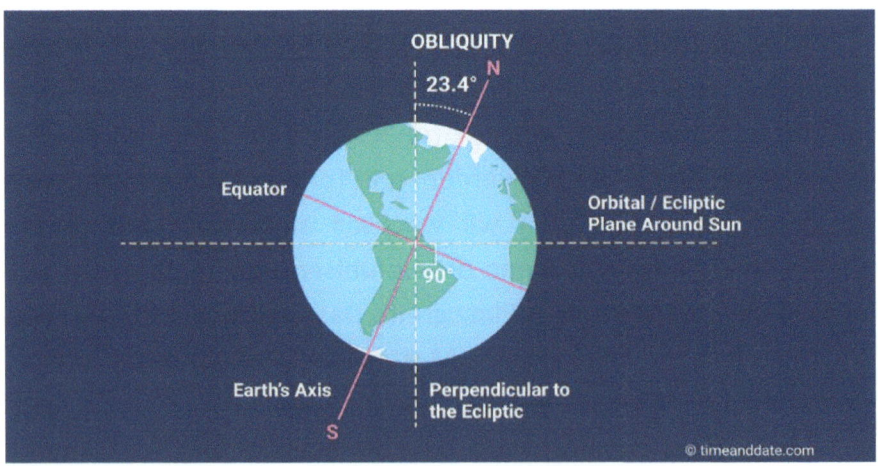

Es ist bekannt, dass unser Planet eine erhebliche Neigung von 23,4 Grad gegenüber der senkrechten Achse aufweist. Die Achse der Erde ist gekippt und steht nicht aufrecht. Diese Neigung führt zu den Jahreszeiten und dazu, dass es an beiden Polen Jahreszeiten gibt, in denen es keine Nacht gibt und die Sonne 24 Stunden scheint, und umgekehrt: Jahreszeiten ohne Tag und eine 24-Stunden-Nacht.

Die folgende Abbildung veranschaulicht die Jahreszeiten.

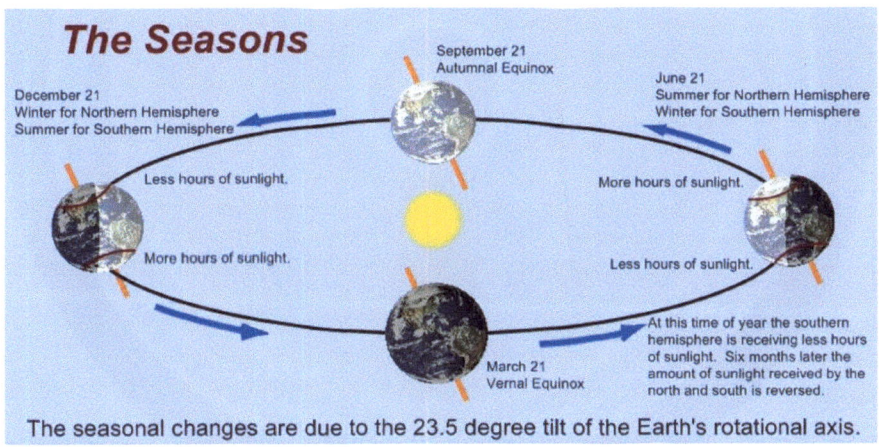

The seasonal changes are due to the 23.5 degree tilt of the Earth's rotational axis.

Aber die Frage ist: Wie kam es zu dieser Neigung?

Bevor ich diese interessante Frage beantworte, müssen wir die Erde zu einer Zeit betrachten, als ihre Mentalität vollständig vom tötenden Prinzip dominiert wurde: das primitive, aggressive, tierische Stadium des Planeten:

Symbol Nr. 80, gefolgt von der Erklärung des Martinus-Instituts.

Symbol 80

martinus.dk

Die Tierepoche der Erde

Zusammenfassung der Erklärung des Symbols 80 – Die Tierepoche der Erde

Das Symbol zeigt das Bewusstsein der Erde in der Domäne des Tierreiches.

- Das Mineralreich (indigo Farbe) und das Pflanzenreich (rote Farbe) sind degeneriert.
- Animalisches Leben entsteht. Das orangefarbene Strahlenfeld symbolisiert das kulminierende Tierreich.

- Der graue, äußerlich gezackte Ring mit seinen weißen Dreiecken in der Mitte des orangefarbenen Feldes symbolisiert die Polkonstellation. Die Wesen wurden einpolig. Die unterschiedlichen Graduierungen in den dunklen Farbtönen markieren verschiedene Grade in der Polentwicklung.
- Das dunkle Gebiet symbolisiert, dass der „Sündenfall" stattfand und damit die Eifersucht und der Kampf um den Besitz des entgegengesetzten Geschlechts ihren Lauf nahmen.

In der kosmischen Sphäre kann das geistige Feld des Tierreiches als „Fegefeuer" oder als kosmischer Tod bezeichnet werden. Dieser ist ein Resultat des „Genusses vom Baum der Erkenntnis". Das ist die Domäne des Krieges, des Hasses oder der geistigen Dunkelheit, die nach dem Tod das Fegefeuer oder die Albtraumsphäre des schlechten Gewissens ist.

Lesen Sie die Symbolerklärungen von Martinus in *Das Ewige Weltbild 6*, sowie die ausgewählten Texte im gleichen Buch [zzt. noch nicht in Deutsch erhältlich].

Symbol Nr. 80 veranschaulicht eine Welt, in der das tötende Prinzip völlig dominant ist. Es ist eine Epoche, in der die Schwereenergie (orange) – die Energie, die für das tötende Prinzip, für Krieg, Hass, geistige Finsternis und Unwissenheit verantwortlich ist – auf dem Planeten vorherrschend ist. Wir können auch sagen, dass die Erde zu dieser Zeit wie ein wildes Raubtier im Dschungel war, mit einer ungebärdigen und aggressiven Mentalität. Es gab keinen Frieden und keine Harmonie in der Mentalsphäre der Erde, sondern viele Wutanfälle und eine kriegerische und feindselige Haltung gegenüber ihrem Zwischenkosmos: anderen Himmelskörpern in der Nachbarschaft der Erde.

Die Erde ist in ihren Bewegungsmöglichkeiten durch ihre kreisförmige Umlaufbahn um die Sonne eingeschränkt, sodass sie in einem Wutanfall nicht zu ihrem Gegner gehen und ihm auf den

Kopf schlagen kann. Wer könnte dieser Gegner sein? Die Erde steht in ständiger Kommunikation mit anderen benachbarten Himmelskörpern in der Galaxie. Die Erde ist kein einsames Wesen, das niemanden hat, mit dem es „reden" kann. Die Erde „spricht" mit ihren Nachbarn – d. h. anderen Planeten und Sonnen – per Telepathie. Sie tauscht Meinungen, Erfahrungen, Ideen usw. mit anderen Himmelskörpern aus. In ihrer tierischen Epoche war die Erde kein freundliches, verständnisvolles und friedliches, sondern ein gewalttätiges, konfliktbereites und streitsüchtiges Wesen. Sie war unfreundlich und feindselig, sodass Feindschaft zwischen ihr und einem anderen Planeten oder der Sonne entstand. Die Erde ist von der Sonne abhängig, daher ist eine provozierende Haltung oder Feindschaft gegenüber der Sonne keine gute Idee.

Es war diese Feindschaft, die schließlich zur Achsenneigung führte. Das war ein sehr heftiges Ereignis für die Erde, das das Schicksal des Planeten und seiner Mikrowesen für den Rest seines physischen Lebens veränderte. Die Erde erhielt einen ungünstigen Stoß gegen ihren physischen Organismus, einen Stoß, der sich in einer Kollision mit einem anderen, kleineren Himmelskörper manifestierte. Dieser Stoß wurde von der Erde selbst provoziert, und der Einschlag war so stark, dass die Folgen verheerend waren und alle Lebensformen auf dem Planeten und den physischen Körper des Planeten selbst für den Rest seiner physischen Inkarnation beeinträchtigten.

Es war ein solches Ereignis, das die Achsenneigung und wahrscheinlich das Aussterben der Dinosaurier verursachte.

Es deutet einiges darauf hin, dass ein großer Asteroideneinschlag das Massenaussterben der Dinosaurier vor 66 Millionen Jahren verursacht hat. Bild von Donald E. Davis mit freundlicher Genehmigung von NASA/JPL-Caltech, **via Wikimedia Commons**

Hier sehen wir zwei imaginäre Illustrationen, die zeigen, wie ein riesiger Meteor oder Asteroid die Erde trifft und den Planeten so lange als Lebensraum für Dinosaurier ungeeignet macht, dass diese schließlich aussterben. Es wird angenommen, dass eine solche Katastrophe die Achsenneigung verursacht hat.

Martinus erklärt dies folgendermaßen:

„Dass die Erdachse in die besagte Neigung geraten ist, kann nur auf eine übertriebene Schwereentfaltung im Bewusstsein der Erde zurückzuführen sein, d. h. einer Mentalentfaltung, die im Verhältnis zu ihrem Festhaltevermögen an ihrem natürlichen Platz im System zu gewaltig war. Diese Mentalentfaltung, auf die wir später zurückkommen werden, hat für den physischen Organismus des Erd-Ichs gleichsam einen Schock mit sich geführt. Er hat sich in seiner Lage ‚verschoben'. Dass dies nicht still oder unbemerkt seinen Mikroindividuen gegenüber vor sich gehen konnte, ist selbstverständlich. Und so haben wir denn auch Sagen über große Naturkatastrophen, über Kontinente, die untergegangen, im Meer versunken sind. Wir haben Berichte über die Sintflut, ‚Wasser, das mehr als 15 Ellen über die höchsten Berge hinaus angeschwollen war', und ähnliches. Dass solche gigantischen Katastrophen stattgefunden haben, kann nicht bestritten werden. Aber die näheren Zeit- und Ortsangaben dieser gigantischen Katastrophen sowie Angaben, wie hoch ‚das Wasser gestiegen ist', haben in diesem Zusammenhang keine Bedeutung. Jedoch sollten wir noch hervorheben, dass die Ursache wie gesagt auf eine zu starke schweremäßige mentale Entfaltung zurückzuführen ist. Da das Erdballwesen eine starke mentale Entfaltung nur den Mitwesen gegenüber haben kann, die zu seinem eigenen Zwischenkosmos gehören, ist diese Mentalentfaltung also dasselbe wie eine Kommunikation zwischen dem Erdballwesen und einem oder mehreren dieser Wesen. Da diese Wesen uns gegenüber jene Erscheinungen sind, die wir ‚Himmelskörper' nennen, ist der Schock,

der die Neigung der Erdachse hervorgerufen hat, also identisch mit einem zu starken Energieaustausch in der Kommunikation mit oder in seinem Verhältnis zu diesen Himmelskörpern. Ob sich diese zu starke Wechselwirkung an Energie in ihrem rein äußeren physischen Hervortreten darin geäußert hat, dass einer dieser Körper auf seinem Weg durch den Weltraum in eine gefährliche Nähe zur Erdbahn geraten ist, oder ob sie sich in einer ganz anderen äußeren physischen Erscheinung geäußert hat, verändert nicht in irgendeinem Grad die oben genannte Analyse. Wir haben daher hier nur die Aufgabe, die heutigen Auswirkungen dieser weit zurückliegenden gigantischen Katastrophen nachzuweisen." (Martinus: *Livets Bog*, Band 3, Abschnitt 662, Unterstreichungen von mir).

Der Aufprall verursachte enorme Schäden am Erdkörper, und eine große Zahl der Mikrowesen ging zugrunde und wurde „ausgerottet". Die daraus resultierende Achsenneigung ist eine Anomalie, die mit einer Behinderung vergleichbar ist. Das bedeutet, dass die Erde von einem normalen Planeten zu einem behinderten Planeten wurde. Dieses Handicap führte dazu, dass sich die Lebensbedingungen für ihre Mikrowesen verschlechterten und wesentlich schwieriger wurden, als wenn die Achsenneigung nicht stattgefunden hätte.

Martinus drückt es so aus:

„Nun wird man vielleicht fragen, ob dies denn nicht auch anders hätte sein können. Und die Antwort muss unerschütterlich lauten, dass es niemals Ausdruck von Normalität sein kann, wenn ein Makroorganismus an sich in größerem oder geringerem Ausmaß für seine eigenen normalen und deshalb unverzichtbaren Mikrowesen zerstörerisch ist. Und wenn die Erde, wie hier festgestellt wurde, sich gerade bis zu einem gewissen Grad in dieser Situation befindet, so

muss diese Situation absolut als Abnormität angesehen werden,
was ja wiederum dasselbe ist wie ‚Invalidität'.

Aber eine Invalidität hat immer eine Ursache. Und es ist nicht
schwierig, die Ursache der Invalidität des Erdorganismus
aufzuzeigen. Dieser Erdorganismus befindet sich ja als Organ im
Sonnensystem und erhält seine lebenspendende Kraft von der
Sonne. Er befindet sich also in einem außerordentlich starken
Abhängigkeitsverhältnis zu ihr. Da dieses Verhältnis auf irgendeine
Weise gestört wurde, <u>entstehen hier</u> – wie in jedem anderen
Organismus, bei dem das gegenseitige Verhältnis zwischen den
Organen gestört wurde – <u>unglückliche Komplikationen, die die</u>
<u>normalen Lebensbedingungen mehr oder weniger beseitigen und</u>
<u>das normale Erleben des Lebens in entsprechendem Ausmaß</u>
<u>beschwerlich machen.</u> Und es sind genau solche Beschwerlichkeiten,
die die erdenmenschliche Existenz prägen. Diese Beschwerlichkeiten
machen es also zur Tatsache, dass das Verhältnis der Erde zur Sonne
wie erwähnt gestört wurde." (Martinus: *Livets Bog*, Band 3,
Abschnitt 660, Unterstreichungen von mir).

Die Beziehung zwischen der Erde und der Sonne wurde
durch eine Provokation der Erde selbst gestört, was zur Folge hatte,
dass sich die Achse des Planeten neigte. Das war für die Erde eine
ernste Lektion darüber, wie sie sich benehmen sollte, und die
Folgen waren schwerwiegend. Martinus nennt die Achsenneigung
ein Handicap. Die Erde wurde von einem gesunden, normalen, zu
einem behinderten Planeten. Dieses Handicap führte dazu, dass die
Jahreszeiten entstanden. Statt einer einzigen Jahreszeit mit einer
konstanten Temperatur das ganze Jahr über hatten wir nun mit
kalten und strengen Wintern und heißen Sommern zu kämpfen. Im
Winter müssen wir heizen und abends künstliches Licht haben, weil
der Tag kurz ist. Auf der anderen Seite haben wir im Sommer lange

Abende. Wir bekamen auch Frühling und Herbst mit der Tagundnachtgleiche.

Schauen wir, was Martinus dazu sagt:

„Wie bekannt repräsentiert die Erdachse einen gewissen Grad an Neigung im Verhältnis zur Ebene der Erdumlaufbahn um die Sonne. Wenn diese Neigung nicht existierte, sondern die Erdachse vielmehr vollkommen senkrecht zur genannten Umlaufbahnebene stünde, wäre die Erde ganz in Kontakt mit der Sonne. Und die oben genannte Invalidität im Erdorganismus wäre unmöglich. Es existierte zwar noch eine schwache Andeutung von Jahreszeiten und es gäbe etwas zu viel Wärme in der Äquatorialzone und etwas zu viel Kälte in den Polgebieten, aber in der gesamten temperierten Zone, also der Zone, die in Wirklichkeit zum Sitz der intellektuellen oder fortgeschrittensten Mikroorganismen der Erde bestimmt ist, gäbe es einen ewigen Sommer, ein Klima repräsentierend, das im Durchschnitt unserem schönsten Septemberklima gliche. Tag und Nacht hätten das ganz Jahr über auf dem ganzen Planeten 12 Stunden. Und der mentale Kreislauf der Menschen wäre somit sowohl mit dem Kreislauf des 24-Stunden-Tages als auch mit dem Jahreskreislauf völlig in Kontakt. Sie brauchten also ihre Nachmittagsentfaltung nicht in die Domäne der Nacht hinein zu verlängern. Es gäbe ausreichend Sonnenlicht für ihre Energieentfaltung, genauso wie auch alle Formen von Wohn- und Wärmeproblemen außerordentlich reduziert wären. Die Entwicklung würde als leichter empfunden werden, da ja auch das tötende Prinzip reduziert wäre und nur in jenem Kampf zur Entfaltung käme, der notwendigerweise zwischen den Wesen aufgrund ihrer noch tierischen Sexualität und dem aus ihr resultierenden Paarungstrieb sowie der Selbstsucht stattfinden

muss." (Martinus: *Livets Bog,* Band 3, Abschnitt 661, Unterstreichungen von mir).

In diesem Zitat fügt Martinus zwei interessante Punkte hinzu: Der erste ist, dass die gemäßigte Zone die Heimat der fortgeschrittensten und intellektuellsten Mikrowesen der Erde sein soll. Mit anderen Worten, die Gehirnzellen des Planeten sind in der gemäßigten Zone konzentriert. Martinus weist auch darauf hin, dass das tötende Prinzip ohne die Achsenneigung weniger aktiv wäre. Aufgrund der extremeren Lebensbedingungen für die Mikrowesen nach der Achsenneigung gäbe es mehr Konkurrenz um den besten Boden und die Reichtümer des Planeten und damit mehr Streit, Kampf und Mord.

"Und wie schon erwähnt sind es diese Wirkungen, die dem zugrunde liegen, dass die Erdenmenschen in einem gewissen Ausmaß selbst den Schutz für ihre Existenz oder ihr Leben schaffen müssen, den der Erdball aufgrund seiner durch die früheren Katastrophen hervorgerufenen Invalidität ihnen von Natur aus zu gewähren nicht mehr imstande ist. Das Leben im Erdballorganismus ist daher, aufgrund dieser Invalidität, für seine Mikrowesen etwas schwerer, als es ansonsten der Fall gewesen wäre, wenn sich seine Achsenneigung in einer ganz normalen Position zum Zentrum des Systems befände." (Martinus: *Livets Bog,* Band 3, Abschnitt 662, Unterstreichung von mir).

Natürlich hat die Achsenneigung schwierigere Lebensbedingungen für uns geschaffen, als wenn es sie nicht gäbe.

Aber die durch die Achsenneigung verursachte Invalidität des Planeten war auch ein großer evolutionärer Vorteil.

"Diese Wesen müssen dann auf künstliche Weise versuchen, sich in den durch die Invalidität zugefügten abnormen Verhältnissen zurechtzufinden. Es sind solche Verhältnisse, in denen sich die

Erdenmenschen bis zu einem gewissen Grad befinden, und *sie haben in großem Ausmaß die Fähigkeit erworben, deren Folgen zu überwinden. Diese Fähigkeit ist also aufgrund der Invalidität der Erde entstanden.* Und da diese Fähigkeit eine große Erweiterung der Schöpfungsfähigkeit des Wesens ist, ein großes, überlegenes mentales Können ist, das nicht so schnell entwickelt worden wäre, wenn das Achsenverhältnis nicht verschoben worden wäre, sieht man hier, *wie eine Invalidität eine forcierte Entwicklung mit sich bringt oder den Wesen die Möglichkeit bietet, in einem weit kürzeren Zeitraum, als es sonst der Fall wäre, einen ganz besonders entwickelten Bewusstseinszustand zu erreichen.*

Wie vorher gestreift ist der Kampf der Erdenmenschen mit den klimatischen Verhältnissen *ein außerordentlich großes Plus für ihre rein technische Entwicklung* gewesen. Die Erfindung des künstlichen Lichts und die Fähigkeit, Häuser zu bauen, wären unbekannte Erscheinungen auf dem Erdball. Natürlich kann man dann behaupten, dass es ohne die Invalidität der Erde auch keinen Bedarf an solchen Erscheinungen gegeben hätte. Und das stimmt ja auch. Aber die Erfindung des künstlichen Lichts führte zur Entwicklung des Wissens über Elektrizität, so wie die Arbeit des Häuser-Bauens zu der Entwicklung führte, große komplizierte technische Unternehmungen erstellen oder konstruieren zu können, die jetzt befähigen, immer mehr das göttliche Gebot zu erfüllen, sich die Erde untertan zu machen.

In einer Welt, in der die Menschen kein künstliches Licht und keine künstliche Wärme brauchen, keine Häuser oder ähnliches zu bauen brauchen, *würde ein außerordentlich großer Teil jenes Ansporns zur Entwicklung fehlen, der heute in der Erdenmenschheit zur Geltung kommt.* Die Individuen einer solchen Menschheit wären im Verhältnis zum technisch entwickelten Kulturmenschen fast mit *den Bewohnern einer Art paradiesischer Südseeinsel zu vergleichen. Dass dieser Kulturmensch aufgrund dieser seiner technischen Entwicklung in großem Ausmaß ein noch größeres Werkzeug im Dienste des tötenden Prinzips geworden ist als der Bewohner der paradiesischen Südseeinsel, zeigt ja nur, dass das erstgenannte Wesen einen vorläufigen Vorsprung in der Entwicklung erreicht hat. Es ist aufgrund der Invalidität der Erde ein Stück weiter in Richtung Kulmination des tötenden Prinzips innerhalb des Spiralkreislaufs gekommen als der besagte Südseebewohner.“* (Martinus: *Livets Bog,* Band 3, Abschnitt 663, Unterstreichungen von mir).

Also hat das Handicap der Erde uns, ihre Mikrowesen, gezwungen, einen beschleunigten Evolutionspfad einzuschlagen. Die Achsenneigung ist eine zusätzliche Herausforderung im Kampf ums Überleben, und sie hat unseren Einfallsreichtum und unsere Intelligenzentwicklung beschleunigt, was sich langfristig als sehr vorteilhaft für unseren allgemeinen Fortschritt hin zu höherer und fortschrittlicherer Technologie auf verschiedenen Gebieten erwiesen hat. Hätte es die Achsenneigung nicht gegeben, hätten wir in einer Art Südseeparadies mit weniger Herausforderungen gelebt. Wir hätten wenig oder gar keinen Anreiz gehabt, bestimmte Fähigkeiten zu entwickeln, und wir wären als irdische Bevölkerung insgesamt weniger fortschrittlich als wir es heute sind. In dieser Hinsicht war die Achsenneigung für uns ein evolutionärer Vorteil.

Unsere Polkonstellation

In der offiziellen Erklärung zum Symbol Nr. 80 wird die Polkonstellation erwähnt, die ein großes Thema in Martinus' Werk ist. Solange wir dem Tierreich angehören, sind wir einpolig. Das bedeutet, dass nur einer unserer beiden sexuellen Pole vorherrschend ist – wir sind entweder Männer oder Frauen. Doch im Laufe unserer Entwicklung beginnen der schlummernde Pol im Mann – sein weiblicher Pol – und der schlummernde Pol in der Frau – ihr männlicher Pol – zu wachsen, und während Tausender von Inkarnationen werden die beiden allmählich einen Gleichgewichtspunkt erreichen. Wenn dies geschieht, sind wir nicht mehr entweder Mann oder Frau, sondern doppelpolige oder androgyne Wesen. Nur wenn wir doppelpolig werden, können wir kosmisches Bewusstsein erlangen.

Unser entgegengesetzter Pol wächst im Einklang mit unserer humanitären Entwicklung oder unserer Fähigkeit, All-Liebe zu zeigen, wie bereits erwähnt. Ausführlichere Informationen über unsere sexuelle Polverwandlung findest du in meinem Buch: „The Downfall of Marriage. The Great transformation of our marital and sexual relations". https://www.amazon.com/Downfall-Marriage-Transformation-Marital-Relations/dp/1533058148

Das nächste Symbol – Nr. 81 – zeigt die Erde, wie sie heute ist. Es ist eine Momentaufnahme der Verteilung der „guten und schlechten" Zellen auf unserer derzeitigen Evolutionsstufe.

Die heutige Situation auf der Erde

Ich habe bereits erwähnt, dass die Evolution nur vorwärts gehen kann. Das bedeutet, dass unsere physischen Leben auf lange Sicht nur besser und besser werden können. Es mag nicht immer so aussehen, und ohne eine kosmische Perspektive kann es schwer zu glauben sein, solange es noch Kriege, Hungersnöte, politische Unruhen, Diktaturen, globale Erwärmung, Gier, Mord und Hass gibt. Aber eine solche Momentaufnahme unserer gegenwärtigen Weltsituation zeigt nicht mehr als eben eine Momentaufnahme. Sie sagt uns nicht, was vor uns liegt, denn dafür brauchen wir jemanden mit tiefer geistiger Einsicht, der uns das sagen kann.

Unsere Zukunft sieht hell und schön aus, wenn die Kriegstreiber in Friedenszellen verwandelt worden sind. Das geschieht ständig, gerade jetzt überall auf dem Planeten, wenn Kriege geführt werden und viele Menschen leiden. Erst durch unser Leiden wird unsere Mitmenschlichkeit geboren und unsere gierigen, egoistischen Seiten werden überwunden.

Es ist eine unbestreitbare Tatsache, dass Kriege Friedensliebende hervorbringen. Wie kommt das? Ganz einfach: Wenn ein Soldat, der in vielen Kriegen viel gelitten hat, wiedergeboren wird, trägt er in seinem Schicksalselement, das in sein Überbewusstsein eingebettet ist, ein Echo der Leiden mit sich, die er durchgemacht hat. Und wenn dieses Echo laut genug ist, wird er nicht mehr als Soldat rekrutierbar sein. Er wird zum Kriegsdienstverweigerer aus Gewissensgründen und nichts kann ihn dazu bringen, wieder eine Uniform anzuziehen oder ein anderes Lebewesen zu töten.

Auf diese Weise werden früher oder später alle Krieger in Friedenszellen umgewandelt. Wir beobachten heute die Tendenz, dass diejenigen, die noch in den Krieg ziehen wollen, immer weniger werden. In Russland sahen wir bei Putins Mobilisierung von 300.000 Soldaten im September 2022, wie 260.000 potenzielle Rekruten in die Nachbarländer flüchteten. Sie wollten nicht in den Krieg ziehen. Das war kein Akt der Feigheit, sondern ein Zeichen dafür, dass ihre Abneigung gegen den Krieg so groß war, dass sie aus ihrer Heimat, ihrer Arbeit, ihrer Familie, ihrer gesamten Lebensgrundlage flohen, um dem Krieg zu entkommen. Sie waren zu Friedenszellen geworden. Dieser Prozess ist unvermeidlich, und er findet überall auf der Welt statt.

Es sind nicht nur die Kriege, die uns in allliebende, mitfühlende Menschen verwandeln werden, sondern alle Formen des Leidens. Durch unser eigenes Leiden wird unser Mitgefühl mit anderen, die leiden, geboren, und das geschieht, wie ich bereits erwähnt habe, durch das größte pädagogische Werkzeug, das es gibt: das Karmagesetz.

Solange wir noch imstande sind, andere Lebewesen zu töten, werden wir das gleiche mörderische Karma zurückbekommen. Aber dieses Karma und das daraus resultierende Leiden sind keine Strafe, sondern eine liebevolle Belehrung, die uns unfehlbar zu immer menschlicheren Wesen machen wird, die nicht mehr töten können. Nachdem wir an einer ganzen Reihe von Kriegen, Naturkatastrophen, Verkehrsunfällen oder Massenschießereien teilgenommen haben, gibt es nur ein Ergebnis: Es wird eine 100 % allliebende Person daraus hervorgehen – ausnahmslos. Sobald wir das Leiden anderer mitfühlen können, wenn wir es sehen, sind wir einen Schritt näher dran, wahre Menschen zu werden. Und dann können wir nicht mehr in den Krieg ziehen, andere töten oder Fleisch essen.

Das Symbol 81, das wir als Nächstes betrachten werden, veranschaulicht die Mentalität der Weltbevölkerung in ihrem derzeitigen Stadium. Es ist eine Momentaufnahme davon, wie die Situation auf der Erde heute aussieht: Etwa die Hälfte der Menschheit hat sich in Zellen des Friedens verwandelt und die andere Hälfte ist immer noch kriegslüstern. Das Symbol wird mit der offiziellen Erklärung des Martinus-Instituts präsentiert.

Symbol 81

martinus.dk

Die erdenmenschliche Epoche der Erde – Die geistige Welt der Erde in ihrer jetzigen Epoche

Zusammenfassung der Erklärung des Symbols 81 – Die erdenmenschliche Epoche der Erde – Die geistige Welt der Erde in ihrer jetzigen Epoche

Das Symbol zeigt das jetzige Stadium der Erde, die Epoche der Erdenmenschen. Die Erde ist ein Planet mit hervorragend entwickelten tierischen Wesen, das heißt Menschen, die anfangen, humane Menschen zu werden.

Die Gedanken der Menschen existieren auf den geistigen Ebenen, obwohl sich ihre Körper auf der physischen Ebene befinden. Wenn der Mensch auf der physischen Ebene stirbt, dann ist es ausschlaggebend, wie viel tierische und wie viel menschliche Mentalität er hat. Hat er viel menschliche Mentalität und ist hoch entwickelt, dann kommt er in die menschliche Sphäre. Wenn er nicht so viel menschliche Mentalität besitzt, dann geht er in eine Sphäre hinein, die nur einen sehr kleinen menschlichen Bereich und einen sehr großen tierischen Bereich hat.

- In der Mitte des Symbols sehen wir den physischen Körper der Erde.
- Die umgebenden Strahlenfelder symbolisieren die geistige Welt oder die Bewusstseinsgebiete.
- Die rote Farbe symbolisiert das geistige Gebiet hinter dem Pflanzenreich, das von der Instinktenergie getragen wird.
- Die orange Farbe markiert ein mentales Gebiet hinter dem Tierreich, das von der Schwereenergie getragen wird.
- In dem großen Strahlenfeld sehen wir das Tagesbewusstsein der Erde. Es besteht ebenso wie beim Erdenmenschen aus dem tierischen Zustand (orange Farbe) und dem menschlichen oder humanen Zustand (gelbe Farbe).
- Die dunklen Felder in dem orangenfarbenen Gebiet symbolisieren das Fegefeuer.
- Die gelben Felder in dem großen Strahlenfeld zeigen das höhere Menschliche, das frei vom Fegefeuer ist.
- Der gezackte Kreis in dem großen Strahlenfeld symbolisiert die Polstruktur. Die unterschiedliche Graduierung von dunklen und hellen Stellen markiert verschiedene Stufen in der Entwicklung von Einpoligkeit zu Doppelpoligkeit.
- Die grüne, blaue und indigo Farbe symbolisieren, dass die Erde, ebenso wie die Menschheit, eine Intelligenz-, Intuitions- und Erinnerungssphäre hat.

Lesen Sie die Symbolerklärungen von Martinus in *Das Ewige Weltbild 6,* sowie die ausgewählten Texte im gleichen Buch [zzt. noch nicht in Deutsch erhältlich].

Im Vergleich zum vorherigen Symbol zeigt das Symbol 81 eine Welt, in der das tötende Prinzip stark zurückgegangen ist. Es ist immer noch ein wichtiger Faktor, aber jetzt haben Frieden und harmonische Koexistenz 50 % des tötenden Prinzips ersetzt. Es ist eine viel bessere Welt, aber es ist immer noch eine unfertige Welt mit viel Finsternis. Das Symbol ist eine Veranschaulichung unserer aktuellen Situation. Es spiegelt wider, wo wir als Erdenmenschen heute stehen. Bestimmte Aspekte der offiziellen Erklärung bedürfen weiterer Klärung.

Es wird gesagt: *„Die Erde ist ein Planet mit hervorragend entwickelten tierischen Wesen, das heißt Menschen, die anfangen, humane Menschen zu werden."*

Das bedeutet, dass viele der heute lebenden Menschen hochentwickelte Wesen sind, die dabei sind, humane Wesen zu werden. Das ist eine gute Nachricht für uns, und wie das Symbol zeigt, machen die humanen Wesen (die gelben Teile) jetzt die Hälfte der erdenmenschlichen Bevölkerung aus. Das bedeutet, dass wir kurz vor dem Wendepunkt stehen, an dem die humanen Menschen die Mehrheit bilden werden. Ein weiterer Krieg und die humanen Wesen werden die kritische Masse erreichen. Denk daran, dass Kriege Friedenszellen produzieren, weil bei den Kriegsopfern und - teilnehmern eine totale Sättigung von Kriegen und vom Töten eintritt. Wir sind dem Wendepunkt so nahe, dass es allen Grund gibt, freudig dem Zeitpunkt entgegenzusehen, an dem die Zahl der Friedenszellen die der Kriegszellen übersteigen wird. Ab dann wird die Schaffung von Frieden auf der Erde wirklich beginnen. Es mag ein paar Jahrhunderte dauern, bis der globale Frieden erreicht ist, aber das Resultat ist garantiert, wie wir auf dem nächsten Symbol – Nr. 82 – sehen werden.

Ein weiterer Aspekt der offiziellen Erklärung, der einen Kommentar erfordert, ist die Erwähnung dessen, was passiert, wenn wir in dem Vorgang, den wir Tod nennen, „hinübergehen".

Die Art der Mentalität, die in unserem Bewusstsein zum Zeitpunkt unseres Übergangs von der physischen zur geistigen Welt vorherrscht, bestimmt unsere Erfahrungen auf der geistigen Ebene. Die geistige Welt ist eine lichtvolle Welt der Gedanken (oder der Energie – Gedanken sind Energie), und wir werden in der geistigen Welt entsprechend der Wellenlänge der in unserem Bewusstsein dominierenden Gedanken platziert.

Wenn unser Bewusstsein überwiegend von humanen, mitfühlenden und liebevollen Gedanken geprägt ist, werden wir in einem entsprechenden Bereich der geistigen Welt platziert, den Martinus die humane Sphäre nennt, die von Licht, Liebe und Einsicht geprägt ist. Wird unser Bewusstsein dagegen von einer tierischen Mentalität beherrscht, die von Egoismus, Gier, Rache, Hass, Intoleranz und Mordlust geprägt ist, werden wir in einem Bereich platziert, den Martinus Fegefeuer nennt: ein unbehaglicher Ort der Dunkelheit, Düsternis und Lieblosigkeit. Wie bereits erwähnt, ist es das Gesetz der Anziehung (gleiche Wellenlängen ziehen sich gegenseitig an), das dafür sorgt, dass wir beim Übertritt an einen Ort kommen, der unserem vorherrschenden Gedankenklima entspricht. Darin liegt kein moralisches Urteil. Es liegt lediglich an der Anziehungskraft, die Energien gleicher Wellenlänge füreinander haben. Mein zusammen mit Maria McMahon geschriebenes Buch mit dem Titel: „Life after Death in a Nutshell – What happens when we die?" gibt eine vollständige Beschreibung unseres Übergangs von der physischen in die geistige Welt und ist sehr nützlich zu lesen, wenn man soweit ist, hinüberzugehen. Siehe: https://www.amazon.com/Life-after-Death-Nutshell-happens/dp/B091NNWGY8

Sowohl in diesem Symbol (Nr. 81) als auch in dem vorherigen (Nr. 80) erwähnt Martinus die Polstruktur. In Symbol

Nr. 80 spricht Martinus davon, dass die Erde in ihrem primitiven Stadium einpolig war. Eine intolerante, aggressive, egoistische, eifersüchtige, machthungrige, rachsüchtige und mörderische Haltung ist charakteristisch für den einpoligen Zustand. Mit unserer Entwicklung von primitiven zu fortgeschrittenen Menschen ändert sich jedoch unsere Polstruktur von einpolig zu doppelpolig. Das doppelpolige Stadium ist gekennzeichnet durch Toleranz, Freundlichkeit, Hilfsbereitschaft, Altruismus, Vergebung, Mitgefühl und All-Liebe.

Wir sehen in Symbol Nr. 81, wie sich die Erdbevölkerung von einem ausschließlich einpoligen Zustand (Symbol Nr. 80 – orange Farbe) zu einem sowohl einpoligen als auch überwiegend doppelpoligen Zustand (gelbe Farbe) gewandelt hat. Da der doppelpolige Zustand durch Toleranz, Freundlichkeit und Liebe gekennzeichnet ist, sehen wir, dass die Mentalität der Erde zwischen diesen beiden mentalen Zuständen gespalten ist. Die orangefarbenen, spitz zulaufenden Figuren auf dem Symbol stehen für die noch primitiven Menschen mit egoistischen Mentalitätsmerkmalen, und die gelben Figuren stehen für die inzwischen entwickelten humanen, menschlichen Wesen mit altruistischen Mentalitätsmerkmalen, die nicht mehr verletzen, verstümmeln und töten können.

Zwischen den beiden Symbolen 80 und 81 sind also viele Millionen Jahre vergangen, und es hat eine allmähliche Entwicklung weg vom tötenden Prinzip stattgefunden. Immer mehr Menschen auf diesem Planeten haben sich zu friedliebenden, mitfühlenden, allliebenden Wesen entwickelt. Das ist das Ziel jeder Evolution: eine Entwicklung weg von Egoismus, Rachsucht, Hass, Intoleranz und Mord.

Mit den Worten von Martinus:

„So repräsentiert der unfertige Erdenmensch zwei diametral entgegengesetzte Bewusstseinsgebiete in seiner Psyche, nämlich das tierische und das menschliche. Von diesen zwei Bewusstseinsgebieten aus manifestiert sich der Erdenmensch. Wenn die tierische Lebensweise die Überhand im Wesen hat, und wenn die menschliche nur in ihrem ersten zarten Anfang steht, ist das Wesen also sehr primitiv." (Martinus: *Livets Bog*, Band 7, Abschnitt 2503).

Die Erdbevölkerung ist zum gegenwärtigen Zeitpunkt eine Mischung aus primitiven und fortgeschrittenen Wesen, so wie es das Symbol illustriert. Gerade jetzt, mit dem Krieg, der 2022 in der Ukraine begann, sehen wir diesen Kampf deutlich. Die neue, tolerante und friedliche Einstellung hatte den Großteil des Landes übernommen, aber die alte, aggressive, intolerante und mörderische Einstellung wehrt sich von außerhalb der Landesgrenzen und ist nicht bereit, ihre Kontrolle aufzugeben. Der Krieg wütet also, er ist heftig und gewalttätig, aber der Ausgang ist von vornherein klar. Die guten Zellen werden gewinnen. Sie werden gewinnen, weil die Erde dabei ist, ihre Mentalität zu reinigen und sich von ihrer alten, intoleranten mentalen Seite zu befreien. Diese Seite muss überwunden werden, damit die gute Mentalität die Oberhand gewinnen und die Erde auf ihr kosmisches Bewusstsein vorbereiten kann.

Martinus sagt auch:

„Während dieser Entwicklung verwandelt sich das Bewusstsein der Erdenmenschheit nicht nur in materialistischer Wissenschaft, Manifestation und Lebensweise von Primitivität zur Intellektualität, sondern sie verwandelt sich auch <u>in ihrem innersten Gefühlsleben oder ihrem seelischen Zustand. So beginnt sich auch ein neues Verhältnis in ihrem Empfinden von Sympathie für die Mitmenschen</u>

und für andere Lebewesen zu entwickeln. Während die sympathischen Anlagen bei den Tieren in einem sehr kleinen Gebiet und unter besonderen Umständen Sympathie für Wesen des eigenen Geschlechts schaffen können, bewirken dieselben Anlagen beim fortgeschrittenen Erdenmenschen die Entwicklung einer wachsenden Sympathiefähigkeit, die immer mehr die Antipathie entfernt, die der primitive Mensch in größerem oder kleinerem Umfang gegen Wesen seines eigenen Geschlechts empfindet. <u>Diese derartig beginnende Sympathie oder Liebe, die völlig außerhalb des paarungsmäßigen oder ehelichen Prinzips liegt, ist diejenige, die in ihrer wirklichen totalen Fülle die Erfüllung des größten Gebots des Lebens ist: Du sollst deinen Nächsten lieben wie dich selbst.</u>" (Martinus: *Livets Bog,* Band 7, Abschnitt 2504, Unterstreichungen von mir).

Mit der Abkehr vom tötenden Prinzip geht eine tiefe innere Veränderung der menschlichen Mentalität einher. Als einpolige Wesen (orange) konnten wir nur ein Wesen des anderen Geschlechts (und unsere Nachkommen) lieben, aber indem wir immer doppelpoliger werden (gelb), beginnen wir uns mehr und mehr für Menschen beiderlei Geschlechts zu interessieren. Unsere wachsende Sympathie und Empathie für Angehörige beider Geschlechter kann zu dem führen, was „Homosexualität" genannt wird, und es muss betont werden, dass dies eine völlig natürliche Folge des Wachstums unseres entgegengesetzten Pols auf unserem Weg zum kosmischen Bewusstsein ist und nicht etwas, das verurteilt, herabgesetzt oder unterdrückt werden sollte.

Unser Wandel von Orange zu Gelb bedeutet auch, dass wir in vielen Bereichen immer intelligenter, intellektueller und einsichtsvoller werden. Wir interessieren uns für Lesen, Studium, Forschung, Wissen und wissenschaftliche Ergebnisse. Mit anderen

Worten, wir werden zu fortschrittlichen, toleranten, humanen, altruistischen, großzügigen, intellektuellen, fleißigen, moralischen, vergebenden, empathischen, demokratischen und allliebenden Wesen, und auf diese Weise können wir uns endlich echte Menschen nennen und das große Gebot erfüllen: unseren Nächsten zu lieben wie uns selbst.

Die nähere Zukunft der Erde

Wir können auf dem Symbol sehen, dass die Hälfte der Erdbevölkerung immer noch orange ist – die Farbe, die zum tötenden Prinzip gehört. Das bedeutet, dass es immer noch eine große Anzahl von aggressiven, kriegerischen Menschen gibt, und sie werden ihre aggressiven Tendenzen ausleben, bis diese Tendenzen durch das Karma, das diese Wesen ernten werden, beseitigt worden sind. Damit dies geschehen kann, werden die „orangen" Wesen für Krieg, Terror, Diktatur und Unterdrückung von Menschenrechten sorgen, solange sie an der Macht sind. Im Augenblick (2023) sind laut dem Economist Democracy Index nur 24 Länder der Welt vollwertige Demokratien, der Rest der 195 Länder der Welt sind entweder unvollkommene Demokratien, hybride Regime oder autoritär. In 56 Ländern gibt es heute autoritäre Regime oder Diktaturen. Das bedeutet leider, dass uns harte Zeiten bevorstehen, denn diese Regime müssen fallen.

Sie werden fallen, wenn die Diktatoren und ihre Gefolgschaft ihr Karma bekommen. Das wird höchstwahrscheinlich durch Kriege geschehen. Solange also noch so viele Erdbewohner durch ihr grausames und herzloses Handeln todbringendes Karma säen, ist es zum Weltfrieden noch ein weiter Weg.

Martinus sagt, dass der letzte Krieg in 300-500 Jahren ausgefochten wird. Aber in den Jahren von jetzt bis dahin wird es einige gewaltsame Konflikte mit viel Blutvergießen und massiver Anwendung des tötenden Prinzips geben. Das wird nicht schön sein, es wird verheerende Zerstörungen und den Einsatz von schrecklichen Waffen geben.

Aber dieser Konflikt wird hauptsächlich die „orangen" Wesen betreffen. Er richtet sich nicht gegen die „gelben" Wesen, denn sie haben kein Kriegskarma mehr zu ernten. Wer also Frieden in seinem Herzen hat und es nicht mehr übers Herz bringt, zu verletzen, zu verwunden und zu töten, hat nichts zu befürchten. Er kann kein Karma ernten, das er bereits ausgestanden hat.

Martinus sagte oft, dass der einzige Grund für Kriege der ist, den Menschen zu zeigen, was passiert, wenn wir nicht auf die göttliche Weisung hören, die uns gegeben wurde. *„War das zwanzigste Jahrhundert nicht schon ein Blutbad des Krieges und des Mordens, ein Eldorado der Folter und der Verstümmelungen, eine Offenbarung dessen, was geschieht, wenn die Menschen das Gebot ihres Welterlösers missachten: ‚Stecke dein Schwert in die Scheide, denn jeder, der durch das Schwert tötet, wird selbst durch das Schwert umkommen.'"* (Martinus: „Die alte und die neue Weltkultur", Artikel-ID: M0443, Hervorhebungen von mir).

Solange wir noch taub und blind für das Karmagesetz sind, müssen wir am eigenen Leib erfahren, was wir anderen einmal angetan haben. Wenn wir dann unser finsteres Karma hinreichend oft geerntet haben, werden wir bereit sein, die Lektion zu lernen. Mitten in dieser schmerzhaften Lektion leben wir gerade jetzt.

Es ist daher von größter Wichtigkeit, dass eine zunehmende Anzahl von Menschen darüber informiert wird, wie das Karmagesetz wirkt, und dass sie einsehen, dass es ihr eigenes Schicksal ist, das sie erschaffen, wenn sie andere unterdrücken, einsperren und töten.

Ich erwähne dies nur, um zu sagen, dass wir nicht überrascht sein sollten, wenn die nächsten 300 bis 500 Jahre viele Kriege und Leiden für viele Erdbewohner bringen werden. Aber es ist auch wichtig zu betonen, dass es eben das Leid ist, das uns von kriegslüsternen zu friedliebenden Menschen macht. Niemand leidet umsonst und niemand leidet mehr als andere, wenn wir ihre Schicksale aus der richtigen Perspektive betrachten: einer Perspektive, die eine lange Reihe von Inkarnationen umfasst. Jeder muss dasselbe durchmachen, um dasselbe zu werden: Ein Mensch als Ebenbild Gottes, ihm gleichend. Niemand kann sein Schicksal aus einer Ein-Leben-Perspektive verstehen. Der Zweck allen Leidens ist es, allliebende, vollendete Menschen zu erschaffen.

Die Zukunft der Erde auf längere Sicht

Wenn immer mehr Mikrowesen der Erde (wir Menschen) von orange zu gelb verwandelt werden, kommt die Erde selbst dem Zeitpunkt immer näher, an dem sie das volle kosmische Bewusstsein erlangt und ein erleuchtetes Wesen wird. Wie erwähnt, sagt Martinus, dass die Erde in 3000 Jahren das volle kosmische Bewusstsein erlangt haben wird. Das ist in „Erdenzeit" eigentlich recht bald. In 3000 Jahren wird die Krise und die Finsternis, die wir hier und jetzt erleben, vom Erd-Wesen vollständig durchlebt worden sein. Bis dahin werden alle Mikrowesen gelb geworden sein, und das tötende Prinzip, illustriert durch die orangefarbenen Zellen, wird auf der Erde ausgemerzt sein. Frieden, Wohlstand, Gleichheit für alle, Gerechtigkeit und harmonisches Zusammenleben werden auf dem Planeten herrschen, der dann als ein erleuchtetes Wesen dastehen wird. Dann werden alle leben, um einander zu dienen.

Martinus hat diese Entwicklungsstufe der Erde im nächsten Symbol dargestellt: Das kosmische Bewusstsein der Erde.

Symbol 82

Der Zustand der Erde im vollkommenen Menschenreich

Zusammenfassung der Erklärung des Symbols 82 – Der Zustand der Erde im vollkommenen Menschenreich

Das Symbol zeigt den vollkommenen Menschenreichszustand, in welchem sich die Erde befinden wird, wenn sie das Tierische ausgelebt hat. Es wird immer noch Tiere auf der Erde geben, aber die schädlichen, tötenden und giftigen Tiere sind ausgestorben. Es herrscht Harmonie, denn dort besteht ein ganz anderer Zustand mit anderen Gesetzen für das menschliche Zusammensein. Es ist unvorstellbar strahlend und vollkommen. In dem zukünftigen Weltstaat werden sich die Menschen in höheren geistigen Eigenschaften, in Kunst, Musik und Wissenschaft entwickeln.

- Die gelbe Farbe symbolisiert den vollkommenen Menschenreichszustand.
- Der Kreis aus weißen gezackten Figuren in der Mitte des großen gelben Strahlenfelds symbolisiert die Polstruktur. Die Pole sind in Balance, die Erde ist doppelpolig.

Lesen Sie die Symbolerklärungen von Martinus in *Das Ewige Weltbild 6*, sowie die ausgewählten Texte im gleichen Buch [zzt. noch nicht in Deutsch erhältlich].

Das Symbol Nr. 82 veranschaulicht eine fertige, eine vollendete Welt. Das ist eine Welt, in der alle Finsternis hinter uns liegt und Frieden, Harmonie und All-Liebe auf dem Planeten herrschen. Das Symbol zeigt, dass unsere Zukunft hell und schön ist. Der Planet ist jetzt ein perfekter Ort zum Leben, wo der globale Frieden erreicht ist, wo jeder jeden liebt, wo jeder reich ist, wo alle Finsternis hinter uns liegt und das „Gelobte Land" Wirklichkeit geworden ist.

Wie bereits erwähnt, wird dieses irdische Paradies in 3000 Jahren eine Realität sein, aber schon lange vorher werden wir die Anzeichen dafür sehen, dass die gelben Wesen die kritische Masse erreicht haben und damit die Mehrheit bilden. Wenn dies geschieht – nachdem der letzte Krieg ausgekämpft ist – werden alle Diktaturen aussterben, die wahre Demokratie wird entstehen, die Reichtumsverteilung auf dem Planeten wird anfangen, gerecht und gleich für alle zu werden, Armut, Hunger und Krankheiten werden verschwinden (parallel damit, dass sich alle pflanzlich ernähren), es wird keinen Rassismus, Sexismus oder Altersdiskriminierung geben und Toleranz und All-Liebe werden herrschen.

In dieser „Neuen Welt" wird es kein Geld geben, keine schwere Arbeit (diese wird von Maschinen übernommen), keinen 9-5 Arbeitstag, keine Ungleichheit, keine im Stich gelassenen Kinder oder Obdachlosen. Jeder wird nur auf den Gebieten arbeiten, die ihn interessieren, und das auch nur ein oder zwei Tage pro Woche. Wenn die Einwohner mit ihrer Arbeit einen Beitrag zur Gemeinschaft geleistet haben, erhalten sie Punkte auf einer Karte, und mit dieser Karte haben sie Zugang zu allen benötigten Gütern und Freizeitangeboten: Kost und Logis, Bildung, Studium aller materialistischen und geistigen Wissenschaften, Unterhaltung, Musik, Kunst, Aufführungen, Reisen, Wandern, Sport ... was immer ihr Herz begehrt. Der volle Einblick in das Lebensmysterium steht allen offen, und die große Mehrheit hat kosmisches Bewusstsein erlangt. Wenn jeder lebt, um anderen zu dienen, und alle Freunde sind, wird es keine Einsamkeit geben, keine unglücklichen Schicksale, keinen Konkurrenzkampf um irgendetwas. Es wird ein Paradies auf Erden sein.

Martinus drückt es folgendermaßen aus: *„Diese göttliche Lichtflut der Liebe, diese himmlische Illumination, die die gesamte Erdenmenschheit dann ausstrahlen wird, ist die Geburt des Reiches Gottes auf Erden."* (Martinus: „Weihnachtslichter", Kap. 10 im kleineren Buch Nr. 14: „Die Erschaffung des Bewusstseins").

Die Reinkarnation endet im gegenwärtigen Zyklus

Es gilt für alle Lebewesen, dass sie in ihrem aktuellen Zyklus aufhören, als physische Wesen zu reinkarnieren, sobald sie kosmisches Bewusstsein erlangt haben und vollkommen erleuchtet sind. Wenn das kosmische Bewusstsein erreicht ist, hat das Wesen vollen Zugang zum Wissensozean des Universums und muss daher auf der physischen Ebene nichts mehr lernen. Es hat „die Prüfung mit Auszeichnung bestanden" und die „Schule" ist für diesmal vorbei. Das bedeutet, dass es aufhört, in seinem aktuellen Zyklus zu reinkarnieren und dass es in der geistigen Welt als geistiges Wesen für Äonen in völliger Glückseligkeit, Weisheit und Liebe leben wird.

Aber für alle Lebewesen kommt eine Zeit – nach Millionen von Jahren als geistige Wesen – in der das Wesen so sehr mit der Glückseligkeit auf der geistigen Ebene erfüllt ist, dass es einen Kontrast erleben muss, um sein Bewusstsein zu erneuern. Es tritt dann in einen neuen Zyklus ein, der eine Stufe höher liegt als der vorherige und beginnt eine neue Serie von physischen Leben.

Im Falle der Erde hat das „Ich" des Planeten nach seiner „großen Geburt" und seiner Jahrtausende währenden Paradiesepoche seine physische Existenz beendet. Sie hat als physischer Planet nichts mehr zu lernen und braucht daher in ihrem aktuellen Zyklus nicht mehr in physischer Materie zu reinkarnieren. Das „Ich" und das Bewusstsein der Erde (Energiefeld oder Aura) ziehen sich dann aus dem Planeten heraus und dieser wird zu einem Mond – einem planetarischen Leichnam ohne Lebensformen. Wenn dies geschieht, werden alle Lebensformen, die zuvor die Erde bewohnt haben, auf anderen Planeten reinkarniert sein.

Für alle Lebewesen gilt, dass sie ewiges Leben haben. Das Leben ist nicht etwas, das jemand verlieren kann. Wir können unseren physischen Körper verlieren, aber da dieser Körper nur ein Instrument für unser Erleben in der physischen Welt war und da unsere wirkliche, ewige Existenz in der strahlenförmigen oder geistigen Welt liegt, ist der Tod eine Illusion.

4. Das Universum

Das Universum besteht aus einer unendlichen Anzahl von Galaxien. Die Galaxie, in der wir leben, nennen wir Milchstraße, und sie ist auch ein Lebewesen, genau wie all die anderen Milliarden von Galaxien im Universum.

Das Universum ist von unvorstellbaren Dimensionen. Es ist riesig, enorm und gigantisch. Es ist so groß, dass es für uns nur schwer zu begreifen ist. Seine Größe übersteigt das, was wir uns vorstellen können.

Werfen wir einen Blick darauf, was wir (die Wissenschaft) derzeit über die Größe des Universums wissen:

„Der Teil des Weltalls, der mit Teleskopen beobachtet werden kann, wird als das beobachtbare Universum bezeichnet, das vom Standort des Beobachters abhängt. Die genaue Entfernung – d. h. die Entfernung, die zu einem bestimmten Zeitpunkt, inklusive der Gegenwart, gemessen werden würde – zwischen der Erde und dem Rand des beobachtbaren Universums beträgt 46 Milliarden Lichtjahre. Das ergibt einen Durchmesser des beobachtbaren Universums von etwa 93 Milliarden Lichtjahren. Die Entfernung, die das Licht vom Rand des beobachtbaren Universums zurückgelegt hat, kommt dem Alter des Universums mal der Lichtgeschwindigkeit, also 13,8 Milliarden Lichtjahre, sehr nahe, repräsentiert aber nicht die Entfernung zu einem bestimmten Zeitpunkt, da sich der Rand des beobachtbaren Universums und die Erde seitdem weiter voneinander entfernt haben. Zum Vergleich beträgt der Durchmesser einer typischen Galaxie 30.000 Lichtjahre, und der typische Abstand zwischen zwei benachbarten Galaxien liegt bei 3 Millionen Lichtjahren. Die Milchstraße hat beispielsweise einen Durchmesser von etwa 100.000 – 180.000 Lichtjahren, und ihre nächste Schwestergalaxie, die Andromedagalaxie, ist etwa 2,5 Millionen Lichtjahre entfernt.

Da wir den Raum jenseits des Randes des beobachtbaren Universums nicht beobachten können, ist nicht bekannt, ob die Größe des Universums als Ganzes endlich oder unendlich ist." (Wikipedia).

Wie der obige Auszug zeigt, ist das Universum so groß, dass all diese Milliarden von Lichtjahren am Ende unbegreiflich sind. Sagen wir einfach, dass das Universum größer ist, als wir es erfassen oder uns vorstellen können.

Das Universum ist selbst auch ein Lebewesen. Es ist ein Lebewesen von solchen Ausmaßen, dass sie unsere Fähigkeit übersteigen, seine Größe zu begreifen.

Wir können einen Teil des Universums beobachten, soweit unsere Teleskope reichen, aber einen „Rand" oder das Ende des Universums haben sie nie erreicht. Ist es endlich oder unendlich? Die Wissenschaft weiß es nicht, aber Martinus sagt, dass es unendlich ist.

Und außerdem ist selbst das, was wir mit den neuesten Riesenteleskopen sehen können, nur noch mehr von dem, was wir bereits gesehen haben. Auch wenn wir unseren Blick bis in die hintersten Winkel des Universums ausweiten, enthüllen sich seine Geheimnisse nicht. Alles, was wir sehen, ist mehr von derselben Art.

„Man baut immer stärkere Ferngläser, Teleskope und Mikroskope, um das Geheimnis des Weltalls oder des Universums beobachten zu können, nur um am Ende zu entdecken, dass diese Erweiterung des materiellen Horizonts nur zu einer entsprechenden Erweiterung oder Vergrößerung der bereits vorhandenen Unwissenheit über das Geheimnis des Lebens wird." (Martinus: „Der Weg zum Weltbild", Artikel-ID: M2468, Unterstreichung von mir).

Was wir also mit den immer leistungsfähigeren Teleskopen tun können, ist lediglich, unsere Unwissenheit zu vergrößern, weil wir nicht wissen, was das ist, was wir beobachten. Wenn wir wissen, was es ist, haben wir die Lösung des Lebensmysteriums gefunden. Die Lösung liegt direkt vor unserer Nase, wie später enthüllt werden wird.

Eine der größten Fragen, die wir derzeit zu beantworten versuchen, ist folgende: Gibt es Leben da draußen im Universum? Oder ist die Erde der einzige Planet mit Lebensformen in diesem gigantischen Weltraum? Sind wir wirklich allein hier? Wie bereits in Kapitel 2 erwähnt, beantwortet Martinus diese Frage mit einem lautstarken NEIN! Nein, nein und nochmals nein: Im Universum wimmelt es von Leben. Überall ist Leben. Auf Billionen und Aber-billionen von Planeten gibt es Leben. Manche Lebensformen ähneln denen, die wir auf der Erde kennen, und andere sind völlig anders. Den Formen und Gestalten, die eine Lebensform annehmen kann, sind keine Grenzen gesetzt. Aber wie entsteht Leben auf einem Planeten?

Wie ist das Leben entstanden?

Was ist Leben? Was ist es, das etwas lebendig macht? Es ist Energie. Leben ist identisch mit Energie. Energie ist die Fähigkeit, Dinge in Bewegung zu setzen. Energie durchzieht das gesamte Universum, das daher vor Leben strotzt. Früher dachte man, dass die riesigen Regionen des Weltraums, in denen es keine physischen Planeten oder Sonnen gibt, leer sind – daher der Name „leerer Raum". Doch vor nicht allzu langer Zeit erkannte die Wissenschaft, dass dieser „leere Raum" gar nicht leer ist. Er ist nur leer von physischer Materie, aber voll von strahlenförmiger Materie oder Energie. Da Energie Leben ist, sind die riesigen Räume zwischen den physischen Planeten voll von Lebensenergie.

Die Tatsache, dass Energie Leben und damit Lebenskraft ist, und die Erkenntnis, dass Energie Information enthält (was wir anhand unserer eigenen Gedanken bestätigen können), ist eine der ganz großen Offenbarungen von Martinus, denn sie ist der Schlüssel zum Verständnis des gesamten Universums, wie wir in diesem Kapitel sehen werden.

Unsere Wissenschaft hat festgestellt, dass Energie weder geschaffen noch aufgelöst werden kann. Dies ist im Gesetz von der Erhaltung der Energie festgelegt.

Dieser **Energieerhaltungssatz** besagt, *„dass Energie weder erzeugt noch zerstört werden kann, sondern nur von einer Energieform in eine andere umgewandelt werden kann. Das bedeutet, dass ein System immer die gleiche Menge an Energie hat, es sei denn, sie wird von außen zugeführt.“*

Energie ist unvergänglich. Energie kann weder aufgelöst noch erschaffen werden. Das bedeutet, dass die Summe der Energie im Universum konstant ist. Energie kann nicht aus dem Nichts entstehen, und sie kann sich auch nicht auflösen und in nichts verwandeln.

Aber das ist noch nicht alles. Energie hat, wie bereits erwähnt, eine doppelte Definition: Sie enthält Leben/Kraft und Information zugleich. Wir wissen alle, dass unsere Gedanken Information enthalten. Wenn wir denken, erhalten wir in unserem Kopf Zugang zu den Informationen, die in unserem Bewusstsein über das Thema, über das wir nachdenken, liegen.

Und dann sollten wir noch Folgendes hinzufügen: Unsere Gedanken sind auch kleine Bündel von Energie, und wir können dies belegen, weil wir die Energie der Gedankenaktivität messen können, wenn wir Elektroden am Kopf einer Person anbringen. Was man messen kann, ist die Energie in den Gedanken. So gesehen sind unsere Gedanken auch unsere Lebenskraft.

Gedanken sind Lebenskraft: Wir sind lebendig, weil wir denken. Unsere Gedanken sind unsere Energiequelle. Eine Fülle von Gedanken macht unser Bewusstsein aus. Wenn der physische Körper nicht länger ein nützliches Instrument für unser notwendiges Erleben der physischen Welt ist, zieht sich unser Bewusstsein daraus zurück und wir sagen dann, dass der Körper tot ist. Der Körper stirbt, wenn unser Bewusstsein sich herauszieht, weil keine Lebensenergie mehr in ihm ist. Und weil es die Energie ist, die Dinge in Bewegung setzt, ist der Körper nun inaktiv und leblos.

Aber der Tod ist eine Illusion. Unser Bewusstsein ist Leben und kann nicht abgeschaltet werden oder sterben. Es kann sich aus dem physischen Körper zurückziehen und sich für eine Weile dem Ozean der Energie im leeren Raum anschließen. Und nach einer Ruhepause kann das Bewusstsein mit seinem „Ich" über den Reinkarnationsprozess in einem neuen physischen Körper wiedergeboren werden. Der gesamte Reinkarnationsprozess wird in folgendem Buch mit dem Titel „Reincarnation i a Nutshell" ausführlich erklärt:

https://www.amazon.com/Reincarnation-Nutshell-Why-real-Spiritualnutshell/dp/1792713983

Was wir also im „leeren Raum" vorfinden, ist Energie und damit ein Ozean des Lebens. Da diese Energie Information enthält, ist sie auch ein Ozean des Wissens. Der Ozean aus Energie und Information, der das gesamte Universum ausfüllt, wird manchmal die Akasha-Chronik genannt. Sie enthält alles Wissen, das existiert.

Tatsache ist, dass Leben/Energie überall existiert und nie entstanden ist oder erschaffen wurde. Seine Existenz ist ewig, also ist es einfach: etwas, das ist. Es hat keinen Anfang und kein Ende. Es existiert ewig.

Martinus drückt es so aus: *„Das Leben oder ‚dieses Lebende‘ ist also nicht etwas, das erschaffen wird, es ist etwas, das ist. Aber überall, wo Bedingungen für seine Inkarnation in physischer Materie entstehen, dort inkarniert das Leben oder dieses ‚lebende Etwas‘ unvermeidlich, ganz gleich ob die Bedingungen dafür künstlich oder auf natürliche Weise erschaffen werden.“* (Martinus: *Livets Bog*, Band 6, Abschnitt 2167).

Wann und wo auch immer also auf einem bestimmten Planeten die richtigen Bedingungen für die Inkarnation von Lebensformen entstehen, wird sich das Leben dort inkarnieren. Es wird nicht erschaffen, aber es schlägt Wurzeln, sobald die richtigen Bedingungen vorhanden sind. Unser Planet Erde war Millionen Jahre lang ein glühender Klumpen, der viel zu heiß war, als dass sich physische Lebensformen auf ihm hätten inkarnieren können. Doch als sie sich im Laufe von Jahrmillionen abkühlte, entstanden die richtigen Bedingungen für die Inkarnation von Lebensformen und die ersten Pflanzen tauchten auf. Die Pflanzen entwickelten sich dann zu den ersten primitiven Tierformen und es kam zu einer Explosion von Lebensformen. Die neuen Lebensformen entwickelten sich dann zu höheren Tieren, die sich zu Affen entwickelten, dann zu primitiven Menschen und schließlich zu unseren mehr oder weniger fortgeschrittenen Menschen von heute.

Dieser Prozess ist auf allen Planeten im Universum derselbe: Leben entsteht/inkarniert, wenn die physischen Verhältnisse dafür geeignet sind, dass Lebensformen Wurzeln schlagen und sich entwickeln können.

Energie ist Bewusstseinsmaterie

Gedanken sind Energie, und Energie ist der Stoff, aus dem unser Bewusstsein besteht. Das Bewusstsein eines jeden Lebewesens ist sein Energiefeld. Dieses Feld versorgt das Lebewesen, in das es sich inkarniert, mit Lebenskraft und Information. Nichts ist lebendig ohne ein Bewusstsein.

In dem immensen Universum haben wir ein Meer von Energie, ein Meer von Information, d. h. ein Meer von Bewusstsein. Das Bewusstsein ist etwas, das immer zu einem Lebewesen gehört. Wir können kein freischwebendes nicht zu einem „Ich" oder einem Lebewesen gehörendes Bewusstsein haben.

Das enorme Bewusstseinsfeld des Universums muss also unweigerlich einem Lebewesen angehören. Wir sind „schlicht und einfach" in einem bewussten Universum lebendig. Und wer kann dieses enorme Lebewesen sein? Nun, es kann nur das Höchste Wesen sein, das wir schon immer Gott genannt haben. Gott wird das Thema des nächsten Kapitels sein, kehren wir also zum Universum zurück.

Das Universum ist ein Lebewesen

Wir sahen in Symbol Nr. 7, dass die Struktur des Lebens aus Lebewesen innerhalb von Lebewesen besteht. Wir haben auch gesehen, dass jedes Lebewesen sowohl ein Mikrowesen innerhalb des Körpers seines Makrowesens als auch gleichzeitig ein Makrowesen für seine Mikrowesen ist. Das bedeutet, dass das Leben in einer unendlichen Anzahl von Größen existiert, wobei jede Größe in einer Lebensform lebt, die um ein Vielfaches größer ist als sie selbst.

Wenn wir in den Nachthimmel schauen, sehen wir leuchtende Lichtpunkte. Wir nennen diese Punkte Sterne. Worüber wir uns wohl nicht im Klaren sind, ist, dass das, was wir sehen, das Innere eines Lebewesens ist – wir nennen dieses Lebewesen die Milchstraße – unsere Galaxie.

Die Sterne sind die Kerne der Atome, aus denen dieses Lebewesen besteht, und um diese Kerne herum gibt es Teilchen, die den Kern umkreisen. Wir können die kreisenden Teilchen der Sterne am Himmel nicht sehen, weil sie zu weit entfernt sind und selbst kein Licht aussenden. Aber es gibt sie, und sie sind dasselbe wie die Planeten, die unsere Sonne umkreisen.

Atome sind die Grundbausteine aller Materie im Universum. Die Atome selbst bestehen aus dem Kern und einer variierenden Anzahl von Protonen, Neutronen und Elektronen, je nach Art der Materie, die sie bilden.

Es ist kein Zufall, dass das Atom mit seinen kreisenden Teilchen einem Sonnensystem mit seinen kreisenden Planeten ähnelt. Die beiden sehen gleich aus, weil sie dasselbe sind: die Bausteine der physischen Materie des Universums.

Wir leben auf einem Elektron – der Erde – das den Kern unseres Atoms – die Sonne – umkreist. Die Anzahl der Teilchen, die den Kern umkreisen, definiert die Art der Materie, von der die Rede ist.

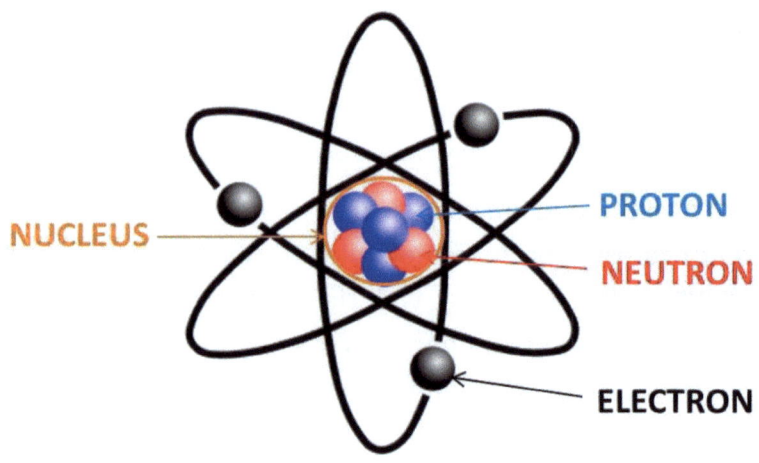

NUCLEUS — PROTON — NEUTRON — ELECTRON

Atom-Modell

Martinus beschreibt das Atom anhand seines Symbols Nr. 56 „Die gesunde atomare Wirksamkeit im Organismus" am Beispiel des Verdauungssystems folgendermaßen: *„Im Atom ist die Kraft wie in einem Akkumulator gesammelt. Diese Kraft gibt Leben, das sich entfaltet und dazu beiträgt, das Verdauungssystem zu bilden. Zwischen dem Sonnenkraftzentrum oder Atom und seinen Elektronen sehen wir einen Leerraum, der mit Figuren ausgefüllt ist. Dies soll die elektrischen Kraftströmungen zeigen, die als Gedankenkraft ausgelöst werden. Die Gedankenkraft, die durch das Atom ausgelöst wird, hält diese Elektronen an ihren Plätzen, genauso wie die Sonne die Erde und die anderen Planeten an ihren Plätzen hält. Das Ausströmen findet im sogenannten leeren Raum statt."* (Martinus: Das Ewige Weltbild, Buch 5, Symbol Nr. 56, Abschnitt 56.1).

Siehe Symbol Nr. 56 hier:
https://www.martinus.dk/de/symbole/symboluebersicht2/symbol-56/index.html

Die Gedankenkraft, die vom Atomkern ausstrahlt, ist stark und kraftvoll. Stark genug, um die Planeten/Elektronen in einer präzisen und konstanten Umlaufbahn um sich selbst zu halten.

Die Struktur des Sonnensystems ist identisch mit der des Atoms

Was der Nachthimmel verrät

Martinus hat ein Symbol gezeichnet – Nr. 45 – das veranschaulicht, dass es die Atome im Inneren eines lebenden

Körpers sind, die wir sehen, wenn wir den Nachthimmel betrachten.

Symbol 45

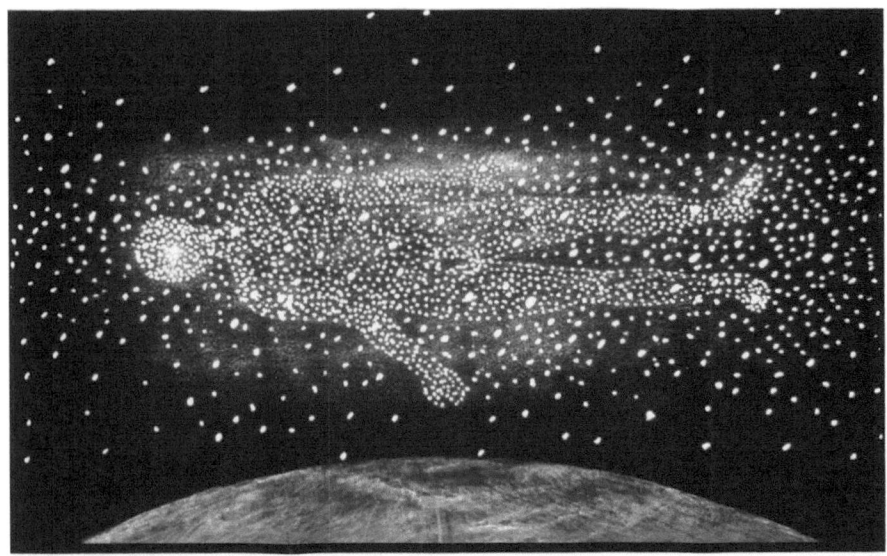

Der Menschenkörper als Sternsystem

Zusammenfassung der Erklärung des Symbols 45 – Der Menschenkörper als Sternsystem

Wenn wir uns einen Menschen vorstellen, der so vergrößert ist, dass er unseren ganzen Himmel, den ganzen Weltraum ausfüllt, dann sehen wir ihn als ein Sternsystem mit leuchtenden Partikeln in einem großen Leerraum. Die leuchtenden Partikel entsprechen den physischen Partikeln, aus denen unser Organismus besteht. Das, was den Leerraum zwischen den Partikeln ausfüllt, ist unsere Gedankenwelt.

Die Gedankenwelt ist eine Kombination von elektrischen, magnetischen Kräften. Diese Gedankenkombination erleben wir als unser Bewusstsein.

174

Das Bewusstsein erhält den Organismus am Leben und wirkt auf die Platzierung der Partikel ein. Unsere Wünsche, unsere Begierden und unser Wille bestimmen deshalb den Grad der Gesundheit oder Krankheit im Organismus.

Martinus' eigene Symbolerklärung finden Sie in der dänischen Originalausgabe _Det Evige Verdensbillede, bog 5_ und ebenso in der schwedischen Ausgabe. Hier finden Sie auch ausgewählte Martinus-Texte zu denselben Themen.

Wenn wir einen menschlichen Körper so vergrößern würden, dass er den gesamten Nachthimmel ausfüllt, würden wir das sehen, was wir jetzt sehen: Lichtteilchen bzw. Sterne. Die Lichtteilchen sind identisch mit den Atomkernen, aus denen die beobachtbare Materie besteht. Diese wahrnehmbare Materie befindet sich im Innern des Körpers eines Lebewesens. Zwischen den Sternen/Atomkernen sind riesige Abstände zu sehen. Diese Abstände sind dasselbe wie der sogenannte „leere Raum". Aber wie gesagt ist dieser Raum ganz und gar nicht leer, sondern voll von Energie oder Gedanken. Was im „leeren Raum" liegt, sind die Bewusstseinsmaterie oder die Gedanken eines großen Lebewesens. Da die Gedanken aber zum unsichtbaren Teil eines Lebewesens gehören, gibt es nichts zu sehen. Alles, was wir am Nachthimmel sehen können, sind die physischen Bausteine (Atomkerne) des Lebewesens und ein paar Elektronen (Planeten) in unserem eigenen Atom-/Sonnensystem.

Vor uns am Nachthimmel haben wir also ein sehr großes Format dessen, was wir in unserem eigenen Körper viel leichter beobachten können. Die Struktur des Lebens ist überall dieselbe, wohin wir auch blicken: Wenn wir in den Weltraum oder in ein Mikroskop blicken, beobachten wir dasselbe Prinzip nur in verschiedenen Größen.

Man beachte, dass Martinus sagt, dass das Bewusstsein des Lebewesens nicht nur das Leben des Organismus aufrechterhält und die Teilchen (Planeten) in ihren richtigen Positionen hält, sondern auch den Grad der Gesundheit oder Krankheit des Wesens bestimmt.

Unsere Gedanken/unser Bewusstsein bestimmen also unsere Gesundheit. Martinus sagt, dass unsere Gedanken der wichtigste Faktor für unsere Gesundheit sind. Ein ganzer Band des Ewigen Weltbildes (Buch 5) ist einer vollständigen Erklärung der Beziehung zwischen unseren Gedanken und unserer Gesundheit gewidmet. Es ist eine äußerst interessante Lektüre. Leider ist es noch nicht ins Deutsche übersetzt worden. Das wird aber bald geschehen.

Der Spruch *„Erkenne dich selbst und du wirst das Universum und die Götter erkennen"* ist ein alter griechischer Aphorismus, der dem Orakel von Delphi zugeschrieben wird. Laut Martinus ist er ein Schlüssel zum Verständnis des Universums.

Martinus: *„In den Weltraum hinauszusehen ist das gleiche, wie in ein Format zu sehen, dass zu groß ist – und der Atomkern ist zu klein. In unserem eigenen Organismus haben wir ein Format, das zu unserem Bewusstsein passt und in dem das Mysterium des Weltalls konzentriert ist. Unser Organismus ist eine Zusammensetzung von Systemen, die den Systemen des Weltalls außerhalb von uns analog sind.*

Wir wissen bereits, dass jegliche Materie in Form von Atomen oder kleinen Mikrosystemen hervortritt, die an die Sonnensysteme oder Milchstraßen erinnern. In der Mikrowelt sind die Atome kleine Kraftzentren, die um sich herum kleine Planeten oder Himmelskörper haben, die sogenannten Elektronen. Das heißt, dass unser Organismus keine massive Erscheinung ist, sondern aus *kleinen Partikeln besteht, zwischen denen leerer Raum ist, der viel größer als die Partikel ist.* Das bedeutet, dass wir, wenn wir uns einen menschlichen Organismus so vergrößert vorstellen würden, dass er dem Sternenhimmel analog ist, *ihn nicht als einen Organismus sehen würden, sondern als einen ganz neuen Sternenhimmel* mit besonderen Sternbildern und Systemen. Bei näherer Betrachtung würden wir lernen, zwischen den verschiedenen Systemen zu unterscheiden. Wir würden sehen, dass der Magen seinen eigenen Sternenhimmel hat und die Muskulatur ihren Sternenhimmel. Die Herz- und Lungenregionen würden ein besonderes Sternensystem ergeben, das Gehirn- und Nervengebiet wieder ein anderes, und die sexuellen Organe würden ein System für sich sein."* (Martinus: „Die Milchstraßen des Weltalls", Kap. 5 im kleineren Buch Nr. 16: „Das Reinkarnationsprinzip", deutscher Kosmos 9/1988, Unterstreichungen von mir).

Wenn wir den Nachthimmel betrachten, sehen wir ein Format, das zu groß ist, um es zu verstehen, und wenn wir das Atom in einem Mikroskop betrachten, ist das Format zu klein, um es zu verstehen. Aber in unserem eigenen Organismus haben wir ein Format, das zu unseren Sinnen passt, und da die Struktur des Lebens auf allen Größenebenen die gleiche ist, können wir unseren eigenen Körper studieren und die Antworten erhalten, die wir über den Makro- und Mikrokosmos benötigen.

In diesem Zitat bestätigt Martinus, was die Wissenschaft bereits weiß: Feste Materie ist überhaupt nicht fest. Sie besteht aus Atomen mit einem Kern plus Bewegung. Die rasend schnelle Bewegung der Teilchen um den Atomkern simuliert feste Materie, aber jeder Physiker weiß, dass alle physische Materie, so fest sie auch erscheinen mag, hauptsächlich aus „leerem Raum" besteht. Der feste Teil eines jeden Atoms ist sehr klein. Der allergrößte Teil des Atoms ist leerer Raum. Das ist genau das, was wir beobachten können, wenn wir in den Nachthimmel schauen: Teilchen und Leerraum.

Zur Veranschaulichung der enormen Geschwindigkeit, mit der sich die Teilchen/Planeten um den Kern/die Sonne bewegen, können wir die Geschwindigkeit betrachten, mit der sich unser Planet Erde um die Sonne bewegt: Sie bewegt sich mit 30 Kilometern pro Sekunde, was 108.000 Kilometern pro Stunde und 2,6 Millionen Kilometern pro Tag entspricht. Es ist diese enorme Geschwindigkeit, die das Atom fest erscheinen lässt, aber es ist überhaupt nicht fest. Der weitaus größte Teil eines jeden Atoms/Sonnensystems besteht aus leerem Raum.

Der „leere Raum"

Warum ist der „leere Raum" so riesig? Hat er eine Funktion? Ja, die hat er:

„Wir wissen alle, dass das Weltall einen unendlichen Raum ausmacht, in dem unzählige Milchstraßen, Sternenhaufen, Sonnen und Planeten schweben. Wir wissen auch, dass zwischen diesen Sonnen und Milchstraßen unendliche Abstände sind, Abstände, die tausendmal größer sind als der Raum, den diese Sonnen und Milchstraßen selbst einnehmen. Weshalb existieren nun so gigantische Abstände zwischen diesen makrokosmischen Partikeln im Weltraum? Weshalb könnten diese Sonnen und Sterne einander nicht viel näher liegen? Nein, das können sie nicht. Wenn die großen Abstände, die sich zwischen den Himmelskörpern geltend machen, nicht existierten, könnte sich unmöglich das physische Leben entwickeln, in dem wir leben.

Wir wissen alle, dass die Erde, wenn sie sich der Sonne nähern würde, zum Schluss in ein Gebiet käme, wo alles Lebende auf *ihrer Oberfläche vom Licht und von der Wärme der Sonne vernichtet werden würde. Genauso würde alles Lebende erfrieren, wenn sie sich von der Sonne entfernen würde. <u>Diese gigantischen Abstände zwischen den Welten im Weltraum haben also einen bestimmten Zweck. Sie sind besonders dafür vorgesehen, die Entwicklung von Leben zu fördern.</u> Ohne diese großen Abstände zwischen den Welten würde es keinen Platz für ihre lebenswichtige Bewegung geben. Ohne ihre Bewegung würde weder Zeit noch Raum, Tag oder Nacht, Winter oder Sommer entstehen können. Die physische Welt würde für bewusstes Leben total unbewohnbar sein. Aber nun ist das Gegenteil der Fall.“* (Martinus: „Durch den leeren Raum des Weltalls“, Kap. 1 im kleineren Buch Nr. 16: „Das Reinkarnationsprinzip“, deutscher Kosmos 1-2/1989, Unterstreichungen von mir).

Der gewaltige „leere Raum“ ist absolut notwendig, um die richtigen Bedingungen für die Reinkarnation von Leben auf Planeten/Elektronen zu schaffen. Physisches Leben auf einem Planeten könnte ohne die riesigen Entfernungen zwischen den Himmelskörpern nicht entstehen. Im „leeren Raum“ bewegt sich ein Meer von Energie, und die Kräfte in der Energie erfüllen verschiedene Aufgaben, die für das ordnungsgemäße Funktionieren des Atoms/Sonnensystems unerlässlich sind.

Außerdem ist der „leere Raum“ die Heimstatt der geistigen Welt. Energie ist Geistesmaterie – die Art von Materie, aus der Gedanken und Bewusstsein bestehen. Der „leere Raum“ ist nicht nur mit einem Meer von Energie/Gedanken gefüllt, sondern unser eigenes Bewusstsein reist auch an einen Ort in diesem Meer von Energie, wenn es sich in dem Prozess, den wir Tod nennen, aus dem physischen Körper zurückgezogen hat. Aber dieser Tod ist überhaupt kein Tod in dem Sinne, dass unsere Fähigkeit wahrzunehmen und zu erleben aufhört, er ist lediglich der Tod des physischen Körpers. Wir sind lebendiger denn je in unserem Bewusstsein oder geistigen Körper, der nun, befreit von seinem schweren physischen Transportmittel, das Leben in der geistigen Welt/im „leeren Raum" erleben wird.

Die geistige Welt existiert im „leeren Raum"

Martinus erklärt, dass die geistige Welt in dem Leerraum zwischen den physischen Partikeln existiert.

„Wenn sich uns das Weltall als ein gigantischer Leerraum zeigt, in dem die Materie, die aus Sonnen und Milchstraßen besteht, nur außerordentlich wenig ausfüllt, ist es also nicht deshalb, weil das Weltall in Wirklichkeit solch ein leerer Raum ist, sondern deshalb, weil die Materie hier in einem Zustand vorkommt, der nicht auf unsere physischen Sinne einwirken kann.

Wir werden hier demnach Zeugen von zweierlei Materien – von der für die Sinne sichtbaren und von der für die Sinne unsichtbaren Materie. Aber genauso wie die sichtbare Materie die sichtbare Welt ausmacht, macht die unsichtbare Materie eine unsichtbare Welt aus. Wir sind hier zum Fundament einer jeden Religion gekommen, dass nämlich eine ‚geistige Welt' jenseits der physischen Welt existiert. Für uns aber ist die unsichtbare oder geistige Welt also nicht ein Glaube oder eine Hypothese, sondern eine realistische Tatsache.

Weshalb bezeichnet man nun diese unsichtbare Welt als ‚geistig'? Sie wird deshalb als geistig bezeichnet, weil unser ganzes Bewusstsein und unsere ganze Gedankenwelt aus dieser Materie aufgebaut ist. Mit physischen Sinnen oder Augen können wir nicht unsere Gedanken oder Vorstellungen sehen. Deshalb müssen wir uns mit Hilfe einer Sprache verständigen. Wenn unsere

Gedanken genauso wie unsere physischen Organismen, unsere Augen, Haare, Hände usw., sichtbar wären, brauchten wir nicht zu sprechen. Da Gedanken das gleiche sind wie das Bewusstsein, und das Bewusstsein wiederum das gleiche ist wie Geist, und Geist zur unsichtbaren Materie gehört, haben wir hier die Ursache dazu, weshalb das Gebiet dieser Materie ‚die geistige Welt' genannt worden ist." (Martinus: „Durch den leeren Raum des Weltalls", Kap. 3 im kleineren Buch Nr. 16: „Das Reinkarnationsprinzip", deutscher Kosmos 1-2/1989, Unterstreichungen von mir).

Wie schon erwähnt, besteht die Welt aus zwei Ebenen: der physischen (sichtbaren) und der geistigen (unsichtbaren). Die physische ist das, was wir sehen und anfassen, messen und wiegen können und die geistige Welt ist eine Welt, die unseren Sinnen oder Wahrnehmungsorganen nicht zugänglich ist. Wir können die geistige Welt nicht sehen, riechen, schmecken oder fühlen, aber da sie aus Energie besteht, können wir tatsächlich messen, dass der „leere Raum" voller Energie ist. Auf unserem gegenwärtigen Entwicklungsstand sind wir in der Lage zu messen, dass Energie im „leeren Raum" existiert. Aber wir wissen immer noch nicht, was das bedeutet. Das wird später erklärt werden.

Energie ist geistige Materie, sie ist die Materie, aus der unsere Gedanken und unser Bewusstsein bestehen. Unsere Gedanken sind identisch mit unserer Lebenskraft. Solange Gedanken durch den Körper fließen, ist er lebendig. Ein Gedanke hat eine doppelte Eigenschaft: Er enthält Energie und Information zugleich.

Aber nicht nur das: In unserer Welt wissen wir, dass jedes einzelne von Menschen geschaffene physische Ding ein Gedanke in jemandes Kopf war, bevor es als physisches Objekt materialisiert wurde. Da gibt es keine Ausnahme: Ein Hut, ein Haus, ein Auto, ein

Stuhl, ein Computer, ein Bleistift usw. – sie alle waren zuerst ein Gedanke. Alles Menschengemachte war zuerst Gedanken. Man kann kein vom Menschen geschaffenes Ding nennen, das nicht zuerst ein Gedanke in jemandes Kopf war, bevor es in physischer Materie geschaffen wurde. Der Gedanke mag aufgrund eines Bedürfnisses oder eines Mangels, eines Wunsches oder einer Lust entstehen, aber der Schöpfung des Physischen Objekts geht immer noch der Gedanke voraus.

Das Gleiche gilt für alles, was nicht von Menschenhand gemacht ist. Es war auch ein Gedanke, bevor es eine physische Realität wurde. Das gilt für die gesamte Natur: das Wasser, die Pflanzen, Blumen, Bäume, Steine, Insekten, Fische, Vögel, Säugetiere, Menschen, Planeten, Sonnensysteme usw. All diese physischen Erscheinungen waren auch Gedanken in jemandes Kopf, bevor sie zu physischen Dingen wurden. Die Prinzipien und Gesetze des Lebens sind auf allen Ebenen die gleichen.

Wenn alles in der Natur ein Gedanke in jemandes Kopf war, müssen wir ein höheres Wesen in unser Weltbild einbeziehen, weil es keine Gedanken, kein Bewusstsein geben kann, das nicht zu einem Lebewesen gehört. Es erfordert, dass wir ein höheres Wesen oder einen Schöpfer in unser Weltbild aufnehmen, denn nichts kann sich selbst erschaffen. Die Schönheit und die logische Funktionsweise, die wir in der Natur und bei allen Lebewesen, die sie bevölkern, beobachten, offenbaren die Existenz eines Schöpfers mit überlegener Intelligenz, unübertroffener Schöpfungsfähigkeit und unfehlbarer Funktionalität. Mit anderen Worten: Wir müssen das Wesen, das wir traditionell Gott genannt haben, wieder in unser Weltbild aufnehmen. Auf ein solches Schöpferwesen kann man logischerweise nicht verzichten.

Martinus sagt:

„Da Bewusstsein Geist ist, wird es also hier für den entwickelten Forscher zur Tatsache, dass die geistige Welt existiert. Und da die physische Welt oder Materie von dieser geistigen Welt oder von dieser Bewusstseinsebene aus diktiert wird, wird uns auch hier die Wahrheit in den ewigen Worten von der Schöpfung ‚Gottes Geist schwebte über dem Wasser' unerschütterlich als Wirklichkeit bestätigt. – Ohne diese Bewusstseinsebene oder geistige Welt wäre die physische Daseinsebene eine totale Unmöglichkeit." (Martinus: *Livets Bog*, Band 6, Abschnitt 2206).

Gottes Geist ist dasselbe wie Gottes Gedanken, sodass Martinus mit dem obigen Zitat bestätigt, dass Gott die höchste schöpferische Kraft im Universum ist. Gott ist das Hauptthema des nächsten Kapitels.

Die primäre Welt

Die geistige Welt ist die primäre Welt, denn aus dem Geist/Bewusstsein gehen alle Gedanken hervor, in ihm haben sie ihren Ursprung. Die geistige Welt besteht aus Gedanken (Energie), Bewusstsein und Leben. Leben ist Energie und Energie ist Leben. Hier, in Gottes eigener Domäne, wird alles zuerst in Gedankenform erschaffen. Aus der geistigen Welt entstehen die physischen Planeten, die im leeren Raum erscheinen. Martinus schreibt:

„Die physische Welt ist in höchstem Grade Ausdruck für Leben. Dieses Leben aber ist im Leerraum als leuchtende Sternensysteme, die wir am klaren Nachthimmel sehen, konzentriert. Alle diese strahlenden Sterne oder Sternensysteme sind aus dem Dunkel des leeren Raumes entstanden. Sie machen sozusagen ein Produkt dieses leeren Raumes aus, genauso wie wir sie wieder im Dunkel verschwinden sehen, wo sie unsichtbar werden und nur einen leeren Raum hinterlassen.

Wir haben also einen gigantischen Raum vor uns, _in dem_
Welten sichtbar werden und in dem sie wieder verschwinden. Da
‚Etwas‘ nicht aus dem ‚Nichts‘ entstehen kann, genauso wie ‚Etwas‘
nicht zu ‚Nichts‘ werden kann, erleben wir hier eine Fiktion. Wir
sehen, dass leuchtende Nebelgebilde gleichermaßen aus dem Nichts
entstehen. _Diese Nebelgebilde verdichten sich wiederum zu Sonnen_
und Milchstraßen, kulminieren in Licht- und Wärmezuständen, um
danach, wiederum nach unendlichen Zeiten, ihrer Vernichtung
entgegenzugehen, in Dunkel aufgelöst zu werden und zu einem
Nichts im Weltraum zu zerrinnen.

Da Etwas, wie gesagt, nicht aus dem Nichts zu Etwas
werden kann, kann dieses Hervortreten der Himmelskörper im
Weltraum unmöglich der erste Anfang der Stoffe oder der Materie
sein. Es muss sie in genauso hohem Maße schon gegeben haben,
bevor sie zu Gaswolken, Sonnen und Sternengebilden wurden, die
wir vor unseren Augen draußen im Weltraum sehen.

Da Etwas nicht zu Nichts werden kann, kann die
Auflösung und das Verschwinden der Himmelskörper im Weltraum
auch nicht die Vernichtung oder das totale Aufhören der Materie
sein, wenn wir das auch so mit unseren physischen Augen sehen.
Dadurch wird es zur Tatsache, dass die Materien _in einem Zustand_
hervortreten können, in dem sie unseren physischen Sinnen nicht
mehr zugänglich sind. Wo die Materie oder Stoffe unseren
physischen Sinnen nicht zugänglich sind, können wir sie natürlich
auch nicht erfassen. Wo wir aber nichts erfassen können und
deshalb überhaupt keine Einzelheiten erleben können, können wir
das Dasein nur als einen leeren Raum erleben.“ (Martinus: „Durch
den leeren Raum des Weltalls“, Kap. 2 im kleineren Buch Nr. 16:
„Das Reinkarnationsprinzip“, Unterstreichungen von mir).

Aus diesem „Leerraum" oder der geistigen Welt, einer Welt der Energie, entstehen Sonnen und Planeten – zunächst als kosmische Wolkengebilde, die sich später weiter verdichten und zu Planeten und Sonnen werden. Aber sie entstehen nicht aus dem Nichts. Sie entstehen, weil die unsichtbare Energie sich zu physischer Materie verdichtet oder kristallisiert, die jetzt unseren physischen Sinnen zugänglich ist. Die physische Materie wird dann so lange existieren, wie sie eine Aufgabe zu erfüllen hat, und nach Äonen als physische Objekte lösen sich die Sonnen oder Planeten auf und kehren in ihre ursprüngliche Form zurück: Energie oder Gedankenmaterie.

„Die Partikel, die physischen Stoff bilden, sind in Wirklichkeit nur die Kristallisierungen der Gedankenenergien, ein vorübergehendes Resultat der Bewusstseinsenergie und der Schaffenskraft des Lebewesens. Alle Bewegung in diesem Universum ist Gedanke, und der Sitz des wirklichen Lebens ist der leere Raum zwischen den Partikeln." (Martinus: „Die Milchstraßen des Weltalls", Kap. 7 im kleineren Buch Nr. 16: „Das Reinkarnationsprinzip", Unterstreichungen von mir).

Wir leben in einem Energieuniversum, einem bewussten Universum. Die erste und wichtigste Art von Materie, aus der dieses Universum besteht, ist unsichtbare Energie, sind Gedanken. Aus diesem „Leerraum" entstehen die physischen Objekte zunächst als kosmische Wolken, die dann zu fester Materie in Form von Planeten und anderen Himmelskörpern kondensieren oder kristallisieren.

„Wir sehen, dass die so sehr diskutierte geistige Welt hier als eine ebenso wirkliche und mental handgreifliche Welt wie die physische hervortritt und dass die physische Welt natürlich gar nicht existieren könnte, wenn die geistige Welt nicht existierte." (Martinus: *Livets Bog,* Band 6, Abschnitt 2314).

Alles war zuerst Geist. Alles war zuerst Gedanke. Daher ist die geistige Welt der Ursprung von allem, was existiert.

Die Zustandsformen der Materie

Es ist von entscheidender Bedeutung zu verstehen, dass Energie Information enthält und mit Gedankenmaterie identisch ist. Diese Erkenntnis zwingt uns dazu, die Zustandsformen der Materie zu überdenken. Heute kennt die Wissenschaft die folgenden Zustände (Aggregatszustände) der Materie: fest, flüssig und gasförmig, aber sie hat noch nicht erkannt, dass Energie der vierte Zustand der Materie ist. Aus diesem vierten Materiezustand, dem unsichtbaren Energiezustand, entstehen durch Kondensation und Kristallisation die sichtbaren Zustände der gasförmigen, flüssigen und festen Materie.

Die vier Zustände gelten für alle Arten von Materie. Am besten lässt sich dies anhand des Verhaltens von Wasser veranschaulichen: Es kann fest sein, wenn es gefroren ist. Dann nennen wir es Eis. Dann können wir darauf gehen oder Schlittschuh laufen. Gefrorenes Wasser ist hart wie Stein. Wenn man dem Eis Wärme zuführt, schmilzt es und wird flüssig. Dann können wir es trinken, darin schwimmen, darauf segeln und uns darin waschen. Wenn mehr Wärme zugeführt wird, verdunstet das Wasser. Wenn wir den Wasserkessel auf dem Herd stehen und kochen lassen, beginnt das Wasser zu verdampfen und bildet eine kleine Wolke in unserer Küche. Wenn Kälte zugeführt wird, kondensiert der Dampf und kehrt in seinen flüssigen Zustand zurück. Das kennen wir von Wolkenbildungen in der Luft. Wenn die Wolken Kälte ausgesetzt sind, kondensiert der Dampf und fällt als Regen zur Erde.

Der vierte Zustand – ein Zustand, der zu den anderen drei gehört – ist der Energiezustand. Martinus nennt diesen Zustand den strahlenförmigen Zustand. Im strahlenförmigen Zustand besteht die Materie aus Strahlen, nicht aus Teilchen. In diesem Zustand ist die Materie für unsere Sinne völlig unsichtbar geworden, aber dieser Zustand ist der wichtigste. Aus diesem Zustand gehen nämlich die anderen 3 Zustände hervor. Zuallererst haben wir Energie oder Gedanken. Energie ist immer der primäre Zustand der Materie, aus dem die anderen drei Zustände hervorgehen. Das bedeutet, dass die physische Welt aus dem Energiezustand hervorgegangen ist. Das tat sie durch Kondensation oder Kristallisation. Wir können sagen, dass die physische Welt durch einen Prozess materialisiert wurde, der zuerst Kondensation und dann Kristallisation beinhaltet. Der Energiezustand oder der strahlenförmige Zustand ist der Ursprung aller Materie. Es ist die Materie, aus der die Gedanken bestehen. Das bedeutet, dass alles ein unsichtbarer Gedanke war, bevor es sich zu einem sichtbaren Objekt materialisierte. Wie Martinus es ausdrückt:

„Die Partikel, die physischen Stoff bilden, sind in Wirklichkeit nur die Kristallisierungen der Gedankenenergien, ein vorübergehendes Resultat der Bewusstseinsenergie und der Schaffenskraft des Lebewesens". (Ebd.).

Hier haben wir die Lösung für den Wellen-Teilchen-Dualismus, der die Physiker über Jahrzehnte hinweg verwundert hat. In einem Moment ist das Teilchen sichtbar und einen Sekundenbruchteil später ist es eine Welle. Der Wellen-Teilchen-Dualismus drückt den Punkt aus, an dem die Materie ihren sichtbaren Zustand als Teilchen verlässt und strahlenförmig und damit unsichtbar wird. Der Zustand der Materie ändert sich von physisch zu nicht-physisch oder strahlenförmig. Sie kehrt gewissermaßen in ihre ursprüngliche Form als Gedanke zurück. Und aus diesem unsichtbaren, strahlenförmigen Zustand heraus kann sie wieder kondensieren und kristallisieren, um physische Materie zu bilden. Sie kristallisiert, wenn Kälte zugeführt wird und sie „verschwindet", wenn Wärme zugeführt wird. Alle physische Materie besteht also aus kristallisierten Gedanken.

Die vier Zustände gelten für alle Arten von Materie. Alles, was existiert, war zuerst ein Gedanke. Aus seinem strahlenförmigen Zustand als Gedanke verdichtet es sich zu der physischen Welt. Ohne die Einbeziehung des vierten Zustands der Materie – des strahlenförmigen Zustands – werden wir niemals die wahre Natur der Materie, des Universums oder Gottes verstehen.

Der „leere Raum" des gesamten Universums ist die Gedankensphäre Gottes. Aus dieser Sphäre heraus entsteht alles und hat seinen Ursprung. Das bedeutet, dass das Universum von Geist oder Gedankenkraft beherrscht oder kontrolliert wird, und diese Gedankenkraft gehört dem enormen Lebewesen, dessen Körper das gesamte Universum ist: Gott.

Wenn wir „sterben", kehren wir zur geistigen Welt zurück

Ich wiederhole: Der „leere Raum" oder die Gedankensphäre Gottes ist die geistige Welt. In diese Welt kehrt der Kern dessen, was wir sind, unser Ich und unser Bewusstsein (ein Energiefeld) zurück, wenn wir sterben, d. h. wenn wir den physischen Körper verlassen, weil er nicht länger ein brauchbares Instrument ist. Es ist diese geistige Welt, in der wir uns in Form unseres Bewusstseins, das alle Information darüber enthält, wer wir sind, in unserem diskarnierten Zustand aufhalten, und aus dieser geistigen Welt reinkarnieren wir im Moment der Empfängnis in die physische Materie.

Wenn wir aus der geistigen Welt in die physische Welt reinkarnieren, setzen wir unsere Evolution genau dort fort, wo sie beim letzten Mal, als wir „starben", unterbrochen wurde. Wir reinkarnieren, um Kontraste zu erleben und uns auf der physischen Ebene weiterzuentwickeln.

In der geistigen Welt gibt es nur Licht, Glückseligkeit und Liebe. Die Liebe ist der Grundton des Universums. Die Finsternis, die wir hier auf der physischen Ebene in Form von Kriegen, Elend, Leid und Lieblosigkeit kennen, gibt es in der geistigen Welt nicht. Unser Aufenthalt in der geistigen Welt ist eine Zeit der Ruhe, des Glücks und der Freude.

„Es [das Wesen] wird in seiner geistigen Epoche, nach seinem physischen Tod und bis zu seiner Wiedergeburt auf der physischen Ebene, das Paradies erleben, d. h. den für seine individuelle Wahrnehmungsart allerhöchsten Glückszustand oder das allerhöchste göttliche Wohlbefinden und die Freude darüber, zu existieren. Die geistigen Welten sind also Wohnsitz für nur Licht und aber Licht." (Martinus: Das Ewige Weltbild, Buch 2, Symbol Nr. 17, Abschnitt 16).

Wer bewohnt die unsichtbare geistige Welt?

Die geistige Welt ist unsere eigentliche Heimat. Sie ist der Ort, an dem wir ewig leben. Wir haben immer unseren geistigen Körper, der mit unserem Bewusstsein oder Energiefeld identisch ist. Wenn wir auf einem physischen Planeten inkarniert sind, haben wir einen physischen Körper zusätzlich zu unserem geistigen Körper/Bewusstsein. Aber egal, ob wir inkarniert oder diskarniert sind, unser Hauptkörper ist unser Bewusstsein/Geist. Wir leben ewig in unserem geistigen Körper, der mit dem identisch ist, was traditionell die Seele genannt wurde.

Die geistige Welt wird von all jenen Lebewesen bevölkert, die gegenwärtig nicht in physischer Materie inkarniert sind, d. h. sie sind diskarniert.

Die Bewohner der geistigen Welt lassen sich grundsätzlich in zwei Hauptgruppen einteilen: diejenigen, die sich noch im physischen Teil des Zyklus befinden (die roten und orangen Teile der Spirale in Symbol Nr. 14) und diejenigen, die dauerhaft in der geistigen Welt leben. Während wir noch den physischen Teil des Zyklus durchleben, treten wir zwischen den physischen Leben in die geistige Welt über. Wir verlassen den physischen Körper, wenn wir „sterben" und begeben uns in die geistige Welt, um eine dringend benötigte Ruhepause einzulegen. Wenn wir dann bereit sind, reinkarnieren wir in einen neuen physischen Körper und entwickeln uns weiter.

Die zweite Gruppe von Wesen, die in der geistigen Welt leben, besteht aus denjenigen, die in ihrem jetzigen Zyklus aufgehört haben zu reinkarnieren. Sie haben alles gelernt, was es auf der physischen Ebene zu lernen gibt, und haben das kosmische Bewusstsein erlangt. Sie haben auf der physischen Ebene die Finsternis als Kontrast zum Licht auf der geistigen Ebene erlebt. Auf diese Weise hat sich ihr Bewusstsein erneuert, und sie leben nun für Äonen als rein geistige Wesen. Als geistige Wesen müssen sie nicht arbeiten oder ihren Lebensunterhalt verdienen, sie müssen sich nicht fortpflanzen, keinen Partner haben und keine Kinder großziehen, sie müssen nicht schlafen und nicht essen, was tun sie also?

Im Grunde dienen sie anderen. Auf der geistigen Ebene gibt es verschiedene Reiche: das vollkommene Menschenreich (gelber Teil auf Symbol Nr. 14), das Weisheitsreich (grüner Teil), die göttliche Welt (blauer Teil) und das Seligkeitsreich (indigoblauer

Teil). So hat Martinus sie benannt. In diesen Welten gibt es viel zu tun: Die Bewohner entwerfen und erschaffen neue Lebensformen für künftige Planeten, aber vor allem helfen sie den Wesen auf der physischen Ebene: Sie hören die Gebete der physischen Wesen und fungieren auf diese Weise als Gottes Hörwerkzeuge. Mehr über die Macht des Gebets im Kapitel über Gott.

Ein sehr großer Teil der Wesen, die in der geistigen Welt leben, fungieren als Schutzengel für physische Wesen. Engel gibt es wirklich und sie sind „bloß" diskarnierte Wesen. Wir können sie nicht sehen, aber in gefährlichen Situationen, in denen wir Hilfe brauchen, können sie oft eingreifen und helfen.

„Eine ganze Welt von Wesen auf der geistigen Ebene ist in einer permanenten Bereitschaft, um allen notleidenden und hilflosen Wesen auf der physischen Ebene zu helfen. Kein einziges Lebewesen kann sich außerhalb dieses Schutzes befinden ..." (Martinus: *Livets Bog,* Band 6, Abschnitt 2394).

Unsere Schutzengel

Wir alle haben zwei oder drei Schutzengel, die ständig um uns herum sind. Sie kennen unser Karma und beschützen uns, wenn wir uns in gefährlichen Situationen befinden. Es gibt grundsätzlich zwei Arten von Schutzengeln: „niedrigere" Engel und „höhere" Engel. Die „niedrigeren" Engel können Menschen sein, die wir in unserem physischen Leben kannten, oder Eltern, die vor uns gestorben sind. Es handelt sich generell um Wesen, die große Liebe für uns empfinden. Sie wachen über uns und bewahren uns vor Gefahren, wenn wir uns in kritischen Situationen befinden. Aber sie sind oft nicht weit genug fortgeschritten, wenn es sich um größere karmische Ereignisse handelt.

Unsere anderen oder „höheren" Schutzengel sind in der Regel sehr weise „Älteste", die in ihrem derzeitigen Zyklus nicht mehr reinkarnieren. Das sind Wesen, die sehr weise sind und einen besseren Überblick über unser Karma und Schicksal haben als unsere früheren Freunde oder Eltern. Diese „höheren" Engel geben Ratschläge und greifen ein, wenn die „niedrigeren" Engel nicht genug Wissen besitzen, um die Situation zu bewältigen. Wenn zum Beispiel ein Wesen in einem früheren Leben einen Mord begangen hat und sein Karma für diese Tat jetzt ausgelöst werden soll, werden die „niedrigeren" Engel nicht ausreichen, weil sie nicht den Gesamtüberblick über das Karma des Wesens haben. Die „niedrigeren" Engel wollen vielleicht das Wesen aus Mitleid oder Mitgefühl gerne daran hindern, sein Karma zu ernten, aber die „höheren" Engel werden wissen, dass dieses Karma ein sehr wichtiger Schritt in der Entwicklung des Wesens ist und dass es gegen die eigenen Interessen des Wesens wäre, diese Gelegenheit zum Lernen und Wachsen zu verpassen. Die „höheren" Engel werden sich daher nicht in das Karma einmischen, sondern dem betreffenden Wesen erlauben, den Mord zu ernten, den es einst gesät hat, damit es eine wichtige Lektion lernen kann. Dies geschieht aus Liebe.

Karma ist keine Strafe, sondern eine liebevolle Belehrung, und wenn die Belehrung im Schicksal des Wesens notwendig ist, haben die „höheren" Engel die nötige Einsicht und werden das Wesen nicht vor dem Tod „retten". Sie tun dies, weil es im besten Interesse des Wesens ist, das Karma für den Mord, den es einmal begangen hat, zu ernten, damit es lernen kann, wie es ist, getötet zu werden und dies nicht wieder tut.

Die „höheren" Engel oder „Ältesten" bilden auch einen Rat, zu dem jedes Wesen gerufen wird, bevor es eine neue Inkarnation in der physischen Materie beginnt. Während dieser Zusammenkunft werden das Ziel und der Zweck der bevorstehenden Inkarnation eingehend besprochen, sodass das Wesen die Grundzüge seines bevorstehenden physischen Lebens kennt. Die kleineren Details des kommenden Lebens sind im Allgemeinen dem Individuum überlassen, aber der Hauptzweck des kommenden Lebens ist dem Wesen bekannt, bevor es auf die physische Ebene hinabsteigt. Das Wesen akzeptiert die größeren Vorkommnisse, die es erleben muss, selbst wenn sie hart und unangenehm sind, weil es versteht, dass das Durchleben schmerzhafter Perioden und das Durchleben verschiedener Formen von Leid wesentlich für seine eigene Entwicklung hin zu einem erleuchteten Wesen sind. Das bedeutet, dass jedes Wesen auf der physischen Ebene einmal damit einverstanden war, sowohl glückliche als auch unglückliche Schicksale zu durchleben. Es hat zugestimmt, weil es, wie bereits erklärt, die Finsternis erleben muss.

Aber die höhere geistige Welt ist eine Welt ohne Finsternis, und es ist eine große Erleichterung, nach jeder physischen Inkarnation in diese Welt der Liebe zurückzukehren. So gesehen erscheint die Verurteilung von Verbrechern zum Tode absurd. Es ist keine Strafe, sondern ein großer Segen, nach einem harten und unglücklichen physischen Leben in die geistige Welt zurückzukehren. Es muss jedoch gesagt werden, dass ein Mörder oder Verbrecher eine Periode der Läuterung auf der geistigen Ebene durchlaufen muss, bevor er in die höhere geistige Welt der Liebe und Glückseligkeit eintreten kann. Die höchste Liebe fließt allen Wesen zu, die in der höheren geistigen Welt leben. Martinus drückt es so aus:

„Da die Wesen hier in dieser eben beschriebenen göttlichen Sphäre absolut nur Liebe und keinerlei Form von Disharmonie, Antipathie oder sogenannter ‚Boshaftigkeit' manifestieren können, denn so etwas kann unmöglich in der Heimatsphäre der Liebe oder in den geistigen Welten in Reinkultur stattfinden, ist jede Begegnung mit einem Mitwesen dasselbe wie die Begegnung mit einem Geliebten, die Begegnung mit seinem Liebesobjekt."
(Martinus: *Livets Bog,* Band 7, Abschnitt 2628).

Bevor wir die sekundäre Welt, die physische, betrachten, wollen wir untersuchen, was uns in der primären Welt, der geistigen Existenzebene, erwartet, wenn wir in dem Prozess, den wir Tod nennen, von der physischen in die geistige Welt hinübergehen.

Unsere Aufenthaltsorte in der geistigen Welt

In diesem Zusammenhang ist es wichtig zu wissen, dass unser Bewusstsein, das nun vom physischen Körper befreit ist, ein Energiefeld ist, das aufgrund seiner spezifischen Vibration auf einer bestimmten Wellenlänge operiert. Alles hat Vibration. Wir existieren nun als ein Feld reiner Energie, und Energie wird durch das Gesetz der Anziehung in Bewegung gesetzt, das besagt, dass Energien gleicher Wellenlänge sich gegenseitig anziehen und Energien unterschiedlicher Wellenlänge sich gegenseitig abstoßen. Oder einfacher ausgedrückt: Gleiche Energien ziehen einander an.

Die Wellenlängen, auf denen das Bewusstsein verschiedener Menschen operiert, sind sehr unterschiedlich, <u>weil sie durch die Art der Gedanken, die wir denken, definiert sind</u>. Gedanken sind kleine Energiebündel, und unterschiedliche Gedanken arbeiten auf unterschiedlichen Wellenlängen. Die Gedanken einer sehr wütenden und hasserfüllten Person werden eine Wellenlänge erzeugen, die sich sehr von der Wellenlänge einer freundlichen und liebevollen Person unterscheidet.

Das bedeutet, dass es unsere dominierenden Gedanken sind, die bestimmen, wohin wir in der geistigen Welt kommen. Die hasserfüllte Person wird an einem Ort ankommen und die liebevolle Person wird an einem anderen Ort ankommen. Dies wird durch das Gesetz der Anziehung bestimmt, und darin liegt keine moralische Wertung. So funktioniert einfach das Gesetz der Anziehung.

Die geistige Welt ist eine lichtvolle Welt der Gedanken, und gleiche Gedankensphären ziehen einander an. Betrachten wir ein Beispiel: Wenn du gerne liest und studierst und dein physisches Leben als Lehrer oder Wissenschaftler verbracht hast, dann wirst du, wenn du dich von deinem physischen Körper zurückziehst, von einer Welt der Wissenschaft und Forschung angezogen werden, in der du Gleichgesinnte triffst. Die Begegnung mit Gleichgesinnten ist ein Merkmal der geistigen Welt aufgrund des Gesetzes der Anziehung. Wenn du ein gelehrter Wissenschaftler bist, kannst du auf keinen Fall unter Kannibalen, Terroristen oder Wesen landen, deren Denkweise sich stark von deiner eigenen unterscheidet. Das ist aufgrund des Gesetzes der Anziehung einfach nicht möglich.

Ein Dieb und Räuber wird auf einer Wellenlänge landen, die von anderen Dieben und Räubern bewohnt ist. Er wird sich unter Gleichgesinnten befinden, ob es ihm gefällt oder nicht. Ein Selbstmordattentäter wird auf einer Wellenlänge landen, auf der es andere Selbstmordattentäter gibt, ob er will oder nicht, und der Künstler wird auf einer Wellenlänge landen, auf der es jede Menge Kunst und andere kreative, schaffende Künstler gibt.

In einer Gedankenwelt gibt es keine schwere physische Materie zu überwinden. Es gibt nur die direkte Übertragung von Gedanken – Telepathie – und das bedeutet, dass sich alles, woran wir denken, im Bruchteil einer Sekunde vor uns in geistiger Materie oder Gedankenmaterie materialisiert.

Auf der geistigen Ebene gibt es keine Zeit und keinen Raum, wie wir es hier auf der physischen Ebene gewohnt sind. Alles geschieht im ewigen JETZT. Alle Ereignisse sind von der Zeitverzögerung, die wir von der Erde kennen, befreit. Auf der Erde haben wir Wünsche und Pläne, und es bedarf einer Menge Planung und Vorbereitung, um unsere Wünsche in Erfüllung gehen zu lassen, damit unsere Träume wahr werden. Aber auf der geistigen Ebene geschieht alles augenblicklich. Sobald wir an ein gewünschtes Szenario denken, materialisiert es sich vor unseren Augen.

In der geistigen Welt gibt es so viele Aufenthaltsorte, wie es mögliche Gedankensphären oder Bewusstseinsfelder gibt. Diese enorme Anzahl von Aufenthaltsorten in der geistigen Welt ist es, worauf sich Jesus laut Martinus bezieht, wenn er sagt: *„In meines Vaters Haus sind viele Wohnungen".*

Die Zahl der Wohnungen oder möglichen Aufenthaltsorte in der geistigen Welt ist also enorm. Das bedeutet, dass es unmöglich ist, dass ein Mörder und ein Heiliger in der geistigen Welt auf der gleichen Wellenlänge oder in der gleichen „Wohnung" landen, denn das Gesetz der Anziehung ist immer in Kraft, und es ist ein sehr unflexibles Gesetz: Es kann ein Energiefeld auf einer bestimmten Wellenlänge NUR zu einem Ziel führen, das die gleiche Vibration und Wellenlänge hat wie es selbst. Das Gesetz der Anziehung kann nicht versagen, denn dann wäre das ganze Universum in Unordnung – und das ist es NICHT.

Wie wir uns also vorstellen können, gibt es Millionen von Aufenthaltsorten, zu denen wir gelangen können, je nach dem Inhalt unserer Gedanken. Und es ist auch sehr von Vorteil für uns alle zu wissen, dass wir den Inhalt unserer Gedanken verbessern können, während wir uns noch auf der physischen Ebene befinden.

Wenn wir wütend und reizbar sind, können wir beschließen, uns darin zu üben, die Wut „herunterzuschrauben" und zu sehen, ob wir mehr Toleranz und Freundlichkeit praktizieren können. Wenn wir neidisch und eifersüchtig sind, können wir beschließen, daran zu arbeiten und uns darin zu üben, großzügiger und flexibler zu sein. Wenn wir unehrlich sind und zum Lügen neigen, können wir beschließen, wahrhaftiger und aufrichtiger zu sein. Für uns alle gibt es immer Raum zur Verbesserung, und je mehr wir in der Lage sind, unsere weniger reifen Seiten abzustreifen, desto besser wird unser Aufenthaltsort in der geistigen Welt sein.

Das ist gut zu wissen, denn wenn wir eine Bestandsaufnahme der vorherrschenden Gedanken in unserem Bewusstsein machen, kann uns das einen guten Hinweis darauf geben, was unser Aufenthaltsort in der geistigen Welt sein wird. Wenn eine Person oft sehr eifersüchtig und neidisch ist, wird ihr Aufenthaltsort ein Ort sein, an dem Eifersucht und Neid dominieren. Das ist wohl kein so schöner Aufenthaltsort.

Wenn unsere vorherrschenden Gedanken freundlich und positiv gegenüber anderen Lebewesen sind, dann wird uns das Gesetz der Anziehung zu einer Wellenlänge führen, wo ähnliche Gedanken über andere vorherrschen. Das wird ein angenehmerer Ort sein.

Viele Menschen glauben, dass sie ihre Gedanken nicht kontrollieren können, aber das ist ein großer Irrtum. Wir alle können entscheiden, was wir denken wollen, und wir haben die Fähigkeit, negatives Denken auszusortieren und es durch positives Denken zu ersetzen.

„So wie der Gärtner seine Gemüsefelder von Unkraut freihalten muss, damit seine Pflanzen darin nicht ersticken, genauso muss auch der Mensch in seinem Bewusstsein, in den Terrains seiner Gedanken- und Willensführung, das erstickende Unkraut jäten, das hier gedeihen und auf seine Lebenskraft und seine Normalität schwächend und lähmend und damit zerstörend auf seine Lebenslust oder seine Freude am Dasein wirken kann. Dieses mentale Jäten besteht darin, die Schwarzseherei und jede Verbitterung den Wesen gegenüber, von denen er meint, sie seien schuld an seinen Leiden und seinen Beschwerlichkeiten, wie auch jede andere Verbitterung zu eliminieren. Und dies wird leichter, je mehr er mit seinem Märtyrergefühl und seinem Selbstmitleid und all den Klagen über seinen Zustand anderen Wesen gegenüber aufhört und wenn er versteht, dass das Leben, kosmisch gesehen, gerecht und vollkommen ist, und dass er an seinem Schicksal selbst die Schuld trägt.“ (Martinus: Antwort auf den Brief eines Kranken; deutscher Kosmos 1/2007).

Dieses „Unkrautjäten" in unserem Bewusstsein mag uns anfangs nicht einfach vorkommen, aber je mehr wir uns darin üben, desto besser werden wir, und es geht wirklich darum, sich auf erwünschte Gedanken zu konzentrieren und unerwünschte Gedanken auszuschließen.

Je mehr negative, unzufriedene und verurteilende Gedanken wir aus unserem Bewusstsein entfernen können, desto besser ist es – nicht nur für unser tägliches Leben hier auf der Erde, sondern auch für unseren Aufenthaltsort in der geistigen Welt.

Die sekundäre Welt – die Welt des Kontrasts

Die physische Welt ist die sekundäre Welt. Sie ist wie bereits erklärt durch einen Prozess der Kondensierung und Kristallisierung aus der primären Welt, der Welt der Gedanken und der Energie, entstanden. Die physische Welt ist die Welt, die wir sehen und anfassen können. In dieser Welt reinkarnieren wir, wenn die Zeit reif ist, um unsere Evolution fortzusetzen.

In dieser sekundären Welt erleben wir den Kontrast zum Licht und zur Liebe der primären Welt. Das Erleben dieses Kontrasts, zu dem das Durchleben von Kriegen, Armut, Elend und Leid gehört, ist keine Strafe eines zornigen Gottes, sondern die absolut notwendige Erneuerung unseres Bewusstseins und unserer Wahrnehmungsfähigkeit.

Ohne das Erleben von Kontrast könnte das Universum nicht ewig existieren. Es müsste ein Ende nehmen, sobald alle Lebewesen in ihm das Licht vollständig erfahren hätten. Dann gäbe es nichts mehr zu erleben, und ein totales „Whiteout" würde das Bewusstsein überschatten. Genauso wenig wie wir ein Bild auf einer weißen Leinwand nur mit weißer Farbe malen können, können wir eine ewige Existenz haben, die nur aus Lichterfahrungen besteht.

Wir müssen den Kontrast zum Licht erleben können, um ewige Wesen zu sein. Ohne Finsternis kann es kein Licht geben, keine Erneuerung unseres Bewusstseins, kein ewiges Lebenserleben und kein ewiges Universum.

Licht und Finsternis bedingen einander. Wir können das eine nicht ohne das andere haben. Martinus sagt, dass beide gut sind und ein Ausdruck der Liebe. Er nennt das Licht „das angenehme Gute" und die Finsternis „das unangenehme Gute". Beides ist gut und Ausdruck der göttlichen Liebe.

Heutzutage ist die allgemeine Auffassung, dass die physische Welt alles ist, was existiert und dass die Existenz einer geistigen Welt reiner Unsinn ist. Diese Einstellung offenbart eine völlige Unwissenheit über den Kosmos. Die physische Welt könnte nicht existieren, wenn die geistige Welt nicht existierte. Die physische Welt ist nur sekundär. Sie ist aus der primären Welt hervorgegangen: der geistigen Welt. Der Gedanke kommt immer zuerst. Da gibt es keine Ausnahme.

Aber wenn die physische Welt auch sekundär ist, so ist ihre Existenz dennoch genauso wesentlich wie die der primären Welt. Es ist das große wissenschaftliche Projekt der nächsten Jahrhunderte, die geistige Welt in unsere Auffassung des Universums einzubeziehen. Ohne dies werden wir nicht aus der Finsternis herauskommen, die die Welt im Jahr 2023 überschattet. Doch Hilfe ist nahe, denn die Finsternis wird sich bald überlebt haben, und die Erlangung des kosmischen Bewusstseins ist für die fortgeschrittensten und liebevollsten Erdenbewohner nahe. Und die finsterste Stunde ist immer kurz vor der Morgendämmerung.

Die Urknalltheorie

Die Urknalltheorie ist derzeit (2023) die allgemein anerkannte Theorie für die Entstehung des Universums.

Kurz gesagt postuliert diese Theorie, dass einmal eine Explosion unvorstellbaren Ausmaßes stattgefunden hat und dass zum Zeitpunkt der Explosion die gesamte Materie des Universums in einem einzigen Punkt konzentriert war. Als die Explosion stattfand, wurde die Materie zerstreut und flog in alle Richtungen. Das tut sie immer noch, denn Astronomen haben beobachtet, dass sich das Universum ausdehnt und jede Sekunde größer wird.

Ja, das Universum dehnt sich aus, stimmt Martinus zu. Aber das liegt nicht an einer Explosion. Martinus sagt immer wieder, dass das Universum keinen Anfang und kein Ende hat. Es ist ewig und unendlich. Es ist „etwas, das ist".

Als Martinus nach der Expansion des Universums gefragt wurde, antwortete er: *„Aber das ist eigentlich ganz einfach – es ist nur ein kosmisches Einatmen, dem später ein Ausatmen folgen wird."*

Da die Struktur des Universums aus Lebensformen innerhalb von Lebensformen besteht, leben wir in einem anderen, viel größeren Lebewesen. Und so wie wir atmen, tut dies auch unser Makrowesen.

Daran ist nichts Mysteriöses. Wie bereits erwähnt, können wir Antworten auf alle unsere Fragen über das Universum erhalten, indem wir unseren eigenen Körper betrachten. Die Struktur des Universums wiederholt sich unendlich, sowohl nach oben im Makrokosmos als auch nach unten im Mikrokosmos.

In diesem Moment atmet unser Makrokosmos ein und deshalb dehnt sich das Universum aus. Das bedeutet, dass sich die physischen Partikel auseinanderbewegen. Aber an einem bestimmten Punkt wird auf das Einatmen ein Ausatmen folgen und das Universum wird anfangen zu schrumpfen. Das bedeutet, dass die Abstände zwischen den Himmelskörpern kleiner werden.

Reisen im Weltraum

Die Erkenntnis der unendlichen Wiederholung der Struktur des Lebens im Makrokosmos macht Reisen im Weltraum völlig überflüssig. Es gibt nichts „da draußen", was wir nicht am eigenen Körper studieren könnten.

„Wenn wir etwas mehr über unseren eigenen Organismus lernen wollen, als was wir durch unsere physischen Sinne erleben können, müssen wir den Makrokosmos betrachten, welcher auch das repräsentiert, was wir selbst sind, jedoch gesehen in einer größeren Perspektive. Oder wir müssen auf den Mikrokosmos sehen, wo wir eine kleine Perspektive antreffen. Aber die Gesetze und Prinzipien sind dieselben. <u>Wenn wir Klarheit darüber bekommen wollen, was wir eigentlich als Himmelskörper und Milchstraßen sehen, müssen wir den menschlichen Organismus beobachten</u>, und überhaupt können die Menschen beim Beobachten sowohl des Makro- als auch des Zwischen- und des Mikrokosmos auf eine Weise klüger über das Leben und seine Gesetze werden, die die größte Bedeutung in ihrem täglichen Dasein haben kann." (Martinus: „Partikel, Leerraum und Gedankenkraft" Kap. 7, Artikel-ID: M1890, Unterstreichung von mir).

Alles, was wir tun müssen, ist, das zu untersuchen, was uns am nächsten und am einfachsten zu beobachten ist: unseren eigenen Körper. Wir geben Milliarden für die Erforschung des Weltraums aus, um Antworten auf unsere großen Fragen über das Leben zu finden, aber diese Antworten befinden sich direkt vor unserer Nase, in unserem eigenen Körper.

Aber können wir nicht zu anderen Planeten oder Sonnensystemen reisen? Die Antwort lautet nein. Unsere Fähigkeit, als physische Wesen zu anderen Planeten zu reisen, ist, gelinde gesagt, sehr begrenzt. Martinus sagt: *„In Bezug auf die Fähigkeit der*

Menschen, im Weltraum zu reisen, muss man feststellen, dass sie sehr begrenzt ist. Die nächste Nachbarsonne der Erde ist vier Lichtjahre entfernt, d. h., sie befindet sich in einer Entfernung von etwa 37.843.200.000.000 km. – Selbst wenn die Menschen eine Geschwindigkeit von 30.000 Kilometer pro Stunde erreichen könnten, würde es 144.000 Jahre dauern, diese gigantische Entfernung zurückzulegen. Dass ein solches makrokosmisches, physisches Unterfangen, selbst bei dem Doppelten oder Dreifachen der genannten Geschwindigkeit, für den im Vergleich damit mikroskopisch kleinen physischen Menschen eine völlige Unmöglichkeit ist, zeigt sich hier als unerschütterliche Tatsache." (Martinus: „Fliegende Untertassen", 1966, Artikel-ID: M3039, deutscher Kosmos 2/2023).

Er fährt fort, dass es selbst dann, wenn wir dreimal so schnell wie angegeben reisen könnten, d. h. 90.000 Kilometer pro Stunde, aufgrund der Begrenzungen unseres physischen Körpers völlig unmöglich wäre, diese gigantische Entfernung in physischer Form zurückzulegen.

Unser physischer Körper ist für das Leben auf dem Planeten Erde konzipiert. Der Planet liefert Luft, Wasser, Nahrung, Licht usw. in ausreichenden Mengen, um unsere Bedürfnisse zu befriedigen. Unser Körper ist auch von der Schwerkraft dieses Planeten abhängig, um zu funktionieren. Er ist nicht dazu geeignet, in einem schwerelosen Zustand zu leben, in dem es kein Oben und Unten gibt. Es ist eine wohlbekannte Tatsache aus unseren Erfahrungen auf Raumstationen, wo Astronauten monatelang in der Schwerelosigkeit leben: Knochen und Muskeln verkümmern, es kommt zu einem Verlust von Blutplasma, die Verteilung der Körperflüssigkeiten gerät durcheinander, was zu Stauungen im Kopf und in den Beinen führt, die Nierenfunktion beschleunigt sich, was zu Nierensteinen führt, die Sensoren der Haut stellen ihre Arbeit ein, die geistigen Fähigkeiten verschlechtern sich aufgrund der eingeschränkten Sinneseindrücke und das Innenohr mit seiner Gleichgewichtsfähigkeit reagiert aufgrund der Schwerelosigkeit unangemessen.

Unser Körper kann nur unter ähnlichen Bedingungen wie auf der Erde optimal funktionieren.

Aber können wir dann nicht auf dem Mond oder dem Mars leben? Nein, das können wir nicht!

Der Mensch war bereits auf dem Mond, und das war ein gigantisches Unterfangen, das Milliarden von Dollar gekostet hat. Aber der Mond ist aus verschiedenen Gründen als Lebensraum für den Menschen völlig ungeeignet: Es gibt keine Luft zum Atmen, kein Wasser zum Trinken und keine Pflanzen zum Essen. Wenn wir dorthin reisen, müssen wir diese wesentlichen Dinge von der Erde mitbringen. Wenn sie aufgebraucht sind, gibt es nichts mehr, um sich zu ernähren und keine Luft mehr zum Atmen. Außerdem ist der Tag auf dem Mond 14 Erdentage lang, und das Gleiche gilt für die Nacht. Da es auf dem Mond keine Atmosphäre gibt, strahlt die Sonne ihre tödliche Hitze direkt auf die Oberfläche und es gibt nirgendwo Schatten. Und ebenso wäre die Kälte des Universums während der 14-tägigen Nacht so extrem, dass die Menschen umkommen würden.

Das Gleiche gilt für die Venus und den Mars: Sie sind als Lebensraum für den physischen Menschen nicht geeignet: Die Venus ist zu nah an der Sonne und der Mars ist zu weit entfernt. Die Erde ist ein Paradies im Vergleich zu diesen Planeten. Alle Bemühungen, sie bewohnbar zu machen, werden letztlich scheitern, sind also im Grunde genommen reine

Geldverschwendung. Geld, das zweifellos besser für die Lösung von Problemen hier auf der Erde verwendet werden könnte.

Es ist unsere derzeitige kosmische Unwissenheit, die zu der Idee geführt hat, zu anderen Planeten zu reisen. Die meisten von uns glauben immer noch, dass wir nur leben, wenn wir einen physischen Körper haben, aber das ist absolut nicht der Fall, wie bereits betont wurde. Wir sind immer in unserem geistigen Körper/Energiefeld/Bewusstsein lebendig, und da die geistige Welt überall um die physischen Planeten des Universums herum ist, und da diese Welt die primäre Welt und unser wirkliches Zuhause ist, warum sollten wir uns dann abmühen, unseren vorübergehenden physischen Körper in andere Welten zu transportieren, wo er nicht zum Leben geeignet ist?

Unsere kosmische Ignoranz und die Ein-Leben-Theorie haben unseren Blick vernebelt und uns zu der Überzeugung gebracht, dass wir den Weltraum besiedeln müssen. Nichts könnte weiter von der Wahrheit entfernt oder abwegiger sein als eine solche Idee.

Milliarden auszugeben, um Menschen in den Weltraum zu schicken, ist eine komplette Geldverschwendung. Eine Verschwendung, die in kosmischer Unwissenheit und Größenwahn wurzelt.

Wir brauchen den Weltraum nicht zu kolonisieren! Diese Idee entspringt der Überzeugung, dass die Erde eines Tages, in Millionen von Jahren, unbewohnbar sein wird und wir deshalb einen anderen Ort zum Leben finden müssen. Aber auch diese Idee beruht auf kosmischer und geistiger Unwissenheit. Wenn die Erde als Lebensraum für uns ungeeignet wird, werden wir auf anderen Planeten reinkarnieren, die unsere Bedürfnisse erfüllen.

Als physische Wesen können wir die Erde nicht verlassen, aber als geistige Wesen können wir in der gesamten geistigen Welt/im gesamten Universum herumreisen.

Wir „springen" bereits von Planet zu Planet im Einklang mit unserer geistigen und humanen Entwicklung, sodass ein Planetenwechsel von einer Inkarnation zur nächsten „business as usual" ist. Wie bereits hervorgehoben, sagt Martinus über diese planetarischen Reisen: *„Hier muss man verstehen, dass überhaupt kein einziges Lebewesen in seiner Entwicklung ewig an den Planeten geknüpft ist, auf welchem es zur Zeit das Dasein erlebt, sondern alle haben eine vorausgehende und werden eine nachfolgende Entwicklung auf ganz anderen Planeten im Weltall erhalten. Die Entwicklung der Wesen manifestiert sich somit in Bahnen, die sich von Planet zu Planet erstrecken."* (Martinus: *Livets Bog,* Band 1, Abschnitt 284).

Konzentrieren wir uns also lieber darauf, diesen Planeten zu einem lebenswerten Ort für alle Lebewesen zu machen, ohne Kriege, ohne Schlachthäuser, ohne Armut und Hunger, ohne Ungleichheit, ohne Gier, mit einer gerechten Verteilung der Erdressourcen und mit Frieden und Wohlstand für alle. Das wird wie gesagt auch geschehen, aber wir können an dieser Entwicklung mitarbeiten, wenn wir besser über die Struktur des Lebens und des Kosmos informiert sind.

Was wir brauchen, ist Information und noch mehr Information, genauso wie wir Offenheit und noch mehr Offenheit brauchen. Wir müssen erkennen, dass unsere derzeitige Mainstream-Version des Universums gelinde gesagt unvollständig ist. Das Wissen um die geistige Realität hinter und vor der physischen Welt ist eine unabdingbare Voraussetzung, wenn wir weiser werden wollen.

Über UFOs

Nur einmal in seinem Leben hat Martinus sich bereit erklärt, über „fliegende Untertassen" zu schreiben, wie diese „Unidentifizierten Flugobjekte" 1966 genannt wurden, als er über das Thema schrieb. Es handelt sich um einen kurzen Text von nur einer Seite, in dem Martinus zu Beginn erklärt, dass es ganz außerhalb seiner Mission liegt, auf dieses Thema einzugehen, aber aufgrund der vielen Fragen, die er immer wieder zu UFOs erhielt, wollte er einmal und nur einmal darüber schreiben.

Er schreibt: *„Der absolut natürliche und vollkommene Zugang für fortgeschrittene Lebewesen zum Besuch von fremden Welten, Planeten und Sonnen ist eine kosmische Erfahrung. Diese kann daher normalerweise nur auf geistigem Wege erfahren werden, wenn die Wesen von ihrem physischen Körper befreit sind. Diese Erlebnisse gehören also zur geistigen Ebene, wo die Wesen von den Hindernissen des physischen Organismus, der Entfernung, der Zeit und des Raums befreit sind. Deshalb können sich geistige Wesen den Wesen auf der physischen Ebene offenbaren, wann und wo sich auch immer das Objekt der Offenbarung befinden mag. Sie zeigen sich dann in einem Körper, der in der gegebenen Situation vorübergehend physisch sichtbar ist. Dieser Körper ist ein materialisierter Körper und kann ebenso schnell dematerialisiert werden, wie er materialisiert wurde. Wenn die fliegenden Untertassen und ihre Urheber nicht absolut physisch und hier auf der irdischen, physischen Ebene ansässig sind, können sie nur geistige Wesen in vorübergehenden physischen Materialisationen sein. Dann kommen sie nicht von draußen aus dem Weltall, sondern offenbaren sich direkt von der geistigen oder kosmischen Ebene aus. Es kann sich dann durchaus um geistige Wesen handeln, die in irgendeiner Weise mit den geistigen Ebenen von Mars und Venus* *verbunden sind,* selbst wenn die physischen Ebenen dieser Welten für das Bewohnen durch physische Menschen oder andere hochentwickelte physische Wesen nicht geeignet wären." (Martinus: „Fliegende Untertassen", 1966, Artikel-ID: M3039, Unterstreichungen von mir).

Analysieren wir, was Martinus hier sagt: Nur wenn wir zwischen den physischen Leben diskarniert sind, können wir – dann aber mit Leichtigkeit – fremde Welten, Planeten oder Sonnen besuchen. Wenn wir unseren schweren physischen Körper abgeworfen haben, können wir in unserem geistigen Energiekörper auf den Flügeln der Gedanken zu anderen Welten im Universum reisen. Es ist eine geistige Reise, die sich augenblicklich vollzieht, und wir können reisen, wohin wir wollen, indem wir einfach an ein Ziel denken. Es ist ein kosmisches Erlebnis, wie er sagt, und nichts, was von irgendeinem physischen Wesen ausgeführt werden kann.

Martinus spricht in dem Zitat auch von Materialisierung. Er sagt, dass sich geistige Wesen in Situationen, in denen sie gebraucht werden, materialisieren können, indem sie schnell einen vorübergehenden physischen Körper erschaffen. Diese materialisierten physischen Körper wurden manchmal bei Unfällen beobachtet, bei denen ein Helfer plötzlich auftaucht und eine Sekunde später wieder verschwunden ist, ohne dass jemand gesehen hat, wohin er gegangen ist. Materialisationen sind nichts Ungewöhnliches und kommen häufiger vor, als wir glauben.

Ein Beispiel für eine bekannte Materialisierung wäre, als Jesus nach seiner Kreuzigung plötzlich in physischer Form vor seinen Jüngern erschien. Diese Materialisation war höchstwahrscheinlich Teil der Mission Jesu, zu zeigen, was für hochentwickelte Wesen möglich ist.

Die Fähigkeit, einen physischen Körper zu materialisieren, ist etwas, was wir erst dann tun können, wenn wir 100 % allliebend geworden sind. Das bedeutet, dass nur Wesen mit kosmischem Bewusstsein, d. h. mit voller Einsicht in das Lebensmysterium, einen physischen Körper und physische Dinge, wie z. B. ein Transportmittel, materialisieren und dematerialisieren können.

Das bedeutet, dass die Wesen, die in ihren „fliegenden Untertassen" in unsere Atmosphäre hereinfliegen, hochentwickelte Wesen sind, die anderen in keiner Weise schaden können. Sie sind nicht gekommen, um uns zu schaden, zu verletzen oder zu zerstören, weil sie dazu nicht mehr in der Lage sind, sobald sie sich so weit entwickelt haben, dass sie die Fähigkeit beherrschen, physische Materie zu materialisieren und zu dematerialisieren. Daher haben wir keinen Grund, sie zu fürchten.

Warum sind sie also gekommen? Warum erscheinen sie und ihre Transportmittel den Menschen? Das verrät Martinus nicht, aber folgendes könnte der Grund sein: Alles, was uns widerfährt, hat einzig und allein den Zweck, dass wir Erfahrungen sammeln, lernen und weiser werden können. Wenn wir also fliegende Untertassen beobachten können, dann ist es an der Zeit, unsere Auffassung vom Universum zu überdenken. Das hohe technologische Niveau, das diese Transportmittel offenbaren, sagt uns, dass wir im Universum nicht allein sind und dass es technologische Niveaus gibt, die weit fortgeschrittener sind als die, die wir auf der Erde kennen. In diesem Sinne sind die Außerirdischen auf einer Mission, uns etwas sehr Wichtiges beizubringen: Vergesst die lächerliche Vorstellung, dass ihr die einzigen Lebewesen in den Weiten des Weltraums seid, und seht euch an, welche technologischen Fortschritte in der Zukunft erzielt werden können. Auf diese Weise spielen UFOs eine wichtige Rolle in unserer Interpretation des Universums und sagen uns, dass es an der Zeit ist, unsere alte, begrenzte Sichtweise zu revidieren.

Während ich dies schreibe, findet in Washington DC eine Anhörung des Kongresses über UFOs statt (26. Juli 2023). Bei dieser Anhörung wird mehr Transparenz der Regierung zu diesem Thema gefordert, damit die Öffentlichkeit besser über dieses ungewöhnliche Phänomen informiert werden kann. Einige der Zeugen, die Nahbegegnungen mit UFOs hatten, äußerten sich sehr besorgt und ängstlich darüber, was diese Nicht-Menschen (wie sie sie lieber nannten) uns antun könnten und dass sie ihrer Meinung nach eine Bedrohung für die nationale Sicherheit darstellten. Es ist nicht verwunderlich, dass bei einem Menschen, der völlig unbekannten Wesen begegnet und ihre überlegene Technologie bemerkt, Angst aufkommt. Aber wenn diese Wesen wirklich eine Bedrohung für uns darstellten, hätten sie uns schon vor Jahrzehnten vernichten können.

Wenn sie nicht wollten, dass wir auf unserem Planeten leben, hätten sie schon vor Jahren gewaltsam in unser Leben eingreifen können, aber das haben sie nicht getan, also stehen Krieg und Zerstörung nicht auf ihrer Tagesordnung. Sie sind hier, um uns etwas zu zeigen, um uns zu belehren, um uns aufzuwecken, damit wir unsere Vorstellung von dem, was das Universum beinhaltet, revidieren können.

Die fliegenden Untertassen, die in mehreren Fällen auf der Erde beobachtet worden sind, kommen nicht aus dem Weltraum, sondern sie manifestieren sich direkt aus der geistigen Ebene durch Materialisierung. Es können Besucher von den geistigen Ebenen der Venus und des Mars sein, die sich materialisieren und von der Erde aus beobachtet werden können, um sich und ihr Transportmittel dann ebenso schnell wieder zu dematerialisieren.

Auch wenn Venus und Mars für die Existenz physischen Lebens ungeeignet sind, bedeutet das nicht, dass es in ihrer Nähe kein geistiges, diskarniertes Leben gibt.

Im letzten Abschnitt des erwähnten Textes sagt Martinus: *„Hiermit habe ich einen kleinen Einblick in das Gesetz der kosmischen Raumreise gegeben. Ob es sich bei den oft erwähnten fliegenden Untertassen um kosmische Visionen handelt, die in physische Materialisation gekleidet sind, oder ob es sich lediglich um gewöhnliche materielle, physische Phänomene handelt, die eine geheime Heimat hier auf der Erde haben, kann ich nicht sagen, da ich keinerlei intuitive oder kosmische Impulse gehabt habe, mich mit diesen Untertassenmanifestationen zu befassen, ebenso wenig bin ich jemals in intimen Kontakt mit ihnen gekommen."* (Ebd.).

Martinus betont hier, dass er das UFO-Phänomen nicht mit seinen intuitiven Fähigkeiten erforscht hat (er betrachtete es nicht als Teil seiner Mission), aber er habe nun einen kleinen Einblick in das Gesetz der kosmischen Raumreise gegeben.

Es ist unbestreitbar, dass das Universum ein magischer Ort ist. Es ist magischer, als wir es uns je vorstellen konnten. Aber die Magie hört hier nicht auf. Sie geht weiter.

5. Gott

Gibt es Gott wirklich? Heute sind viele Menschen gottlos, Atheisten oder Agnostiker geworden und glauben, dass es naiv und überflüssig ist, einen Gott zu haben, und dass die Wissenschaft alles ist, was wir brauchen. Sie sind davon überzeugt, dass die Wissenschaft eines Tages alle großen Fragen beantwortet haben wird und dass damit bewiesen sein wird, dass es Gott nicht gibt. Wer braucht schon einen Gott, scheint die Einstellung zu sein.

Das Problem bei dieser Vorstellung ist, dass alles, was wir in der Natur um uns herum sehen, obwohl es nicht vom Menschen gemacht ist, von Denken, Intelligenz, Logik, Kreativität und Design zeugt. Es spiegelt ein logisch funktionierendes Prinzip und eine überlegene Intelligenz wieder. Die Prozesse der Natur scheinen mit einer Art Plan geschaffen worden zu sein, um einen nützlichen Zweck zu erfüllen. Zum Beispiel wird in der Natur einfach alles wiederverwertet. Die Funktionsweise der Natur offenbart eine überlegene Weisheit, und wenn wir anfangen, sie zu studieren, wird klar, dass sie nicht einfach durch Zufall, zufällige Mutationen oder bloßes Glück entstanden sein kann. Es ist viel zu raffiniert gemacht, als dass wir es noch länger dem Zufall zuschreiben könnten.

Der berühmte amerikanische Biologe Edwin Conklin hat es so formuliert:

„Die Wahrscheinlichkeit, dass das Leben durch Zufall entstanden ist, ist vergleichbar mit der Wahrscheinlichkeit, dass ein ungekürztes

Wörterbuch durch eine Explosion in einer Druckerei entsteht."

Die Natur demonstriert, dass hinter ihrer Existenz Intelligenz steckt. Die Funktionsweise der Natur ist so logisch, ausgeklügelt und weise, dass der Zufall sie nicht erklären kann. Es muss einfach „etwas" mit Intelligenz dahinterstecken. Eine Intelligenz muss notwendigerweise zu einem Lebewesen gehören, also zeigt uns die Natur, dass es ein Lebewesen mit Intelligenz und einer entwickelten schöpferischen Fähigkeit gibt, das im Universum am Werk ist. Und jetzt können wir die ersten Umrisse von Gott erkennen.

Nun, die meisten Atheisten werden sagen, dass alles nur vom Zufall bestimmt wird. Es ist der Zufall, der uns evolvieren lässt, es ist der Zufall, der das Universum erschaffen hat, es ist der Zufall, der all die verschiedenen Lebensformen auf dem Planeten erschaffen hat – Lebensformen, die eine große Vielfalt an faszinierenden Designs aufweisen – es ist Zufall, dass es auf der Erde Leben gibt, es ist der Zufall, der den Menschen erschaffen hat, es ist der Zufall, der unser Schicksal bestimmt, es ist Zufall dass wir geboren werden usw.

Aber selbst der hartgesottenste materialistische Wissenschaftler muss zugeben, dass auf der Erde Naturgesetze am Werk sind, und folglich ist – durch die bloße Existenz dieser Gesetze – die Vorstellung widerlegt, dass Zufall und zufällige Ereignisse für die Existenz von allem verantwortlich sind. Seit Jahrhunderten untersucht die Physik, wie die Naturgesetze funktionieren, und es ist jedem klar geworden, dass diese Gesetze so präzise sind, dass wir auf ihrer Grundlage Wolkenkratzer, Brücken, Raketen, Satelliten, Weltraumstationen, GPS-Systeme usw. bauen können. Die Wissenschaftler geben also einerseits zu, dass es Gesetze gibt, die das Verhalten der Materie regeln, aber gleichzeitig sind sie davon überzeugt, dass alles zufällig geschieht und das Chaos das Universum beherrscht.

Nach der eigenen Definition der Physik besteht das Ziel dieser Wissenschaft darin, *„die grundlegenden Naturgesetze zu entdecken und zu formulieren".* Ziel dieses Wissenschaftszweigs ist also die Erforschung der Naturgesetze. Wie kann man, wenn das der Fall ist, behaupten, dass das Universum vom Zufall beherrscht wird? Einerseits wird anerkannt, dass die Natur von fundamentalen Gesetzen beherrscht wird, die in einem der wichtigsten Wissenschaftszweige, der Physik, erforscht werden, und andererseits sind viele Menschen davon überzeugt, dass der Zufall alles bestimmt.

Offensichtlich widerspricht sich diese Haltung selbst. Wir können nicht beides haben. Entweder ist es das Chaos oder der Kosmos (das geordnete Universum), aber nicht beides.

Der Schöpfer

Außerdem wissen wir alle, dass hinter jedem vom Menschen geschaffenen Ding ein Schöpfer steht. Jemand mit Intelligenz und schöpferischen Fähigkeiten hat jedes vom Menschen geschaffene Ding erdacht, entworfen, hergestellt und funktionsfähig gemacht. Dies gilt wie gesagt für alle von Menschenhand geschaffenen Dinge: ein Tisch, ein Auto, ein Haus, ein Hut, ein Computer, eine Rakete, eine Brücke, ein Bleistift, eine Jacke, usw. All diese Dinge waren ein Gedanke in jemandes Kopf, bevor sie hergestellt und als physische Dinge materialisiert wurden.

Es wäre daher logisch anzunehmen, dass das gleiche Prinzip auch für alle Dinge gilt, die wir in der Natur beobachten: dass auch hinter einem Baum, einem Fluss, einem Berg, einem Planeten, einer

Sonne, einem Mond, einer Galaxie usw. ein Gedanke und ein Schöpfer steht. Besonders wenn wir das logische, intelligente Funktionieren der Natur mit ihrem zyklischen Prinzip beobachten, wird es immer schwieriger, dies einfach dem Zufall zuzuschreiben. Sie ist zu offensichtlich gut funktionierend, logisch, rational und intelligent, um vom Chaos beherrscht zu werden.

Die Designs der Natur sind so außergewöhnlich schön, dass es absurd ist, sie dem Zufall zuzuschreiben ...

Natürliches Design: Fibonacci-Spirale

Je mehr wir die Natur und unseren eigenen Körper studieren, desto mehr sind wir verblüfft. Die Funktionen unseres eigenen Körpers sind so rätselhaft, dass wir nach jahrhundertelangem Studium immer noch nicht sagen können, dass wir seine Funktionsweise in allen Einzelheiten verstanden haben. Wenn intelligente Forscher immer noch nicht erklären können, wie unser Körper im Detail funktioniert, wird es immer schwieriger, dieses Funktionieren dem Zufall zuzuschreiben. Er ist zu ausgeklügelt, zu komplex in der Art und Weise, wie die verschiedenen Teile zusammenarbeiten, so dass selbst der beste Wissenschaftler zugeben muss, dass hinter seiner Funktion eine überlegene Intelligenz steht.

Ein einfaches Beispiel dafür ist der Zitronensäurezyklus (auch Citratzyklus genannt). Der Zitronensäurezyklus wird von Organismen genutzt, die atmen, um Energie zu gewinnen, entweder durch anaerobe Atmung oder durch aerobe Atmung. Dieser Zyklus ist so komplex, dass es absurd ist, ihn dem Zufall und dem bloßen Glück zuzuschreiben. Siehe dazu diesen Link:

https://de.wikipedia.org/wiki/Citratzyklus

Wenn Wissenschaftler den Zitronensäurezyklus studieren, sind sie voller Ehrfurcht, und trotz ihres Atheismus müssen sie zugeben, dass hinter einigen Vorgängen des Lebens mehr steckt, als die Wissenschaft erklären kann.

Der theoretische Physiker Werner Heisenberg hat es so formuliert:

„Der erste Schluck aus dem Glas der Naturwissenschaften macht Sie zum Atheisten, doch auf dem Boden des Glases wartet Gott auf Sie.“

Je tiefer wir graben, je mehr Wissen wir uns über die physische Welt aneignen, desto mehr stellen wir fest, dass wir nur sehr wenig wissen: dass unser Verständnis noch recht rudimentär ist und dass unserer Wissenschaft etwas fehlt, das uns die Antworten geben kann, nach denen wir suchen.

Dieses fehlende Glied ist das Wissen über die metaphysische Ebene, die geistige Welt und die geistige Materie. Was fehlt, ist die Erkenntnis, dass nicht nur das, was sichtbar, messbar und anfassbar ist, wirklich ist und existiert. Es ist die Erkenntnis, dass die Materie auch in einem Zustand existiert, der unseren physischen Sinnen unzugänglich ist, wie im vorherigen Kapitel beschrieben.

Der unsichtbare Zustand ist der strahlenförmige Zustand, und die Materie ist in diesem Zustand von Teilchen zu Strahlen geworden – deshalb nennt Martinus sie strahlenförmige Materie. Im strahlenförmigen Zustand ist das, was einmal physische Materie war, in seinen ursprünglichen Zustand als Energie zurückgekehrt. Alles, was existiert, war einmal Energie. Von diesem Zustand aus wurde es kondensiert, um physische Materie entweder im gasförmigen, flüssigen oder festen Zustand zu bilden. Wir können auch sagen, dass die unsichtbare Energie materialisiert wurde, um sichtbar und physisch zu werden.

Energie ist identisch mit Gedanken oder Bewusstsein. Das bedeutet, dass die physische Welt materialisierte Gedanken oder materialisiertes Bewusstsein ist. Alles Physische ist aus dem Energieozean des Universums hervorgegangen und wird früher oder später in den strahlenförmigen Zustand zurückkehren, wenn es seine Mission als physische Materie erfüllt hat.

Nun ist die Erkenntnis, dass Materie in einem Zustand existieren kann, der unseren physischen Sinnen nicht zugänglich ist, nicht schwer zu erlangen, denn wir machen heute jede Minute Gebrauch von unsichtbarer, strahlenförmiger Materie oder Energie, wenn wir mit dem Handy telefonieren, Radio hören, fernsehen, ein Navi benutzen, unsere Knochen röntgen lassen, unser Essen in der Mikrowelle erhitzen, drahtloses Internet nutzen usw. Wir sind einfach sehr, sehr gut darin geworden, die informationsübertragenden Fähigkeiten der unsichtbaren Energie zu nutzen, aber trotz dieser unwiderlegbaren Tatsache scheint die logische Schlussfolgerung daraus, nämlich dass die Materie in einer Form existiert, die jenseits der Wahrnehmungsfähigkeiten unserer physischen Sinne liegt, nicht durchgedrungen zu sein.

Was nicht durchgedrungen ist, ist, dass hinter allen Formen von Materie – sichtbaren wie unsichtbaren – Bewusstsein und Intelligenz steckt.

Ein Bewusstsein muss aber jemandem gehören. Wir können kein freischwebendes Bewusstsein haben, dass zu keinem Lebewesen gehört. Wir müssen jetzt einfach ein überlegenes Lebewesen mit Bewusstsein, einer schöpferischen Fähigkeit und einer höchsten souveränen Intelligenz wieder in die Gleichung einsetzen. Der nächste Schritt besteht darin, dass wir erkennen, dass wir in einem bewussten Universum leben.

Wir können genauso gut, besser früher als später, in den sauren Apfel beißen und dieses überlegene Lebewesen, das hinter der gesamten Schöpfung steht, Gott nennen. Wenn uns das Wort Gott nicht gefällt, können wir auch Bezeichnungen verwenden wie: das Universum, das Absolute, der Herr, der Vater, Allah, der Allmächtige, der Schöpfer, das absolute Wesen, das Göttliche, der höchste Geist, der Heilige Geist, der König der Könige, der erste Beweger, die universelle Lebenskraft, die Quelle, die Vorsehung, Bhagvan oder die Gottheit. Oder wie auch immer ihn Menschen sonst noch nennen. Der Einfachheit halber können wir aber auch einfach das Wort Gott verwenden.

Gott als Abbild des primitiven Menschen, ihm gleichend

Der Gott, den ich in den 1950er Jahren in der Schule in Dänemark (einem christlichen, protestantischen Land) kennen lernte, war schwer zu verstehen. Die Priester sagten, dass Gott uns liebte, aber er war auch zornig, verurteilend und sauer auf uns, wegen unserer Sünden. Er hatte uns erschaffen, aber es war trotzdem unsere eigene Schuld, wenn wir nicht perfekt waren. Wir trugen etwas mit uns herum, das „Erbsünde" genannt wurde, aber es war nie ganz klar, was das war. Klar war jedoch, dass Gott ein Blutopfer eines völlig unschuldigen Menschen (Jesus) brauchte, um die Sünden von Verbrechern, Mördern, Schurken und Folterknechten vergeben zu können. Er opferte seinen geliebten Sohn, der angeblich für unsere Sünden gestorben war. Also, um unsere Sünden zu vergeben, musste dieser Gott einen unschuldigen Menschen (seinen eigenen Sohn) einen schrecklichen Tod erleiden lassen. Sobald Gott Zeuge des Leidens Jesu geworden war, hatte er sein Blutopfer bekommen, und dann würde er uns Sündern vergeben. Das sah nicht nach einem liebenden Gott aus, sondern eher nach einem blutdürstigen Tyrannen. Und er würde uns eifrig ausspionieren, um zu sehen, ob wir uns richtig benahmen. Das war ein Gott, den man fürchten musste, und kein Gott, den man einfach lieben konnte. In der Tat war es ein Gott nach dem Bild und Gleichnis des primitiven Menschen, der ihn geschaffen hatte.

Kein Wunder, dass moderne, intelligente, belesene Menschen mit hoher Moral und Ethik, mit Mitgefühl und Altruismus in ihren Herzen sich an eine andere Stelle wenden müssen, um in Zeiten der Not geistige Nahrung zu finden. Oder einfach nur, um ihre Neugierde nach dem Sinn des Ganzen zu befriedigen.

Andere Religionen haben andere Vorstellungen von Gott, aber eines ist sicher: Gott steht über allen Religionen. Keine Religion kann ein Monopol auf Gott beanspruchen. Wir werden jetzt eine andere Version von Gott kennenlernen: den kosmischen Gott.

Der kosmische Gott

Der kosmische Gottesbegriff ist dieser: Alles, was existiert, ist ein Teil von Gott. Das gesamte Universum ist Gott. So wie wir einen physischen Körper und einen geistigen Körper (unser Bewusstsein) haben, so hat Gott das auch. Der physische Teil des Universums (alle Himmelskörper mit ihren Bewohnern) ist der physische Körper Gottes, und der nicht-physische Teil des Universums ist sein Bewusstsein. Der nicht-physische Teil des Universums ist unsichtbare Materie – das ist Energie. Das, was einst als „leerer Raum" galt, ist gar nicht leer – es ist bis zum Rand mit Energie gefüllt. Energie ist geistige Materie (unsere Gedanken sind kleine Energiebündel), also ist all die Energie, die im Universum herumfließt, Gedankenmaterie – es ist Bewusstsein und das bedeutet, dass wir in einem bewussten Universum leben.

Gedanken und Bewusstsein sind eindeutig die Kennzeichen eines Lebewesens. Nur Lebewesen haben ein Bewusstsein. Das bedeutet, dass wir jetzt die ersten schwachen Umrisse eines Lebewesens hinter dem Kosmos sehen. Oder besser gesagt – wir können sehen, dass der gesamte Kosmos ein Lebewesen sein könnte. Das ist genau das, was Martinus uns sagt. Wir leben in einem lebendigen Universum, das Gott ist.

Der kosmische Gott liebt alle Lebewesen bedingungslos. Er ist immer bei uns, durch dick und dünn, in unseren finstersten Stunden und in unseren glücklichsten Augenblicken. Martinus sagt, dass er das Ausmaß der Liebe, die im Universum existiert und frei darin fließt, nicht übertreiben kann. Der Grundton des Universums ist Liebe, und es gibt keine Quelle des Bösen, sondern nur eine

Quelle der bedingungslosen Liebe. Was wir als das Böse bezeichnen, ist im Grunde nur Unwissenheit darüber, wie die Gesetze des Lebens funktionieren.

Auf diese Weise sind wir nie von Gott verlassen. Er ist immer bei uns, weil wir ein Teil von ihm sind. Wir können nicht von Gott getrennt werden. Wir sind für immer ein Teil von ihm. Und seine Liebe zu uns erleuchtet, erwärmt und belebt wie eine Sonne alle Wesen in seinem Körper (dem Universum) mit kulminierender Liebe.

Das Universum ist der Körper Gottes. Die physischen Partikel sind Gottes physischer Körper und die Energie im „leeren Raum" ist sein Bewusstsein. **Alles, was existiert, ist Gott. Und Gott ist alles, was existiert. Es gibt nichts, was nicht ein Teil von Gott ist.**

Gott ist ein ewig existierendes Wesen. Er hat keinen Anfang und kein Ende. Wir sind winzige Quanten von Gottes Körper, und deshalb sind wir genauso ewig wie Gott. Wir sind in Gottes Körper lebendig, und das wurde bereits im Neuen Testament erwähnt: *„Denn in ihm leben, bewegen wir uns und sind wir."* (Apg 17,28).

Brauchen wir einen Schöpfer?

Können wir nicht einfach ohne einen Schöpfer, ohne Gott auskommen? Nein, nicht wenn wir darüber nachdenken: Es muss einfach einen Gott oder einen Schöpfer geben, denn nichts kann sich selbst erschaffen. Wenn wir unsere Lebenswelt betrachten, wissen wir, dass sich kein einziges Ding in unserer künstlichen Umgebung selbst erschaffen hat. Wir erwarten nicht, dass sich ein Tisch, ein Haus oder ein Auto selbst erschaffen haben. Wenn wir das täten, wären wir auf dem Weg in die Nervenheilanstalt. Aber wenn wir Dinge in der Natur betrachten, einen Baum, eine Blume oder einen Berg, gehen wir davon aus, dass sie sich selbst erschaffen haben. Die herkömmliche Auffassung sagt uns, dass sich alles in der Natur selbst erschaffen hat – es ist durch Zufall und eine große Explosion zustande gekommen. Aber scheint das nicht ziemlich unwahrscheinlich, wenn wir wirklich darüber nachdenken? Alles in der Natur ist in perfekter Balance und Harmonie, alles wird wiederverwertet und unterliegt einem zyklischen Prinzip, und die Schönheit der Natur ist überwältigend. Ist die Vorstellung, dass die physische Welt durch Zufall entstanden ist, nicht vergleichbar mit der Vorstellung, dass ein Tornado über einen Schrottplatz fegen und einen Jumbojet fabrizieren kann?

Wir müssen eine bessere und logischere Erklärung finden, und die lautet, dass es einen Schöpfer hinter der natürlichen Welt gibt, genauso wie es einen Schöpfer hinter allen vom Menschen geschaffenen Dingen gibt. Hinter jeder vom Menschen geschaffenen Kreation steht ein Gedanke. Zuerst haben wir einen Gedanken oder ein mentales Bild von dem Ding, das wir erschaffen wollen. Wir wollen es erschaffen, weil wir eine Idee haben, zu welchem Zweck es verwendet werden soll. Wir erschaffen es, weil wir es brauchen. Wir benötigen die Funktion, die das Ding erfüllen kann. Dann machen wir eine Skizze, und schließlich erschaffen wir das Ding in physischer Materie. Alle menschengemachten Dinge wurden auf diese Weise erschaffen. Davon gibt es keine Ausnahme. Alles war ein Gedanke, bevor es ein physisches Ding wurde.

Und wie unten, so oben. Auch die physische Welt als Ganzes war ein Gedanke, bevor sie zu einer physischen Manifestation wurde. Die gesamte physische Welt war ein Gedanke im Kopf von jemandem, und dieser Jemand ist Gott. Und was war der Plan Gottes bei der Erschaffung der physischen Welt? Der Plan war, einen Ort zu haben, an dem das Leben in physischer Materie erfahren werden kann.

Warum eine Welt aus physischer Materie erschaffen?

Warum sich die Mühe machen, die schwere physische Welt zu schaffen, wenn wir in unserem geistigen Körper (oder unserem Bewusstsein/unserer Seele) ewig in der Glückseligkeit, dem Licht und der Liebe der geistigen Welt leben?

Der Grund dafür ist „schlicht und einfach", dass wir nicht ewig dasselbe Licht und dieselbe Liebe erfahren können, ohne dass es seine Bedeutung verliert, wie bereits erklärt.

Der Grund, warum die physische Welt existiert, ist, damit es einen Ort gibt, an dem der Kontrast zum Licht und zur Liebe in der geistigen Welt von den Lebewesen erlebt werden kann.

Um das Bedürfnis der Lebewesen zu erfüllen, den Kontrast zum Licht in der geistigen Welt zu erleben, muss es einen Ort mit Finsternis geben, an den wir uns begeben können, wenn wir vom Licht satt geworden sind. Ohne einen solchen Ort kann es kein ewiges Universum geben.

Martinus drückt es so aus: *„Warum gibt es eine solche Finsternis in der Welt? – Weshalb befindet sich das Lebewesen nicht permanent in einer Epoche des Lichts? – Warum soll der Gottessohn sich als von Gott verlassen vorkommen?*

Wenn es keine Finsternis in der Welt gäbe, würde kein Wesen imstande sein, Licht zu erleben. Nur im Kontrast zum Licht kann das Licht markiert werden, und nur durch diese Markierung kann es wahrgenommen und erlebt werden. Deshalb müssen Licht und Dunkelheit abwechselnd erlebt werden. Wenn der Gottessohn niemals das Leben ohne den Vater und sich selbst niemals als von der Gottheit verlassen erleben würde, dann würde er niemals die*

Gottheit erleben oder zur Klarheit über Gottes Wert und Identität mit dem Leben kommen können. Der Erdenmensch ist gerade dabei, den Übergang vom Dunkel zum Licht zu erleben. Er ist also auf dem Wege, der aus der Zone der Finsternis herausführt, um in eine neue Epoche hineinzugehen, in der er die Mystik allen Lebens durchschauen wird, ‚kosmisches Klarsehen' erhalten wird und entdecken wird, dass er selbst mit der Ewigkeit identisch und mit ‚dem Vater eins' ist und demnach identisch mit dem Herrn des Lebens, der Zeit und des Raumes." (Martinus: Kap. 16 im kleineren Buch Nr. 9 „Zwischen zwei Weltepochen", deutscher Kosmos 1/1995, Unterstreichung von mir).

Um ein ewiges Universum zu haben, müssen wir also in unserer ewigen Existenz sowohl Licht als auch Finsternis erleben können. Wenn es keine Finsternis zu erleben gäbe, müsste das Universum aufhören zu existieren, wenn alle Lebewesen in ihm das Licht vollständig erfahren hätten. Dann gäbe es nichts mehr zu erleben.

Daher können wir sagen, dass Gott sich die Mühe gemacht hat, die physische Welt zu erschaffen, in der die Finsternis von den Lebewesen erfahren werden kann. Die Erschaffung der physischen Planeten, Sonnen, Sonnensysteme und Galaxien war eine gewaltige Arbeit, eine enorme Aufgabe, aber eine unverzichtbare, wie in dem Zitat erklärt wird. Darüber hinaus wiederholt das Zitat, was bereits erwähnt wurde: Im Augenblick verlässt der irdische Mensch die Zone der Finsternis und wird sich schließlich selbst als „eins mit dem Vater" entdecken.

Gott ist überall

Da alles, was existiert, ein Teil von Gott ist, ist es klar, dass Gott überall ist. Gott ist in der kleinen gelben Blume, die darum kämpft, in einem bisschen Erde Fuß zu fassen, Gott ist in dem Raubtier, das eine Gazelle verschlingt, Gott ist in dem frommen Mönch, der den Armen hilft, Gott ist in dem gierigen Geschäftsmann, der seine Arbeiter ausbeutet, Gott ist in dem armen Bettler auf der Straße, Gott ist in dem Wissenschaftler, der seine Existenz leugnet, Gott ist in den Bäumen, Vögeln, Fischen, im Wasser usw. Alles, was existiert, ist ein Teil von Gott.

Aber wie kann Gott sowohl im Guten als auch im Bösen sein? Das kann er, denn in einem ewigen Universum muss es sowohl Licht als auch Finsternis und alle denkbaren Spielarten dieser beiden gegensätzlichen Prinzipien geben. Wie bereits erwähnt, ist es eine Voraussetzung für die ewige Existenz des Universums, dass es Kontrast gibt. Das bedeutet aber nicht, dass nur die positiven Aspekte des Lebens zum liebenden Gott gehören. Auch die negativen gehören dazu, denn ohne sie könnte es kein ewiges Universum geben.

Hätten wir nicht Hass, Krieg und Lieblosigkeit erlebt, könnten wir die Liebe nicht erleben. Hätten wir Schwarz nicht erlebt, könnten wir Weiß nicht erleben, hätten wir nie ein Unglück erlebt, wüssten wir nicht, was Glück ist, hätten wir Einsamkeit nicht erlebt, könnten wir Kameradschaft nicht schätzen usw. Alle Kontraste existieren, weil sie für die Erneuerung unserer ewigen Wahrnehmungsfähigkeit notwendig sind.

Deshalb sagt Martinus, wie bereits erwähnt, dass wir „das angenehme Gute" (Licht und Liebe) und „das unangenehme Gute" (Finsternis und Lieblosigkeit) haben. Beides sind gute Dinge, weil sie für unsere ewige Existenz unverzichtbar sind. Und sie sind beide in Gott enthalten.

Das bedeutet auch, dass der Teufel, Satan, Beelzebub, Luzifer, Mephistopheles, der Fürst der Finsternis, oder wie immer wir ihn nennen wollen, nicht existiert. Der Teufel ist ein erdachter oder eingebildeter Widersacher Gottes. Er wurde vom primitiven Menschen kreiert, der einen Sündenbock brauchte, dem er die Schuld für all das Elend in der Welt geben konnte. Aber aus kosmischer Sicht besteht für einen solchen „Fürsten der Finsternis", als ein von Gott getrenntes Wesen, keine Notwendigkeit. Nichts ist von Gott getrennt, denn alles, was existiert, ist in Gott enthalten: das Gute ebenso wie das Böse, das Licht ebenso wie die Finsternis.

Die kosmische Auffassung von Gott macht den Teufel überflüssig, weil alle dunklen Aspekte aufgrund der Notwendigkeit des Kontrasts in Gott enthalten sind. Die Liebe ist der Grundton des Universums, und diese Liebe ist überwältigend.

Es ist diese Liebe, die wir erfahren, wenn wir während des Prozesses, den wir Sterben nennen, in die geistige Sphäre hinübergehen. Das Stärke der Liebe, die dort existiert, wurde von Menschen bestätigt, die Nahtoderfahrungen gemacht haben. Sie wurden von dieser extremen Liebe überflutet und keiner von ihnen wollte dieses liebevolle Reich wieder verlassen. Aber in den meisten Fällen wurde ihnen mitgeteilt, dass ihre Zeit noch nicht gekommen sei, also mussten sie in ihren physischen Körper zurückkehren. Das taten sie nur widerwillig. Aber sie taten es, weil ihnen klargemacht wurde, dass ihre Mission auf der Erde noch nicht erfüllt war und sie deshalb zurückkehren mussten, damit sie uns von den Wundern der geistigen Welt berichten und bestätigen konnten, dass der Tod eine Illusion ist.

Ohne Kontraste kann also niemand etwas erleben, und das Universum ist so klug eingerichtet, dass es den Lebewesen die Möglichkeit bietet, jeden nur denkbaren Kontrast zu erleben.

Der Sündenbegriff

Da der Begriff der Sünde im Leben vieler Christen eine große Rolle gespielt hat, sollte hier erwähnt werden, dass es kosmisch gesehen keine Sünde gibt. Aufgrund der Art und Weise, wie unser Lebenszyklus gestaltet ist, ist es unmöglich zu sündigen. Es wurde erwähnt, dass wir während unseres Durchgangs durch die Finsternis (die roten und orangen Teile von Symbol Nr. 14) einen Punkt erreichen, an dem Unwissenheit und Gottlosigkeit vorherrschen. Dieser Punkt markiert die Kulmination der Finsternis. Von da an beginnen wir unsere Reise zurück zum Licht.

Aber wenn wir aus der Finsternis und Unwissenheit kommen, kennen wir die Gesetze des Lebens nicht. Wir wissen nicht, wie wir uns anderen gegenüber verhalten sollen, wir wissen nicht, dass wir andere Lebewesen nicht töten sollen, wir kennen das Karmagesetz nicht, und wir wissen nicht, dass wir ewige Wesen sind. Also ziehen wir hinaus in die Welt und beginnen, Erfahrungen zu sammeln. In diesem Prozess machen wir viele Fehler. In der christlichen Religion werden diese Fehler als Sünden bezeichnet. Aber wie können wir vermeiden zu „sündigen", wenn wir über die meisten Aspekte des Lebens unwissend sind? Wir können es nicht, also sind diese Fehler im kosmischen Sinne keine Sünden, sie sind nur notwendige Schritte auf unserem Weg zur Einsicht, zum Lernen, zum Wissen, zur Moral, usw.

Während wir auf unserem Weg zur Erkenntnis Erfahrungen sammeln, gibt es keine Grenzen dafür, welche Erfahrungen wir machen dürfen. Gott hat keine Regel aufgestellt, die besagt: Du darfst die Erfahrung des Stehlens machen, aber nicht die des Tötens. Es gibt absolut keine Grenzen für die Erfahrungen, die wir machen dürfen, denn wenn es sie gäbe, würde unsere Erfahrungsbank nie voll werden. Wir können also in die Welt hinausziehen und betrügen, verletzen, schädigen, töten, zerstören, vergewaltigen, usw. Diese Handlungen sind zugelassen und stellen keine Sünden dar. Aber natürlich müssen wir letztendlich die Konsequenzen unserer Handlungen am eigenen Leib erfahren.

Martinus betont, dass niemand auf der Grundlage von Erfahrungen handeln kann, die er noch nicht gemacht hat, und wenn man in einem bestimmten Bereich unwissend ist, dann deshalb, weil die Erfahrungsbank in diesem bestimmten Bereich leer ist. Es ist keine Sünde, eine bestimmte Erfahrung nicht gemacht zu haben. Natürlich nicht. Es ist nur Ausdruck eines Mangels an Lebenserfahrungen.

Jeder einzelne von uns befindet sich zu jedem Zeitpunkt auf dem Höhepunkt seiner eigenen Entwicklung. Morgen und im nächsten Leben werden wir weiter und höher gekommen sein, aber heute stehen wir auf einem vorläufigen Gipfel, so wie wir es morgen wieder tun werden und so weiter.

Wir können die Sünden einfach vergessen. Es gibt allerdings Handlungen, die zu unserem eigenen Leiden führen werden, aber diese sind die Rückkehr unserer eigenen ausgesandten Karmabögen, denn wir ernten, was wir säen. Unser Karma ist keine Strafe, sondern eine liebevolle Unterweisung, und alles, was uns widerfährt, hat nur einen Zweck: uns zu belehren, damit wir unserer Erfahrungsbank Erfahrungen hinzufügen können.

Theodizee

Der Begriff Theodizee wurde von dem deutschen Philosophen Gottfried Wilhelm Leibniz geprägt, der in seinem 1710 erschienenen Buch „Essais de Théodicée sur la bonté de Dieu, la liberté de l'homme et l'origine du mal" (Abhandlungen über die Theodizee von der Güte Gottes, der Freiheit des Menschen und dem Ursprung des Bösen) zu begründen versuchte, wie ein liebender Gott all das Elend und die Übel in der Welt zulassen konnte; Übel wie Kriege, Erdbeben, Vulkanausbrüche, Armut, Hunger, Ertrinken und alle Arten von vorzeitigen Todesfällen.

Es war und ist für die meisten Menschen ein großes Mysterium, wie Gott allliebend sein und dennoch zulassen kann, dass Menschen auf so grausame Weise verfolgt und getötet werden.

Aber es ist nicht so, dass diese Aspekte des Lebens existieren, weil Gott nicht liebevoll ist. Es liegt an der Notwendigkeit von Kontrasten, um unsere und Gottes ewige Wahrnehmungsfähigkeit zu erhalten. Ohne Kontrast kann es kein ewiges Universum geben, was ich, glaube ich, sehr deutlich gemacht habe. Also müssen wir verstehen, dass „das angenehme Gute" und „das unangenehme Gute" sich gegenseitig bedingen und dass das Universum ohne das Kontrastprinzip nicht existieren könnte.

Eine von Martinus' Missionen war es, die Existenz der Finsternis im Universum zu rechtfertigen. Es ist das erste Mal, dass dies geschehen ist, und ich hoffe, dass in diesem Buch vollkommen klar gemacht wurde, warum die Finsternis existiert. Dieses Buch ist in jeder Hinsicht allen Aspekten des Werkes von Martinus gegenüber loyal.

Gott ist allgegenwärtig und allwissend

Wenn Gott in allen Lebewesen existiert und wir alle kleine Quanten von ihm sind, ist es klar, dass er allgegenwärtig ist. Es gibt keinen Winkel im Universum, in dem es Wesen gäbe, die nicht ein Teil von Gott sind. Alles ist Gott. Gott ist überall und somit allgegenwärtig. Martinus drückt es so aus:

„Der Organismus der Gottheit ist nichts weniger als das ewig existierende Weltall mit allen seinen Lebewesen, Details und Dingen. Der Unterschied zwischen der Gottheit und jedem beliebigen anderen Lebewesen ist der, dass sich alles im Organismus der Gottheit befindet, während das, was auf natürliche Weise in unserem Organismus beheimatet ist, sehr begrenzt ist. <u>Da das Weltall – und alles, was in ihm ist, Wesen und Dinge – der Organismus der Gottheit ist, kann die Gottheit sich nicht an einem Ort befinden, sondern sie ist allgegenwärtig.</u> Sie ist in unserem Organismus, weil dieser Organismus ein lokales Organ in ihrem Organismus ist. Und sie ist in den Organismen anderer Wesen, weil diese auch lokale Organe in ihr sind. Zu glauben, dass sich Gott an einem Ort befindet, ist somit Aberglaube. Wenn Christus die Gottheit als ‚Vater unser, der du bist im Himmel‘ beschreibt, dann geschieht das gerade, weil diese Bezeichnung die vollkommenste und einzige ist, die ganz die Ortsangabe dieses Gottes abdeckt. <u>Man muss hier verstehen, dass der Weltraum der ‚Himmel‘ ist, der sich um jeden beliebigen Himmelskörper, um jedes beliebige Sonnen- und Galaxiensystem herum befindet.</u> Wenn wir hinauf zu dem für uns blau hervortretenden Himmel blicken, ist es in Wirklichkeit der gigantische Weltraum, in den wir hineinsehen. Der Himmel und der Weltraum sind somit dasselbe. Wenn die Gottheit im Weltraum allgegenwärtig ist, bedeutet das also, dass sie im Himmel allgegenwärtig ist. Da alle Himmelskörper, Sonnen- und Milchstraßensysteme im Weltraum schweben, befinden sich diese also auch im Himmel und sind damit innerhalb der Domäne Gottes.“ (Martinus: *Livets Bog,* Band 6, Abschnitt 2363, Unterstreichungen von mir).

Da Gottes Bewusstsein im „leeren Raum" des Universums anwesend ist und jeder Gedanke, jede Idee und jede Erkenntnis dort festgehalten wird, bedeutet dies, dass Gott allwissend und allweise ist. Es gibt keinen Gedanken, keine Idee und keine Erkenntnis, die nicht zu Gott gehört. Es ist diese unbegreiflich überlegene Intelligenz, die alles erschaffen hat.

Die spärliche Erfahrung der Liebe auf der physischen Ebene

Es ist Gottes bedingungslose Liebe zu allen Teilen seines Körpers, die die geistige Welt durchströmt. Wir werden sie in der geistigen Welt zwischen unseren physischen Inkarnationen erleben. Aber diese göttliche Liebe erreicht uns unter bestimmten Umständen auch auf der physischen Ebene. Der Grund, warum die physische Ebene nicht völlig ohne diese göttliche Liebe ist, liegt darin, dass die physischen Wesen sonst so deprimiert und entmutigt werden würden, dass sie die Lust am Leben verlieren würden. Um den physischen Wesen einen Schimmer von Glückseligkeit zu geben, der sie durch die Dunkelheit der physischen Ebene führt, wurde es so geschickt eingerichtet, dass wir die göttliche Liebe erleben, wenn wir mit unserem Geliebten vereint sind, wenn wir die Glückseligkeit des sexuellen Aktes mit unserem Wunschpartner spüren, wenn wir Liebe für unseren Ehepartner, unsere Kinder und Freunde empfinden. Die Liebe, die wir auf der physischen Ebene erleben, ist jedoch nur ein Bruchteil der Liebe, die auf der geistigen Ebene existiert. Martinus malt dieses wunderbare Bild:

„Dieses Lichterlebnis des Wesens oder diese Wahrnehmung der überirdischen Welt ist im Verhältnis zum Paradies an sich so spärlich, <u>dass es nur mit einem kleinen Lichtstrahl zu vergleichen ist, der aus einem prachtvoll beleuchteten Festsaal durch eine kleine Ritze einer undichten Tür sickert.</u> So weit ab vom Himmelreich, vom Paradies oder vollkommenen, totalen Erleben des Lebens ist das

kulminierende Halbgeschlechtswesen. Es lebt im dunklen Raum außerhalb des strahlenden Festsaals des Paradieses oder des wahren Lebens. Und nur durch die kleine Ritze in der Tür, die in den Festsaal führt, hat es Zugang zum Licht. Es ist somit in Wirklichkeit vom Festsaal des Lebens oder der Kulmination des Lebenserlebens selbst ausgeschlossen. Aber dadurch, dass es mit einem Halbgeschlechtswesen gegensätzlicher Art ‚ein Fleisch‘ wird, hat es also Zugang zum spärlichen Lichtstrahl aus der Türritze des Festsaals. Dass es sich im Dunkeln an diesen kleinen Lichtstrahl klammert, ist gar nicht so verwunderlich.“ (Martinus: *Livets Bog*, Band 5, Abschnitt 1669, Unterstreichungen von mir).

In unserem derzeitigen Entwicklungsstadium sind wir, wie Martinus es nennt, „halbgeschlechtliche Wesen". Damit meint er, dass wir immer noch hauptsächlich einpolig oder entweder männlich oder weiblich sind. Aber indem wir uns allmählich weiterentwickeln, werden sich unsere sexuellen Pole einem Gleichgewichtspunkt nähern, und wenn das der Fall ist, werden wir doppelpolig und erlangen kosmisches Bewusstsein.

In unserem einpoligen Zustand können wir während des sexuellen Aktes mit einem anderen einpoligen Wesen Gott nahe kommen und einen kleinen Teil der Glückseligkeit der göttlichen Liebe erleben. Es ist diese Liebe, die wir auf der geistigen Ebene oder im Paradies „in Vollzeit" erfahren werden, wenn wir „sterben". Da der sexuelle Akt, solange wir noch in der physischen Materie inkarniert sind, unser einziger Zugang zur Liebe in der geistigen Welt ist, ist es kein Wunder, dass wir ihn fieberhaft ersehnen. Er ist jedoch, wie Martinus in dem Zitat sagt, nicht mehr als ein schwacher Abglanz des Eigentlichen. Aber das ist gerade ausreichend, um uns die Lebensfreude zu geben, die wir brauchen, um unseren Weg durch die Finsternis auf der physischen Ebene durchzustehen. Der sexuelle Akt mit einem willigen Partner ist das Licht in der Finsternis, das kurze, aber beglückende Erlebnis der göttlichen Liebe, das uns befähigt, Not, Leid und Elend auf der physischen Ebene zu ertragen. Es ist die ausgestreckte Hand Gottes zu seinem unglücklichen Sohn in dessen dunkelster Stunde, und es zeigt, dass wir niemals von Gott verlassen sind.

Martinus widmet einen ganzen Band des *Livets Bog*, Band 5, einer vollständigen Erklärung unserer sexuellen Polverwandlung von einpolig zu doppelpolig. Ich habe ein Buch geschrieben, das diesen erstaunlichen Prozess erklärt: „The Downfall of Marriage": https://www.amazon.com/Downfall-Marriage-Transformation-Marital-Relations/dp/1533058148

Gott ist doppelpolig und lebt in majestätischer Einsamkeit

Gott ist weder ein Er noch eine Sie. Gott hat seine beiden Geschlechtspole im Gleichgewicht, er ist also gleichermaßen männlich und weiblich. Gott ist androgyn mit beiden Geschlechtspolen auf gleicher Höhe.

Aber nicht nur das. Gott ist das einzige Lebewesen, das keinen Makrokosmos hat, in dem es existiert. Es gibt nichts, das größer ist als Gott, und es gibt nichts außerhalb von Gott. Alles, was existiert, ist in Gott.

Gott hat auch keinen Zwischenkosmos. Das bedeutet, dass Gott niemanden in seiner Größe hat, mit dem er reden kann. Es gibt niemanden an Gottes Seite. Er lebt in majestätischer Einsamkeit. Martinus schreibt:

„Aber nichtsdestoweniger wollen wir hier eine kleine Skizze von der Gottheit geben, so wie diese in ihrer großen Einsamkeit leben muss, nämlich als absolut einziges Wesen seiner Art und als Beherrscher der ganzen Welt und Urheber von absolut allem, was

existiert, und dessen Bewusstsein Allliebe, Allweisheit und Allmacht ist, durch welche Mentalkulminationen sie identisch mit dem absolut einzigen existierenden wirklichen ‚Festen Punkt' wird." (Martinus: *Livets Bog*, Band 6, Abschnitt 2359, Unterstreichung von mir).

So wie unser Organismus einen physischen Ausdruck (unseren physischen Körper) und einen geistigen/ metaphysischen Ausdruck (unsere Gedankensphäre und unser Bewusstsein) hat, so ist es auch bei Gott. Gottes physischer Körper sind alle existierenden physischen Objekte (Planeten, Sonnensysteme, Galaxien und physische Wesen), und sein geistiger/metaphysischer Ausdruck ist die gesamte strahlenförmige Materie/Energie im Weltall, die sein Bewusstsein ausmacht. Es gibt im Prinzip keinen Unterschied in der Struktur der Lebewesen, wie bereits in Symbol Nr. 7 auf Seite 53 erklärt.

Aber der Unterschied liegt in der äußeren Umgebung. Gott hat keine Außenwelt, keinen Makrokosmos und keinen Zwischenkosmos. Er hat „nur" seinen eigenen Körper und seine eigene Gedankensphäre oder sein Bewusstsein. Aber in seinem eigenen Körper, dem ganzen Universum, ist er allgegenwärtig.

Gott ist also überall, nicht nur um uns herum im Raum, sondern auch in unserem eigenen Körper und in unserem Bewusstsein. Auf diese Weise sind wir nie von Gott verlassen. Er ist immer bei uns, weil wir ein Teil von ihm sind. Wir können nicht von Gott getrennt werden. Wir sind für immer ein Teil von ihm.

Gott hat keine Lieblinge oder Sündenböcke. Niemand erfährt mehr Wohltaten als andere, und niemand wird mehr leiden als andere, wenn wir sein Schicksal über eine ganze Serie von Leben hinweg betrachten. Wenn wir das Schicksal verschiedener Männer und Frauen in der Ein-Leben-Perspektive betrachten, sieht es so aus, als hätten einige den ganzen Segen und Vorteil und andere das ganze Elend und Unglück. Aber das ist nicht der Fall. Wenn der Arme auf den Reichen und Wohlhabenden schaut, denkt er, dass das Leben sehr ungerecht ist, weil der Reiche alle Privilegien hat und er selbst nichts. Aber das ist nur so, weil eine Momentaufnahme nicht den vollen Überblick geben kann. Und niemand kann sein Schicksal aus der Perspektive eines einzigen Lebens verstehen, denn alle Schicksale gleichen sich erst im Laufe der Zeit aus. Niemand leidet mehr als andere, wenn wir sein Schicksal durch eine Reihe von Leben hindurch verfolgen. Jeder bekommt gleich viel Segen und gleich viel Elend. Wir müssen alle dasselbe durchmachen, um dasselbe zu werden: Menschen als Ebenbilder Gottes, ihm gleichend.

Wenn wir alle kleine Quanten Gottes sind, bedeutet das, dass alle „Ichs" in allen existierenden Lebewesen Gottes „Ich" bilden. Gleichzeitig bilden die Organismen aller existierenden Lebewesen den Organismus Gottes. Gott ist also die Summe aller Lebewesen. Gottes Bewusstsein besteht aus den Bewusstseinen aller Lebewesen, und sein physischer Organismus besteht aus allen physischen Körpern im Universum: Galaxien, Sonnensysteme, Planeten, Menschen, Tiere, Insekten, Fische, Vögel, Organe, Zellen, Moleküle, Atome, Quarks, usw. Es gibt überhaupt nichts, was nicht in Gott enthalten ist.

Weil wir alle in Gottes Organismus enthalten sind, sowohl in seinem physischen als auch in seinem geistigen Organismus, sind wir alle eins. Wir sind völlig voneinander abhängig. Martinus drückt es so aus:

„Somit haben wir gestreift, wie alle Ichs der Wesen zusammen Gottes Ich ausmachen und die Organismen aller Wesen Gottes Organismus sind. Damit sie das aber sein können, müssen sie

eben alle unlösbar mit Gottes Ich verbunden sein. Und wir sehen denn auch, dass *überhaupt kein Wesen isoliert und völlig unabhängig von allem anderen Leben leben kann.* Gäbe es keine Tiere und keine Pflanzen, würde der Mensch unmöglich auf der physischen Ebene leben können. Wenn es keine Tiere gäbe, die Nahrung für andere Tiere sein könnten, würden diese zuletzt genannten Tiere nicht leben können. Und wenn es keine vegetabilische Ernährungsmöglichkeit gäbe, könnten die pflanzenfressenden Wesen auch nicht leben. Sehen wir uns die Kultur und das Menschenleben an, dann sehen wir auch hier, wie *die Menschen von Menschen abhängig sind. Alle Menschen existieren dank der schöpferischen Leistung anderer Menschen: Wissenschaft, Religion, Informationen, Unterricht, Krankheitsbekämpfung, Häuser, Wohnstätten, Maschinen, Werkzeuge usw.* Kein Mensch kann es entbehren, mit der Gemeinschaft, mit seiner Art oder Rasse verbunden zu sein. Und diese Verbindung der Wesen in einer großen Gemeinschaft in Bezug auf die Aufrechterhaltung ihres Lebens ist nicht etwas, was mit der Entwicklung abgenommen hat, im Gegenteil. *Die Menschen werden durch Erfindungen und Entdeckungen, durch das Geschäftswesen, die großen Reisemöglichkeiten, das Telefon, den Telegrafen, durch internationale Bewegungen u. v. a. m. zu einer großen Einheit verbunden.* Dies wird in der Zukunft noch mehr durch den Umstand unterstrichen werden, dass alle Nationen und Staaten immer mehr vereint werden, um zuletzt einen einzigen großen Staat zu bilden, der dazu kommen wird, nichts weniger als den ganzen Erdball umfassen wird." (Martinus: *Livets Bog,* Band 6, Abschnitt 2364, Unterstreichungen von mir).

Das bedeutet, dass wir alle voneinander abhängig sind, ja, dass wir alle eins sind – eins mit einander und eins mit Gott. Wir können nicht ohne einander und ohne Gott leben, und ebenso kann Gott nicht ohne uns leben, seinen Mikrokosmos, der ein unendlicher Ozean des Lebens ist. Alles ist ein einziger Organismus – ein höchstes Lebewesen.

„Wir sehen also, dass das Weltall ein unendlicher Ozean von Leben ist, der in jene souveränen Lebenszentren unterteilt ist und sich durch sie offenbart, die wir als ‚Lebewesen‘ bezeichnen. Es besteht also absolut keinerlei Möglichkeit, irgendetwas total in diesem Lebensozean voneinander total abzutrennen. Er ist eine absolut untrennbare Einheit. Und da er lebendig ist und hochintellektuelle oder logische Schöpfungsprozesse auslöst, ist es eine Tatsache, dass dieser Ozean mit einem lebenden Organismus identisch ist. Wenn aber das Weltall somit ein lebender Organismus ist, dann wird es auch zur Tatsache, dass dieser lebende Organismus einen Urheber hat. – Und wir kommen hier wieder zu dem ‚göttlichen Etwas‘ oder ‚X1‘. Wenn aber dieser Urheber somit einen Organismus hat und schöpferisch tätig sein kann, dann hat er also auch Bewusstsein, d. h., dass er denken kann, dass er Willen, Wünsche und Begehren hat. Und das Resultat dieser gigantischen, göttlichen Schöpfung wird in Form des ewigen Weltalls mit seiner Vielfalt an Variation von erschaffenen Details oder Realitäten zur Tatsache. Und durch diese Schöpfung offenbart sich also die ewige Gottheit und gibt sich zu erkennen. Es ist diese Offenbarung der Gottheit, die wir in jedem einzelnen Augenblick unseres Lebens erleben. Jeder einzige kleine Bruchteil unserer Erlebnisse ist also ein Bruchteil von dieser Offenbarung und wird also für uns in Wirklichkeit ein äußeres Erleben des ewigen Vaters des Weltalls.“ (Martinus: *Livets Bog,* Band 6, Abschnitt 2367, Unterstreichungen von mir).

Alle unsere Erfahrungen – gute wie schlechte – sind Ausdruck für eine Manifestation Gottes, sie sind Gottes Feedback an uns. Wir stehen alle in ständigem Kontakt mit Gott, ob wir das mögen oder nicht, ob wir es wissen oder nicht, ob wir an ihn glauben oder nicht. Wir können uns diesen Aspekt folgendermaßen vorstellen: Jeden Morgen, wenn wir aufwachen, beginnt der Unterricht, und Gott steht bereits an der Tafel, um uns zu unterrichten. Als Schüler können wir aufmerksam sein, uns Notizen machen und uns Wissen aneignen. Oder wir können faul und gleichgültig sein, dem Lehrer nicht zuhören und uns weigern, etwas zu lernen. Für Gott ist unsere Einstellung unsere eigene Wahl. Es stört ihn nicht, denn er weiß, dass wir mit der Zeit alle lernen werden. Wenn wir den Lernprozess in die Länge ziehen wollen, ist das unsere Entscheidung. Die täglichen Lektionen werden trotzdem erteilt.

Die täglichen Lektionen sind Gottes direkte Rede an uns. Das bedeutet, dass das Leben selbst zu uns spricht.

Das Ziel von all dem Unterricht ist, dass wir Erfahrungen ernten, um Vollkommenheit zu erreichen. Dieser Punkt ist erreicht, wenn wir erleuchtet sind und das kosmische Bewusstsein sich in unserem Geist öffnet. Wir werden vollkommen, wenn wir Teil des primären Bewusstseins Gottes werden, was in Kürze erklärt werden wird.

Wenn wir das Leben und das Wohlergehen anderer Lebewesen respektieren, wenn wir freundlich, hilfsbereit, mitfühlend und liebevoll zu denen sind, mit denen wir in Kontakt kommen, werden wir ein positives Feedback von Gott bekommen und in Glück und Glückseligkeit leben. Und wenn wir das Leben anderer missachten, wenn wir selbstsüchtig, gierig, brutal und kriegerisch sind, wenn wir Bomben auf andere Menschen werfen, um sie zu töten, wenn wir Tiere schlachten, um sie zu essen, werden wir ein negatives Feedback von Gott bekommen und unser Leben wird in hohem Maße unglücklich und elend sein. Das Karmagesetz registriert unsere Handlungen und wir bekommen zurück, was wir aussenden. Das Karmagesetz ist Gottes ultimatives pädagogisches Werkzeug.

Das Leben selbst ist also unser größter Lehrmeister. Wir können nicht einen einzigen Tag leben, ohne unterrichtet zu werden.

„Das Leben ist somit die größte und wahrhaftigste Schule des Daseins. Es ist das Buch der Bücher selbst. Es ist die Quelle, aus der unerschütterlich alle Weisheit fließt. Und da kein Mensch existieren kann, ohne dass sein Leben mit einem ‚Lesen‘ in diesem Buch identisch ist, kann auch niemand existieren, ohne durch dieses Buch unterrichtet zu werden. Da aber das ‚Unterrichtetwerden‘ durch dieses ‚Buch‘ dasselbe ist wie vervollkommnet zu werden, sind somit alle einer Vervollkommnung unterworfen.“ (Martinus: *Logik*, Einleitung).

Die Sprache des Lebens selbst

Jeden Tag spricht das Leben selbst zu uns, und diese Rede ist in Wirklichkeit Gott, der zu uns spricht, der uns zeigt, wie wir uns benehmen sollen und wie nicht, der uns unschätzbare Unterrichtsstunden erteilt, uns mit seiner Liebe umarmt und uns mit seiner Weisheit und seinem Humor unterhält.

„Was weiht den Menschen mehr für Gott als die täglichen Lebenserfahrungen und die hieraus erwachsende Einsicht in die Natur und die sich dadurch offenbarenden göttlichen Gedanken und Manifestationen der Liebe? – Nein, lernt zu verstehen, <u>dass der wirkliche Gottesdienst oder die Sprache Gottes zu den Lebewesen nicht etwas ist, das nur am Sonn- oder Feiertag in der Kirche geschieht oder bei Gebetstreffen religiöser Bewegungen, sondern eine Realität ist, der wir jederzeit und überall gegenübergestellt sind.</u> Alle Ereignisse und Erlebnisse sind die wahre Sprache Gottes. <u>Ohne diese Sprache wäre jede Entwicklung ganz unmöglich.</u> Worum es daher geht, ist, aufmerksam auf diese Sprache zu lauschen und ein Experte darin zu werden, das sich daraus offenbarende tägliche Praktikum gegenüber unseren Nächsten im Zwischenkosmos und Mikrokosmos zu nutzen und dadurch eine Zelle des Friedens in unserem Makrokosmos oder Universum zu werden." (Martinus: „Zeitliches Bewusstsein und kosmisches Bewusstsein", Abschnitt 6, Artikel-ID: M2322, Unterstreichungen von mir).

Es geschieht nicht nur in der Kirche am Sonntag, dass wir an einer Messe teilnehmen oder Gottes Wort hören können. Es sind nicht die Worte des Predigers, die eine Messe ausmachen, sondern alles, was wir jeden Tag erleben. Überall, in jedem Augenblick unseres Lebens, hören wir eine „Messe".

Ein indischer Weiser wurde einmal gefragt, was wir tun sollten, um erleuchtet zu werden. Der Weise antwortete: *„Es gibt drei Dinge, die du tun musst: Sei aufmerksam, sei aufmerksam, sei aufmerksam."* Achte auf das, was dir gezeigt wird, achte auf das, was du siehst und erlebst, achte auf die Lektionen des Lebens, auf die Sprache des Lebens selbst.

Martinus sagte oft: *„Meine Mission ist es, zu zeigen, dass es sich lohnt, gut zu sein"*. Es lohnt sich, gut zu sein, denn dann bekommen wir vom Leben ein gutes und positives Feedback.

Gottes Lebenserleben

Es wurde bereits erwähnt, dass Gott keinen Makro- oder Zwischenkosmos hat, in dem er lebt, und dass er in majestätischer Einsamkeit lebt. Das bedeutet, dass Gott kein äußeres Erleben des Lebens hat. Er kann daher das Leben nur innerlich erfahren, über seinen Mikrokosmos. Da wir ein Teil von Gottes Mikrokosmos sind, sind wir die Werkzeuge für sein Erleben. Wenn wir das Leben erleben, erlebt Gott das Leben. Auf diese Weise wird deutlich, dass wir für Gott ebenso unentbehrlich sind wie er für uns.

Ohne Erleben des Lebens wird unser Bewusstsein stumpf, uninspiriert und inhaltslos, deshalb ist es von entscheidender Bedeutung, Erlebnisse zu haben. Durch Erlebnisse wird unser Bewusstsein erneuert und frisch und wach gehalten. Martinus sagt:

„Wie wir gesehen haben, weicht das Bewusstsein der Gottheit von dem Bewusstsein aller anderen Lebewesen dadurch ab, dass es <u>nur nach innen gewandt sein kann, da der Gottheit gegenüber nichts außerhalb – neben, vor oder hinter, über oder unter ihr – existiert.</u> Während alle anderen Lebewesen eine äußere Welt und eine innere Welt als Objekte ihrer Wahrnehmung haben, <u>hat die Gottheit absolut nur ‚eine innere Welt'. So ist alles ‚in' Gott. Es gibt absolut nichts ‚außerhalb' von Gott.</u> Es ist diese Situation, die ihn zur Gottheit des Weltalls macht. Und es ist dieselbe Situation, die bedingt, dass nur diese absolut eine Gottheit existieren kann und dass <u>überhaupt kein anderes Wesen in dieselbe Situation kommen oder den Platz der Gottheit einnehmen kann.</u> Das Lebenserleben der Gottheit muss sich damit entsprechend anders gestalten als das

Lebenserleben der anderen Lebewesen. Diese letzteren erleben das Weltall in zwei Sinnesgebieten: der äußeren Welt und ihrer eigenen inneren Welt. *Aber die Gottheit hat wie gesagt nur eine ‚innere‘ Welt, weil alles in ihr lebt, sich bewegt und ist.*" (Martinus: *Livets Bog*, Band 6, Abschnitt 2373, Unterstreichungen von mir).

Einer der Hauptunterschiede zwischen Gott und seinen Mikrowesen ist, dass Gott das Leben nur durch seinen eigenen Mikrokosmos erleben kann. Er hat keine äußere Lebenserfahrung, sondern nur eine innere Lebenserfahrung. Gottes Bewusstsein kann nur innerlich erneuert werden.

„*Da die Lebewesen seine Lebenserlebensorgane sind, gilt diese Erneuerung in genauso hohem Maße für diese Wesen wie für die Gottheit selbst. Wir haben gesehen, dass dies dadurch zur Tatsache oder Wirklichkeit wird, dass das Erleben und die Manifestation jedes einzelnen Wesens absolut nicht existieren können, ohne eine Form von Manifestation und Einwirkung auf andere Lebewesen oder anderes Leben zu sein. Da aber diese anderen Lebewesen auch Gottes Lebenserlebensorgane oder Werkzeuge sind, werden das Lebenserleben und die Manifestation des Lebewesens also in Gottes Erleben eingegliedert, werden zu Erfahrung und Tatsache in Gottes Mentalität oder Psyche.*" (Martinus: *Livets Bog*, Band 6, Abschnitt 2393, Unterstreichung von mir).

Wenn wir das Leben erleben, erlebt Gott es auch. Daher wird uns klar, dass der letzte Sinn des Lebens darin besteht, es zu erleben. Es gibt noch andere, kleinere „Sinnhaftigkeiten", je nach unserem Entwicklungsstand, aber der allgemeine Sinn unserer Existenz ist es, das Leben zu erleben.

Gottes primäres und sekundäres Bewusstsein

In Kapitel 2 haben wir gesehen, dass sich unsere Reise durch die Ewigkeit in Zyklen entfaltet, die spiralförmig nach oben führen. Es geht immer wieder rundherum und immer weiter nach oben. Wegen der spiralförmigen Bewegung wiederholen wir niemals einen Zyklus. Wir haben auch gesehen, dass es in jedem Zyklus sowohl Licht als auch Finsternis gibt. Ein zyklischer Durchgang beinhaltet aufgrund des Kontrastprinzips eine Periode der Erfahrung von Licht, Liebe und Glückseligkeit und eine Periode der Erfahrung von Finsternis, Elend und Leiden.

Diese beiden höchst gegensätzlichen Erfahrungen gehören zum Bewusstsein Gottes. Aber sie sind in Gottes Bewusstsein nicht im gleichen Maße vorherrschend, ja, Gott hat ein primäres und ein sekundäres Bewusstsein.

Gottes primäres Bewusstsein ist von allen Wesen bevölkert, die der hellen Zone angehören, und sein sekundäres Bewusstsein ist von denen bevölkert, die zur dunklen Zone gehören. Die helle Zone besteht aus den folgenden Reichen: dem vollkommenen Menschenreich (gelb), dem Weisheitsreich (grün), der göttlichen Welt (blau) und dem größten Teil des Seligkeitsreiches (indigo). Die dunkle Zone besteht aus folgenden Reichen: dem Mineralreich (der kleinere Teil des Erinnerungs- oder Seligkeitsreiches – indigo), dem Pflanzenreich (rot) und dem Tierreich (orange), zu dem auch das unfertige Menschenreich gehört. Die beiden schwarzen Linien auf dem folgenden Symbol markieren die Grenzen zwischen der geistigen Welt (oberhalb der Linien) und der physischen Welt (unterhalb der Linien).

Das Symbol Nr. 22 veranschaulicht einen kosmischen Zyklus, der von den Lebewesen durchlebt wird.

Symbol 22

*Die ewige kosmische organische Verbindung zwischen Gott und
dem Gottessohn 2*

Zusammenfassung der Erklärung des Symbols 22 – Die ewige kosmische organische Verbindung zwischen Gott und dem Gottessohn 2

Dieses Symbol zeigt die kosmische Verbindung des einzelnen
Lebewesens mit der Gottheit. Martinus beschreibt, dass es in der
geistigen Welt ein Reich fertig entwickelter Wesen gibt, die Gottes
primäre Bewusstseinsorgane sind. Diese überirdischen Wesen
bilden eine kosmische Führung, welche die Welterlösung
herbeiführt. Durch die Wesen dieser Führung geschieht es, dass
Gott die Gebete der Lebewesen erhört und dass er auf diese
Gebete antwortet.

Wichtige Einzelheiten des Symbols:

- Die weiße und violette pyramidenartige Figur symbolisiert die organische Struktur der kosmischen Verbindung zwischen jedem einzelnen Wesen und der Gottheit.
- Das große Dreieck oben symbolisiert das Ich der Gottheit.
- Das Dreieck in der Mitte symbolisiert das Ich des Gottessohnes. Die hiermit verbundenen Farbfelder symbolisieren den physischen Körper des Gottessohnes, mit dem er die physische Welt erlebt.

Die beiden schwarzen Querstreifen teilen das Symbol in zwei Teile:

- Der obere Teil ist die geistige Welt.
- Der untere Teil symbolisiert den einzelnen unfertigen Menschen – umgeben von der physischen Welt: dem Mineralreich (indigo), dem Pflanzenreich (rot), dem Tierreich (orange) und dem kommenden wahren Menschenreich im physischen Zustand (gelb).
- In dem unteren Teil werden die unfertigen Erdenmenschen im Tierreich im Gebiet von den kurzen orangefarbigen Strahlenfiguren bis zu den gelben Strahlenfiguren symbolisiert.
  - Die beiden kleinsten Strahlenfiguren symbolisieren die sehr primitiven frühen menschlichen Entwicklungsstufen – Stadien, die fast mehr Affen- als Menschenstadien sind und die nicht länger auf der Erde existieren.
  - Die nächste Strahlenfigur symbolisiert unsere heutigen Naturmenschenstufen, die auf der Erde auch bald vorbei sein werden.
  - Die vorletzte Strahlenfigur vor der gelben Strahlenfigur symbolisiert die Kulturmenschen. Diese sind Genies darin, in der physischen Materie zu schaffen.
  - Die halb orangefarbige und halb gelbe Figur symbolisiert Wesen mit hervorragenden humanen Fähigkeiten. Sie sind ganz natürlich Vegetarier, die am liebsten allen Streit vermeiden und ihren Feinden sehr gerne vergeben. Sie beginnen zu ahnen, dass es einen göttlichen Plan geben muss, einen liebevollen Sinn des

Lebens. Sie kehren auch dahin zurück, zu Gott zu beten, und entdecken die Kraft des Gebetes.

Siehe Martinus' eigene vollständige Beschreibung und Erklärung des Symbols 22 in dem Buch: *Das Ewige Weltbild 2*.

Das Symbol Nr. 22 enthüllt viele Details: Einerseits enthüllt es unsere ewige Verbindung mit Gott, und andererseits zeigt es unsere Reise durch einen kosmischen Zyklus: unsere Reise vom Licht zur Finsternis und von der Finsternis zurück zum Licht.

Betrachten wir zunächst unsere ewige Verbindung mit Gott. Diese Verbindung wird durch die violetten Lichtstrahlen dargestellt, die von dem weißen Dreieck an der Spitze ausgehen. Dieses Dreieck symbolisiert Gott. Die violette Ausstrahlung zeigt, dass Gottes Geist den gesamten Zyklus durchströmt. Wir sehen auch ein kleineres weißes Dreieck im Zentrum des Zyklus. Es symbolisiert die Wesen, die den Zyklus durchlaufen, uns.

Unsere kosmische Verbindung mit Gott kann nicht ausgelöscht oder unterbrochen werden. Sie besteht immer, sowohl auf unserer Reise durch das Licht als auch durch die Finsternis. Wir werden von Gott nie verlassen, und seine Liebe zu uns ist immens. Wenn wir nackt, kalt und hungrig in einem schlammigen Graben liegen, wenn wir alles verloren haben, ist Gott bei uns, so wie er es auf unserer Reise durch die Finsternis immer ist. Er hat die Welt so erschaffen, dass die Finsternis ebenso notwendig ist wie das Licht, und wir können nur so viel Licht erfahren, wie wir an Finsternis erfahren haben. Martinus hat einmal gesagt, dass er nicht übertreiben kann, wie viel Liebe das Universum durchströmt.

Eine andere spürbare Weise, wie Gott bei uns ist, ist, wenn wir ein schlechtes Gewissen haben. Wenn wir etwas getan haben, auf das wir nicht stolz sind, etwas, das zu vermeiden wir klug genug gewesen wären, dann fühlen wir uns schuldig. Martinus sagt, dass das schlechte Gewissen die Stimme Gottes ist, die uns daran erinnert, mehr darauf achtzugeben, was wir tun.

Die überirdischen Wesen, die im ersten Absatz der Erklärung erwähnt werden, sind das, was traditionell als Vorsehung bezeichnet wird. Sie bilden eine kosmische Führung, die den Willen Gottes ausführt und die Welterlösung fördert. Sie hören auch die Gebete aller Lebewesen, worauf später noch eingegangen wird.

Auf unserem Weg durch die Ewigkeit bewegen wir uns in einer zyklischen Bewegung von der Finsternis zum Licht und dann wieder vom Licht zur Finsternis. Das bedeutet, dass wir manchmal Teil des Lichtreiches und manchmal Teil des finsteren Reiches sind. Wir sind immer in Bewegung und sitzen nie an einem Ort fest.

Im physischen (dunklen) Teil des Zyklus durchläuft jeder von uns die Reiche: Mineral, Pflanze, Tier, unfertiger Mensch und schließlich fertiger Mensch. Jedes physische Leben, das wir leben, stellt einen Schritt vorwärts im Zyklus dar. Wir leben jetzt gerade im letzten Teil des Tierreichs, dem unfertigen Menschenreich, das auf dem Symbol Nr. 22 durch die letzten beiden spitzen Figuren im orangen Teil dargestellt ist.

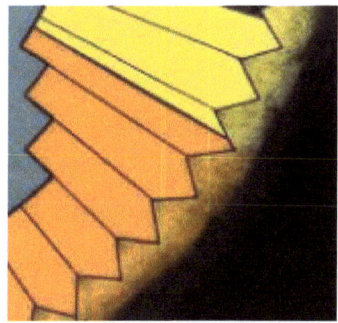

Die meisten Menschen, die heute auf der Erde leben, befinden sich irgendwo in den beiden orangefarbenen Figuren vor der schwarzen Linie, die die Farben Orange und Gelb trennt. Das bedeutet, dass wir uns auf der „Zielgeraden" des Tierreichs befinden und relativ bald zu fertigen Menschen werden, die andere Lebewesen nicht mehr verletzen, verstümmeln und töten können.

Relativ bald bedeutet, dass in maximal 5-10 Inkarnationen (je nach der Stärke unserer humanitären und allliebenden Seiten) die liebevollsten von uns in den gelben Teil eintreten werden, der das wahre Menschenreich darstellt. Das wahre Menschenreich auf der Erde ist gekennzeichnet durch All-Liebe, Altruismus, Frieden auf der Erde, eine gleichmäßige Verteilung des Reichtums des Planeten und den Wunsch, allen anderen Lebewesen zu dienen.

Viele von uns werden dann kosmisches Bewusstsein und vollen Einblick in das Mysterium des Lebens erlangt haben. Es wird ein Paradies auf Erden sein. Nachdem wir diese glückselige Zeit mehrere physische Leben lang erlebt haben, werden wir die dicke schwarze Linie rechts erreichen. Dann gehen wir in die geistigen Reiche des Lichts und der Liebe über.

Wenn wir die dicke schwarze Linie überschreiten, hören wir auf, in der physischen Materie zu reinkarnieren, weil wir alles gelernt haben, was wir aus den Erfahrungen auf der physischen Ebene lernen können. Wir leben dann für Äonen als weise, allliebende, geistige Wesen in den Reichen oberhalb der dicken schwarzen Linien. Als geistige Wesen leben wir in unserem geistigen Körper oder Bewusstseinsfeld, das von unserem „Ich" beherrscht wird.

Wenn wir 100 % geistige Wesen geworden sind, bilden wir einen Teil von Gottes primärem Bewusstsein.

Solange wir noch Teil der Finsternis sind und noch nicht zu erleuchteten Wesen mit kosmischem Bewusstsein geworden sind, sind wir noch nicht qualifiziert, Teil von Gottes primärem

Bewusstsein zu sein, und deshalb sind wir Teil seines sekundären Bewusstseins.

Martinus erklärt das primäre Bewusstsein Gottes so: *„Sie [die erleuchteten Wesen] sind Wesen, die alle absolut eins mit Gott geworden sind. Da alle Lebewesen aufgrund ihrer Organismen Gottes Sinnes- und Manifestationsorgane sind, bilden die Bewohner in den höchsten Welten der Spiralkreisläufe, d. h. die Bewohner des wahren Menschenreichs, des Weisheitsreichs, der göttlichen Welt und des Seligkeitsreichs gemeinsam in jeder Spirale die absolut primären Bewusstseinsorgane Gottes. Kraft dieses Bereichs befindet sich die Gottheit in dem allerhöchsten kulminierenden Bewusstseinszustand, der überhaupt existieren kann, nämlich in der Allweisheit, der Allliebe und der Allmacht."* (Martinus: *Livets Bog*, Band 6, Abschnitt 2386, Unterstreichungen von mir).

Martinus erklärt, dass Gottes primäres Bewusstsein immer auf dem Höhepunkt seiner geistigen Kapazität ist, weil ständig neue erleuchtete Wesen in das Licht eintreten und weil die älteren Wesen im Licht, wenn sie allmählich degenerieren, das Licht verlassen und die dicke schwarze Linie links passieren und Teil von Gottes sekundärem Bewusstsein werden. Auf diese Weise ist Gottes primäres Bewusstsein aufgrund des ewigen Zustroms von neuen erleuchteten Wesen immer in Höchstform.

Auf unserer derzeitigen Entwicklungsstufe gehören wir, die Menschen des Planeten Erde, zu Gottes sekundärem Bewusstsein: *„Hier im göttlichen Panorama, hier in der Sphäre der großen Liebe Gottes befindet der Erdenmensch sich zur Zeit in Gottes sekundärem Bewusstseinsfeld, in der kosmischen Winterzone der Finsternis oder des Lebens, d. h. er lebt im Kontrast zum großen Lichtozean der Gottheit."* (Martinus: „Der Weg des Lebens", Kap. 7 im kleineren Buch Nr. 22 „Der Lebensweg", Unterstreichung von mir).

Aber alle Wesen, sowohl im primären als auch im sekundären Bewusstseinsfeld, sind dort nur vorübergehend. Es gibt keine Stagnation in Gottes geistiger Sphäre: alle sind in ständiger Bewegung: sie kommen herein, kulminieren und gehen wieder hinaus. Martinus erklärt dies im folgenden Abschnitt.

„Aber wir wissen auch, dass sich diese Bewohner der höchsten Welten nur vorübergehend hier befinden. Sie sind hier, weil sie einen Entwicklungsprozess durchgemacht haben, in dem sie, von einem mental schlafenden Zustand an alle Fehltritte in Manifestation und Lebensweise durchgemacht haben, deren Wirkungen ihnen einzig und allein das allumfassende Erfahrungserleben geben konnten, das die Kulmination der allerhöchsten Weisheit und die Kulmination der humanen Begabung oder Liebesentfaltung dem Nächsten oder allen anderen existierenden Lebewesen gegenüber, mit denen sie in Berührung kommen würden, darstellt. So haben diese höchsten Lebewesen nicht immer Gottes primären Bewusstseinsbereich gebildet. Sie sind erst in diesen Bewusstseinsbereich eingetreten, nachdem sie sich hierzu im Spiralkreislauf fertig entwickelt hatten. Aber gleichzeitig damit, dass diese gegenwärtigen Wesen durch die Entwicklung in diesen primären Bewusstseinsbereich Gottes eingetreten sind, haben dementsprechend andere Wesen aufgrund von Degeneration diesen Bereich verlassen und sind in die niedrigeren Welten der Spiralkreisläufe, wie das physische Mineralgebiet des Seligkeitsreichs, das Pflanzenreich und das Tierreich, zu dem der unfertige Erdenmensch gehört, übergegangen." (Martinus: *Livets Bog*, Band 6, Abschnitt 2387, Unterstreichungen von mir).

Ich möchte auf eine meiner Unterstreichungen im vorherigen Abschnitt eingehen. Martinus sagt, dass wir aus einem Zustand geistigen Schlummers, d. h. der Unwissenheit über die geistige Welt und ihre Gesetze, kommen und dass wir durch all die Stadien von Fehlern in der Manifestation und im Verhalten Erfahrungen sammeln werden, die uns zur höchsten Weisheit und zum Höhepunkt der menschlichen Begabung oder der Manifestation der Liebe für alle anderen existierenden Lebewesen, mit denen wir in Kontakt kommen, führen werden. Der Grund, warum ich diesen Teil hervorgehoben habe, ist einfach der, dass ich die enorme Rolle anerkennen möchte, die all unsere Fehler im Leben bei unserer Entwicklung zu den Höhen der Weisheit spielen. Die meisten Menschen sind voll von Reue und Selbstvorwürfen über ihre Fehler, aber in Wirklichkeit sollten wir sie begrüßen und sogar froh darüber sein. Unsere Fehler sind unsere besten Lehrer, und ohne sie würden wir niemals die Stufe der Erleuchtung erreichen. Liebe deine Fehler – sie sind ein wichtiger Faktor in unserer Entwicklung heraus aus der Finsternis.

Gottes primäres Bewusstsein befindet sich also in einem ständigen Prozess der Erneuerung, was bedeutet, dass es sich immer auf dem Höhepunkt seiner Kapazität befindet.

Bis wir den Punkt erreichen, an dem wir kosmisches Bewusstsein erlangen, bleiben wir winzige Quanten von Gottes sekundärem Bewusstsein. Aber mit jedem Tag, jeder Woche, jedem Monat, jedem Jahr und jeder Inkarnation, die wir leben, nähern wir uns unserem eigenen erleuchteten Zustand und damit auch unserer Teilhabe am primären Bewusstsein Gottes.

In unserem gegenwärtigen Stadium sind wir noch unfertig, aber was bedeutet es, unfertig zu sein? Es bedeutet, dass unsere Fähigkeit, alle anderen Lebewesen bedingungslos zu lieben, noch nicht zur Perfektion entwickelt ist. Solange wir anderen gegenüber noch Respektlosigkeit und Geringschätzung zum Ausdruck bringen können, solange wir Hass, Gier und Egoismus, Verachtung und

Snobismus, Brutalität und Barbarei an den Tag legen, solange wir Krieg und Terror verbreiten, Rache üben, töten und morden, sind wir unfertig. Wir sind unfertig, solange wir es fertigbringen, Fleisch zu essen und uns damit an der Tötung von Tieren zu beteiligen. Wir sind unfertig, wenn wir lügen, stehlen und betrügen.

Doch ohne dass die meisten Menschen sich darüber im Klaren sind, werden wir auf unserem Weg zur Erleuchtung von unsichtbaren Kräften unterstützt und gefördert. Es gibt ein elterliches Prinzip im Universum, und dieses Prinzip bedeutet, dass kein unfertiges Wesen ohne geistige Hilfe und Schutz sein kann.

Das Elternprinzip

Das Elternprinzip ist ein viel stärkerer Faktor in unserem Leben, als uns bewusst ist. Martinus schreibt:

„Wir sehen hier auch, wie diese Zusammengehörigkeit von dem besonderen göttlichen Prinzip durchdrungen ist, das zu einem gewissen Grad als Elternprinzip *bekannt ist. Es bedingt, dass* kein unmündiges Wesen jemals ohne totale geistige Hilfe oder geistigen Schutz sein kann. *So sehen wir, dass kein Kind bei den hoch entwickelten Tieren und auch bei den noch unfertigen Menschen ohne ein Elternpaar geboren werden kann.* Diese zwei Wesen sind normalerweise dazu bestimmt, rechtmäßige irdische oder physische Schutzengel des Kindes zu sein. Genauso wird auch die Welterlösung sowie jegliche Hilfe von den weiseren und humaneren Wesen an die weniger weisen und weniger empfindsamen Wesen weitergegeben. *Und es geschieht auch durch dieses Prinzip, dass sich die Lebewesen an die Gottheit wenden können, sowohl in Form des Todesschreis des Tieres in drohender Lebensgefahr als auch in Form des vom Menschen total bewusst regulierten Gebets zu Gott.* Eine ganze Welt von Wesen auf der geistigen Ebene ist in einer permanenten*

Bereitschaft, um allen notleidenden und hilflosen Wesen auf der physischen Ebene zu helfen. Kein einziges Lebewesen kann sich außerhalb dieses Schutzes befinden, es sei denn aufgrund seines eigenen Missverständnisses und hierauf beruhendem Unwillen und Protest. Aber auch hier wird grenzenlos geduldig über ein solches Wesen gewacht und Hilfe in Gang gesetzt, sobald sein eigener Unwille nicht länger ein Hindernis dafür ist und es selbst die Notwendigkeit der Hilfe empfindet." (Martinus: *Livets Bog,* Band 6, Abschnitt 2394, Unterstreichungen von mir).

In dem obigen Zitat weist Martinus darauf hin, dass wir in unserem unfertigen Zustand durch das Elternprinzip beschützt und behütet werden. Das bedeutet, dass wir, so wie das kleine Kind von einem liebevollen Elternpaar betreut wird, auch von einer Schar von diskarnierten Wesen in Form der Vorsehung betreut werden, die in ständiger Alarmbereitschaft sind, um unsere Gebete zu hören und uns zu helfen.

Interessanterweise sagt Martinus, dass eine Voraussetzung dafür, den Schutz und die Hilfe der Vorsehung zu erhalten, darin besteht, dass wir offen dafür sind, sie zu empfangen. Solange wir eine göttliche Existenzebene, Gott und die Vorsehung völlig leugnen, kann uns die göttliche Hilfe möglicherweise nicht erreichen. Wir sind vielleicht davon überzeugt, dass es keinen Gott und keine Hilfe gibt, und diese Überzeugung kann verhindern, dass uns die notwendige Hilfe erreicht, einfach weil wir nicht darum bitten, weil wir nicht glauben, dass es sie gibt. Aber, wie es im Zitat heißt, *„hier wird grenzenlos geduldig über ein solches Wesen gewacht und Hilfe in Gang gesetzt, sobald sein eigener Unwille nicht länger ein Hindernis dafür ist und es selbst die Notwendigkeit der Hilfe empfindet"*. Erst wenn wir selbst einsehen, dass wir Hilfe brauchen, wird sie uns auch gewährt. Wir müssen offen sein, Hilfe zu empfangen, um sie zu bekommen. Das bedeutet auch, dass die Vorsehung, wenn wir um Hilfe bitten, bereit ist, uns zu helfen, und sie wird unsere Gebete erhören und die notwendige Hilfe leisten, sofern diese Hilfe nicht mit unserem Karma kollidiert. Bitte also immer um Hilfe. Bitte und sie wird dir gegeben. Dies führt uns zu einem Blick auf die Macht des Gebets.

Die Macht des Gebets und unsere Beziehung zu Gott

Werden Gebete nicht einfach in die Luft gesprochen? Hört sie jemand?

Ja, alle unsere Gebete werden von den geistigen Wesen gehört, die immer um uns herum sind. Zu ihnen gehören unsere Schutzengel, und wir alle haben 2 oder 3 von ihnen. Sie sind Teil der Vorsehung, einem Heer von geistigen Wesen, die den Willen Gottes ausführen. Dieses Heer hört unsere Gebete, weil seine Individuen als Gottes Hörwerkzeuge fungieren. Und sie helfen uns in dem Ausmaß, wie es in unserem Karma liegt, dass uns geholfen wird.

Es ist eine extrem gute Idee, diesen Kanal offen und aktiv zu halten. Wenn wir jeden Tag beten, ist der Kanal immer offen, und das ist eine große Hilfe, wenn wir plötzlich in Schwierigkeiten geraten und Hilfe brauchen. Denk daran: *„Eine ganze Welt von Wesen auf der geistigen Ebene ist in einer permanenten Bereitschaft, um allen notleidenden und hilflosen Wesen auf der physischen Ebene zu helfen."* Die diskarnierten Wesen erhören nicht nur unsere Gebete, sondern sie sind auch *„in einer permanenten Bereitschaft, um … zu helfen"*. Vergiss das nie und bitte um Hilfe bei jeder Kleinigkeit. Kein Detail ist zu klein, um die Aufmerksamkeit der Vorsehung zu erregen. Die Vorsehung ist da, um zu helfen – uns zu helfen ist ihre Daseinsberechtigung.

Es ist mit unserer Beziehung zur Vorsehung/zu Gott genauso wie mit jeder anderen Beziehung und Freundschaft, die wir hier auf Erden haben: Wenn wir wollen, dass sie gedeiht, müssen wir sie pflegen. Ein Freund, mit dem wir oft in Kontakt sind, ist eher bereit, uns zu helfen, als wenn wir nach 30 Jahren des Schweigens bei diesem Freund auftauchen und ihn um Hilfe bitten.

Wir halten unsere Beziehungen lebendig, indem wir sie pflegen. Das Gleiche gilt für unsere Beziehungen zu den höheren Mächten. Sie wollen von uns hören – nicht nur mit Gebeten und Wünschen, sondern auch mit Dankbarkeit und frohen Gedanken. Das Ziel ist, mit Gott so zu reden, wie wir mit einem alten Freund reden würden, der neben uns geht. Das Ziel ist, Gottes Freund zu sein.

Selbst wenn alle unsere Gebete gehört werden, können nicht alle von ihnen erfüllt werden.

Egoistische Gebete gehen selten in Erfüllung. Wenn wir darum beten, dass unsere Fußballmannschaft die Weltmeisterschaft gewinnt, ist es unwahrscheinlich, dass dieses Gebet erhört wird, vor allem weil die Fans anderer Mannschaften ebenfalls für den Sieg ihrer Mannschaft beten. Da es nur einen Sieger geben kann, werden viele der Betenden enttäuscht sein und vielleicht zu dem Schluss kommen, dass Beten nicht funktioniert.

Wenn wir für unsere Kinder beten, dass sie Genies werden, wird ein solches Gebet ebenfalls selten erfüllt, weil das Schicksal des Kindes bereits vor seiner Reinkarnation geplant ist.

Aber Gebete, die selbstlos und uneigennützig sind, Gebete, die niemandem schaden, aber vielen zum Segen gereichen, und die in Übereinstimmung mit Gottes Willen sind, werden erfüllt.

Wenn wir für jemanden beten oder Fürsprache einlegen, werden diese Gebete in dem Maße erfüllt, wie sie das Karma der Person, für die wir beten, nicht stören.

Jedes Karma ist eine Lektion, die die Person lernen muss, um in ihrer Evolution voranzukommen. Wenn diese notwendige Lektion durch das Gebet vermieden werden könnte, wäre das für die Entwicklung der Person und die Erlangung von Weisheit nachteilig, und aus diesem Grund kann das karmische Ereignis, das geschehen soll, nicht durch das Gebet vermieden werden.

Martinus sagt: *„Das Gebet kann also nicht dazu benutzt werden, um unterminierende Eingriffe in den Plan vorzunehmen, den die Vorsehung für jedes Lebewesen hat."* (Martinus: Kap. 2 im kleineren Buch Nr. 11 „Das Mysterium des Gebets").

Aber wenn wir uns in einer gefährlichen Situation befinden, kann das Gebet eine große Hilfe sein, und wenn die Hilfe nicht gegen unser Karma verstößt, wird sie sich materialisieren, manchmal blitzschnell, wie im folgenden Fall:

Hier ein Beispiel aus meinem eigenen Leben: Vor einigen Jahren überquerte ich mit zwei Freunden zu Fuß die Alpen. Ich hatte eine Route von Österreich nach Italien gefunden, die nur etwa 10 Kilometer Luftlinie betrug. Wir folgten einem gut markierten Pfad, es war Hochsommer, wir hatten die empfohlene alpine Ausrüstung einschließlich fester Wanderstiefel und Stöcke dabei, es hätte also alles in Ordnung sein müssen. An einer Stelle führte der Weg über einen schmalen Felsvorsprung, der mit hartem Schnee bedeckt war. Rechts von uns befand sich ein steiler, schneebedeckter Abhang. Plötzlich hatte mein rechter Stiefel keinen Halt mehr, und ehe ich mich versah, stürzte ich mit voller Geschwindigkeit den Abhang hinunter auf einen riesigen Felsbrocken in etwa 100 Metern Entfernung zu. Meine schockierten Freunde begannen sofort laut zu beten; ich hörte sie, während ich rutschte. Aber plötzlich, ohne eigene Absicht, machte ich einen Salto rückwärts und landete auf meinen Füßen in einem kleinen offenen Loch am Rande des Schneefelds. Ich hatte keine Ahnung, wie ich dorthin gekommen war, aber ich war völlig unverletzt. Ich musste nur ein paar Felsen hinaufklettern, um wieder auf den Pfad zu gelangen.

Offensichtlich war ich nicht dazu bestimmt, an diesem Tag in den Hochalpen an einem Felsen zu zerschellen, und das Beten hat in diesem Fall geholfen, denn es war nicht gegen mein Karma. Und eines ist sicher: Ein offener Kanal nach oben durch das Gebet ist immer nützlich. Nach dem Zwischenfall setzten wir unseren Weg zu unserem Hotel auf der italienischen Seite fort und erreichten es in bester Laune und schmerzenden Gliedern.

Wenn wir ganz allein draußen in der Natur sind und niemanden zu Hilfe rufen können, kann uns das Gebet retten. Die geistigen Wesen, die unser Gebet hören, können über Telepathie jemanden in der Nähe benachrichtigen, der dann zu der Person in Not geführt werden kann. Man betet nie vergeblich, wenn man in Gefahr ist.

Martinus betete ständig: als Kind betete er, um sich seine Hausaufgaben zu merken, als Erwachsener betete er, bevor er sich zum Schreiben hinsetzte, er betete vor jedem Vortrag, den er halten sollte, er betete vor jeder Autofahrt, vor Reisen usw. Er betete darum, dass er imstande sein würde, die richtigen Dinge zu sagen oder zu schreiben, und er betete um Schutz, wenn er das Haus verließ. Sein kürzestes Gebet war einfach: *„Sei bei mir"*. Manchmal sagte er: *„Ich kann nicht verstehen, wie manche sich getrauen, nicht zu beten"*. Das verrät uns, wie wichtig es ist zu beten und wie viel Schutz es bietet.

Wie werden unsere Gebete erhört? Unsere Gebete werden durch das beantwortet, was um uns herum und mit uns geschieht, mit den Freunden, für die wir gebetet haben, und mit unserer Umgebung. Wir müssen aufmerksam sein, damit wir die Antworten auf unsere Gebete nicht verpassen.

Ich weiß, dass meine Gebete einmal erhört wurden, als meine Tochter und eine Freundin nach Kolumbien reisten. Eines Nachts wurde die Herberge, in der sie untergebracht waren, von einer Gruppe von Straßenräubern überfallen, die alle Rucksäcke unter Androhung von Gewalt raubten. Aber das einzige Zimmer, das nicht ausgeraubt wurde, war das Zimmer meiner Tochter und ihrer Freundin. Das sah ich als eine Antwort auf meine Gebete.

Das Gebet hat seine eigenen Gesetze, und um auf die richtige Weise zu beten, ist es nützlich, diese Regeln zu kennen. Martinus drückt es so aus:

„Das Gebet hat also seine eigenen Gesetze, seine eigene Struktur, sein eigenes bestimmtes Ziel. Wissen über das Gebet ist eine Wissenschaft für sich. Ohne dieses Wissen wird man in großem Umfang das Gebet in Situationen und Bereichen gebrauchen, in denen es von der Vorsehung absolut nicht erhört werden kann, wodurch dann im Bewusstsein des Betenden Enttäuschung, Zweifel und Unglaube gegenüber der Vorsehung entstehen. Ein solcher Mensch wird dann im schlimmsten Fall ein Gottesleugner. Das Gebet für etwas anderes benutzen zu wollen, als das, wofür es gedacht ist, kann also ziemlich ernste Konsequenzen mit sich bringen. Wie kann man nun wissen, ob man das Gebet auf die richtige Art und Weise oder mit der richtigen Absicht gebraucht?" (Martinus: Kap. 2 im kleineren Buch Nr. 11 „Das Mysterium des Gebets").

Martinus weist darauf hin, dass diese Frage im Neuen Testament beantwortet wird, wo Jesus sagt, dass alle Gebete, die im seinem Namen ausgesprochen werden, erfüllt werden. Dies hat unzählige Priester dazu veranlasst, nach jedem Gebet „in Jesu Namen" zu sagen. Aber trotzdem wurden diese Gebete in vielen Fällen nicht erhört. Warum ist das so? Ganz einfach, weil wir lernen müssen, was „im Namen Jesu" bedeutet.

Unter dem Ausdruck „im Namen Jesu" sollten wir „im Geiste Jesu" verstehen. Doch bevor wir definieren, was der Geist Jesu ist, wollen wir uns den zentralen Bestandteil der Mission Christi ansehen.

Vergebung zu lehren, stand im Mittelpunkt der Mission Christi

Jesus war ein hochentwickeltes Wesen, das auf die Erde herabgesandt wurde, um der Menschheit eine wichtige Lehre zu vermitteln: die Lehre von der Gewaltlosigkeit und der Vergebung. Die Mission Jesu erreichte ihren Höhepunkt am Kreuz, als er über seine Henker sagte: *„Vater, vergib ihnen, denn sie wissen nicht, was sie tun."*

Dieser Satz ist wirklich der Höhepunkt der Mission Christi: Vergib allen alles, was sie getan haben. Kann eine Vergebung größer sein als die Vergebung Jesu am Kreuz?

Unter den unerträglichen Schmerzen seiner Kreuzigung konnte Jesus für die Vergebung seiner Henker beten. Wir müssen ihnen vergeben, weil sie unwissend sind und die Konsequenzen ihres eigenen Handelns nicht kennen. Auf diese Weise repräsentieren die Henker einen sehr großen Teil der Erdbevölkerung, auch heute noch. Sie wissen nicht, dass sie sich ihr eigenes Schicksal bereiten, wenn sie andere misshandeln.

Darüber hinaus sagt Jesus nach dem Lukasevangelium:

„Euch aber, die ihr zuhört, sage ich: Liebt eure Feinde, tut wohl denen, die euch hassen, segnet die, die euch verfluchen, bittet für die, die euch misshandeln." (Lk 6,27-28).

Liebt eure Feinde und betet für sie. Segnet die, die euch verfluchen! Mit seiner vergebenden Haltung war Jesus für alle ein Beispiel dafür, wie ein wahrer, vollkommener Mensch reagieren würde – selbst in einer Situation, die so ernst war, dass sie ihm buchstäblich den Tod brachte. Die Vergebung war das Kernstück von Jesu Mission. Seine Mission bestand NICHT darin, die Sünden aller Verbrecher und Mörder auf sich zu nehmen, um einen zornigen Gott zu besänftigen. Einen solchen zornigen Gott gibt es nicht. Gott ist reine Liebe.

Durch seine vergebende Haltung am Kreuz wurde Jesus zu einem Modell für die Menschheit auf ihrem Weg zur Initiation: Vergib deinen Feinden und bete für sie! Sie wissen buchstäblich nicht, was sie tun, wenn sie dich verfolgen, denn sie wissen nicht, wie sich ihre Handlungen in der Zukunft auf ihr eigenes Schicksal auswirken werden. Sie kennen das Karmagesetz nicht und wissen nicht, dass sie am eigenen Leib ernten werden, was sie gesät haben.

Untersuchen wir in diesem Zusammenhang, was Martinus über die Kraft der Vergebung sagt. Jesus sagt, dass wir unseren Feinden sieben Mal siebzig Mal am Tag vergeben sollen, und Martinus fügt hinzu:

„Wenn die Menschen so weit gekommen wären, ihrem Nächsten <u>nicht nur sieben Mal täglich, sondern bis zu siebzig Mal sieben Mal täglich</u> vergeben zu können, d. h. das größte Gebot des Lebens ‚du sollst Gott über alle Dinge lieben und deinen Nächsten wie dich selbst' zu erfüllen, <u>würde aller Krieg, alle Rache und Strafe, alle Feindschaft, alle Unehrlichkeit oder aller Betrug und jede Form des Lebens auf Kosten seines Nächsten eine Unmöglichkeit auf</u>

Erden sein. *Seinem Nächsten jede denkbare Bosheit zu vergeben, die er einem zugefügt haben mag, ist somit die korrekte, hundertprozentige Erfüllung des Lebensgesetzes. Diese Vergebung ist also der Weg zum Licht, zum Glück und zur Seligkeit.*" (Martinus: *Livets Bog*, Band 7, Abschnitt 2449, Unterstreichungen von mir).

Wenn wir unseren Feinden nicht nur sieben Mal am Tag vergeben können, sondern bis zu siebzig Mal sieben Mal am Tag, dann kann es wohl an diesem Tag nichts mehr zu vergeben geben. Das ist das Niveau, das unsere Fähigkeit zu verzeihen erreichen sollte. Verzeihen zu können ist eine Voraussetzung, um Weltfrieden zu schaffen und kosmisches Bewusstsein zu erlangen.

Martinus wurde oft von seinen Anhängern gefragt, was man tun soll, um schnelle Fortschritte in Richtung kosmisches Bewusstsein zu machen. Er antwortete immer, dass der beste Weg darin besteht, liebevoll an diejenigen zu denken, die man nicht mag. Segne sie in deinen Gebeten. Bete für ihr Wohlergehen und ihr Gedeihen. Lösche den Begriff „Feinde" aus deiner Mentalsphäre und lass dein Licht wie die Sonne auf alle scheinen – sowohl die Guten als auch die Bösen.

„Nur im Trainieren von Vergebung liegt der Weg zum ‚kosmischen Bewusstsein' offen." (Martinus: Kap. 15 im kleineren Buch Nr. 10 „Kosmisches Bewusstsein").

Jesu Geist

Da Jesus ein hochentwickeltes Wesen mit kosmischem Bewusstsein war, kannte er natürlich die Gesetze des Gebets und wusste mit 100-prozentiger Sicherheit, dass Gebete, die „im Geiste Jesu" ausgesprochen wurden, immer erhört werden würden.

„Um etwas in ‚Jesu Namen' zu beten, ist also dasselbe wie, um etwas in Jesu Geist zu beten. Und um etwas in Jesu Geist zu beten, ist wiederum <u>dasselbe wie, im Einklang mit der All-Liebe, d. h. mit der Selbstlosigkeit zu beten und somit im Einklang mit dem göttlichen Willen, im Einklang mit dem direkten Wunsch der Gottheit</u>. Einen besseren Rückenwind kann ein Gebet wohl nicht bekommen. <u>Es ist nicht so erstaunlich, dass Christus ‚allen', die aus diesem Geist oder aus dieser selbstlosen Natur zu Gott beten, die Erhörung ihrer Gebete versprechen konnte.</u>" (Martinus: Kap. 2 im kleineren Buch Nr. 11 „Das Mysterium des Gebets", Unterstreichungen von mir).

Alles, was Jesus tat und lehrte, war in Übereinstimmung mit der All-Liebe und dem Willen Gottes. Aus diesem Grund konnte er sagen, dass alles, worum wir bitten und was mit Gottes Willen übereinstimmt, erfüllt werden wird:

„Ein Gebet kann also auf zwei Arten manifestiert werden, nämlich entweder in ‚Jesu Namen' oder im Geist der Selbstlosigkeit, indem man eben sagt: ‚Vater, nicht mein, sondern dein Wille geschehe', oder aber im Geist des Egoismus, wenn es der eigene Wunsch ist, den man unbedingt und völlig unabhängig davon erfüllt haben will, zu welchem Preis dies geschieht oder welchen Schaden und welches Leiden es kollektiv gesehen oder innerhalb des großen göttlichen Plans verursachen kann. Im ersten Fall wird das Gebet erhört, während es im zweiten Fall nicht erhört werden kann. Das große Problem für den Betenden ist es daher zu lernen, in ‚Jesu Namen' zu beten, d. h. im Geist der All-Liebe, jenem Geist, in dem <u>das Gebet niemals anders geartet sein kann, als allen zu großer Freude und zu großem Segen zu gereichen, und in dem es absolut niemandem einen Nachteil oder ein Unglück bringen kann.</u>"
(Martinus: Ebd. Unterstreichung von mir).

Jedes Gebet, das mit Gottes Willen übereinstimmt, wird erfüllt werden. Es ist einleuchtend, dass es so ist. Selbstsüchtige Gebete, die anderen schaden könnten, können dagegen nicht erfüllt werden. So einfach ist das.

Auf welche Weise sollten wir also unsere Gebete ausdrücken? Die beste Art zu beten ist das Gebet, das Jesus seine Jünger gelehrt hat: das Vaterunser. Es ist ein Gebet, das völlig selbstlos ist und zu 100 % mit dem Willen Gottes übereinstimmt.

Dieses Gebet enthält die Zeile: *„Unser tägliches Brot gib uns heute"*, und ich glaube, hier ist eine Bemerkung angebracht, denn es kann als egoistischer Wunsch aufgefasst werden. Aber es ist nicht egoistisch, darum zu beten, dass die eigenen Grundbedürfnisse befriedigt werden, wenn der Hunger an die Tür klopft. Martinus drückt es so aus:

„All die Begehren, die lebensbedingend oder naturnotwendig sind, wie Hunger, Durst usw., und ohne die das tägliche Leben unmöglich aufrechterhalten werden könnte, sind nicht egoistisch und sind deshalb unmittelbar in Kontakt mit dem göttlichen Willen. Es kann nur gut sein, diese Begehren in sein Gebet einzuflechten, wenn Hemmnisse oder Hindernisse für ihre Erfüllung entstanden sind." (Martinus: Kap. 8 im kleineren Buch Nr. 11 „Das Mysterium des Gebets").

Die Vorteile des Gebets werden in diesem Zitat von Martinus erläutert: *„Kann Gott denn hören, wenn ein einzelnes Lebewesen ihn anruft? Kann er erleben, wenn sich ein Mensch durch sein Gebet an ihn wendet? – Gott hört die Gebete aller Lebewesen, ganz gleich, ob sie in Form von einem Todesschrei oder in Form von andächtigen Worten und Sätzen vorkommen. Aber da Gott das ganze Weltall ist, ist er nicht ein Wesen, das irgendwo an irgendeinem Ort sitzt, sondern er hat ohne Ausnahme sein Hören,* *sein Sehen oder sein Sinneserleben überall.* Da aber Gottes Sinnes- und Manifestationsorgane die Lebewesen im Mikrokosmos und im Makrokosmos wie auch im Zwischenkosmos sind, ist er also imstande, überall und unter allen Formen und auf jeder Daseinsebene zu erleben. <u>*Wenn ein Mensch bei einem anderen Menschen um physische Hilfe bittet, dann ist diese Bitte in Wirklichkeit ein Gebet zu Gott.*</u> *Wenn dasselbe Wesen keinen physischen Mitmenschen kennt, den es um Hilfe bitten könnte, kann es wie Christus direkt zu Gott beten, indem es ihn mit den Worten anruft: ‚Vater unser, der du bist im Himmel'. Und dieses Gebet wird dann von diskarnierten Wesen gehört,* <u>*die stets die physischen Wesen als Schutzengel umgeben.*</u> *Und so gibt es immer Wesen, entweder sichtbare oder unsichtbare, durch die die Gottheit die Gebete der Wesen hört und ihre Leiden und Beschwerlichkeiten erlebt. Ob sie erhört werden, d. h. ob ihr Gebet erfüllt wird,* <u>*ist also davon abhängig, ob diese Erfüllung für die weitere Vervollkommnung des betreffenden Wesens in der Entwicklung zu absolutem Nutzen ist.*</u> *Andernfalls wird das Gebet nicht erhört. Gott ist allweise und manifestiert nichts, was zum Schaden für das betende Wesen werden würde und damit zum Schaden für ihn selbst. Aber durch das Gebet* <u>*überführt die Gottheit Kraft und Stärke von den stärkeren Wesen zu den weniger starken oder schwachen Wesen, wodurch diese gestützt werden und viel leichter durch ihre Krisen oder Widerwärtigkeiten kommen,*</u> *sodass sie im besten Fall sogar mit Freude durch die finsteren Situationen in ihrem Schicksal kommen können.“* (Martinus: *Livets Bog,* Band 6, Abschnitt 2383, Unterstreichungen von mir).

Interessanterweise sagt Martinus, dass, wenn wir ein anderes physisches Wesen um Hilfe bitten, dies eigentlich auch ein Gebet zu Gott ist. Und da alle anderen Lebewesen Quanten Gottes sind, genauso wie wir selbst, ist es klar, dass eine Bitte an ein anderes physisches Wesen auch eine Bitte an Gott ist, da dieses Wesen ein Teil von Gott ist.

Wenn wir „im Geiste Jesu" beten (selbstlose und altruistische Gebete), werden diese Gebete mit der Zeit erhört werden. Und vergessen wir nicht: Gottes Verzögerung ist nicht Gottes Ablehnung. Die Dinge geschehen vielleicht nicht immer nach unserem eigenen Zeitplan, sondern nach dem, was im besten Interesse der meisten Wesen ist.

Beten hat einen weiteren großen Vorteil, der am Ende des obigen Zitats von Martinus hervorgehoben wird, wo er sagt: *„Aber durch das Gebet überführt die Gottheit Kraft und Stärke von den stärkeren Wesen zu den weniger starken oder schwachen Wesen, wodurch diese gestützt werden und viel leichter durch ihre Krisen oder Widerwärtigkeiten kommen".* Das Gebet gibt uns Kraft, wo wir vorher keine hatten, es gibt uns Trost in unseren finstersten Zeiten, und es wird unsere gebrochenen Herzen heilen und uns aus unserem Elend herausführen.

Kann uns das Gebet auch helfen, wenn wir einen schweren Verlust eines geliebten Partners, Kindes oder Freundes erlitten haben, wenn wir unsere Gesundheit verloren haben oder auf andere Weise von einem negativen Schicksal tief betroffen sind?

Ja, das kann es. Martinus erklärt das in einem sehr interessanten Artikel mit dem Titel „Der Garten von Gethsemane", der in dem kleineren Buch Nr. 15, „Aus der Finsternis heraus", veröffentlicht wurde. In diesem Artikel erklärt Martinus, was mit Jesus in der Nacht geschah, die er im Garten Gethsemane verbrachte, in der Nacht, bevor er verhaftet wurde.

Jesus entfernt sich von seinen Jüngern und geht in einen Teil des Gartens, wo er allein sein und beten kann. Er weiß, welches

Schicksal ihn erwartet, denn er hatte es vor seiner Inkarnation auf der Erde akzeptiert, aber jetzt, da er an das Leiden denkt, das er und sein Mikrokosmos durchmachen werden, betet er zu Gott und sagt: *„Vater, wenn du willst, nimm diesen Kelch von mir; aber nicht mein Wille, sondern dein Wille geschehe". „Und es erschien ihm ein Engel vom Himmel, der ihn stärkte".* (Lk 22,42-43).

Obwohl Jesus ein Wesen aus einem höheren Reich war, so war er auch so viel ein Wesen aus Fleisch und Blut, dass diese Angst kommen musste. Jesus drückte seine Furcht folgendermaßen aus: *„Wachet und betet, damit ihr nicht in Versuchung kommt; der Geist ist willig, aber das Fleisch ist schwach."* (Mt 26,41).

Jesus war auch ein Wesen aus Fleisch und Blut durch die Wirkungen der unfertigen Seiten seiner leiblichen Eltern. Das bedeutete, dass er diese Angst nicht völlig überwinden konnte (das Fleisch ist schwach), obwohl er selbst, wenn er nicht unter dem Einfluss der unfertigen Seiten seiner leiblichen Eltern gestanden hätte, völlig über aller Todesangst stand (der Geist ist willig). Und wir sehen, wie Jesus diese Dunkelheit durch die Kraft seiner eigenen Seele und durch das Gebet schnell besiegte. Er betete intensiv zu Gott, ihm beizustehen, und dann erschien ihm ein Engel des Lichts. Und mit den Worten *„Herr, nicht mein, sondern dein Wille geschehe"*, war diese Krise überstanden.

Dies ist ein Vorbild für alle Menschen, wie man eine tiefe Krise überwinden kann. Wenn ein Mensch sich mitten in seinem eigenen „Gethsemane" befindet, inmitten von Trauer, angesichts eines großen Verlustes, eines Todes, einer Scheidung oder einer Trennung, muss er all seine intellektuellen Kräfte mobilisieren, um herauszufinden, was Gottes Absicht mit dem Schmerz und dem Leid sein kann. Wenn man das tut, wird man wie Jesus die Dunkelheit besiegen.

Demjenigen, der in der Lage ist, seinen eigenen Willen zugunsten des Willens Gottes aufzugeben, wird in der Stunde der Not immer ein Engel gesandt werden. Und der Wille Gottes geschieht am besten, wenn wir uns von den Dingen lösen, die die Krise verursacht haben. Das kann der Verlust eines Kindes sein, der Tod eines geliebten Ehepartners, die Enthüllung der Untreue unseres Partners oder der Verrat durch die Person, die wir am meisten lieben. Die Gethsemane-Krise kann sich auf vielfältige Weise äußern, aber in allen Fällen besteht der beste Weg, sie zu überwinden, darin, sich an die neue Situation anzupassen. Was geschehen ist, kann nicht ungeschehen gemacht werden. Die Hoffnungen, die wir für das, was verloren gegangen ist, hegten, müssen wir loslassen.

Wir müssen unsere ganze Kraft aufbieten, um die Möglichkeiten aufzudecken, die die neue Situation bietet. Und in dem Moment, in dem wir all den Schmerz in Gottes Hände legen und uns von den zerstörerischen Kräften der Angst, des Hasses und der Bitterkeit befreien und akzeptieren, dass Gottes Wille geschieht, wird ein strahlender Engel in unsere Aura eintreten und wir werden Gottes Gegenwart so intensiv spüren, dass die Angst und der Kummer uns verlassen werden.

Die Lebensfreude wird dann langsam in unser Gemüt, unsere Psyche und unsere Seele zurückkehren, und wir werden, sogar nach dem Erleiden eines großen Verlustes, wieder in der Lage sein, unser Leben in vollen Zügen zu leben.

Ich denke, das ist der beste Rat, den man Menschen geben kann, die leiden, trauern oder im Sterben liegen.

Martinus weist auch darauf hin, dass das Gebet in Verbindung mit kosmischer Einsicht das Unglück vom Bewusstsein des Menschen fernhalten kann. Seelische Stärke, Glück und Glückseligkeit sind einige der Vorteile des Betens.

Wo und wie sollten wir beten? Sollten wir eine Kirche, Moschee oder einen anderen heiligen Ort aufsuchen, um zu beten, oder sollten wir mitten auf der Straße stehen und zeigen, dass wir beten? Sollten wir uns hinknien und die Hände falten?

Nein, ganz im Gegenteil. Es gibt keine Notwendigkeit für bestimmte Orte oder Handlungen. Alles, was wir tun müssen, ist, in unser „stilles Kämmerlein" zu gehen, das heißt in die verborgenen Bereiche unserer Seele. Nur für einen Moment sollen wir uns von der Außenwelt abwenden und nach innen schauen. Und dann richten wir unser Gebet direkt an Gott. Beten wir um Schutz für uns und andere, beten wir um Frieden und Harmonie, beten wir, dass „dein Reich komme", was Frieden auf Erden bedeutet. Halte den Kanal offen, damit die göttliche Hilfe immer zur Hand ist. Bete, um Gottes willen, bete, bete, bete!

Es wirkt, selbst wenn wir nicht daran glauben. Gott ist nicht so kleinlich, dass er nur denen zuhört und hilft, die an ihn glauben. Gott kennt unseren Weg durch den Zyklus und weiß genau, dass die Finsternis, wenn wir auf dem Höhepunkt angelangt sind, von einer Zeit der Gottlosigkeit gekrönt wird. Er hat es so erschaffen, warum sollte er also unseren Atheismus verurteilen?

Es sollte erwähnt werden, dass wir alle ein angeborenes Bedürfnis haben zu beten, wenn wir unglücklich sind oder uns in Gefahr befinden. Diese Fähigkeit ist in unserer Psyche verankert und kann selbst beim hartgesottensten Atheisten nicht ausgelöscht werden. Diese Fähigkeit zu beten ist bereits bei Tieren zu beobachten, wenn sie von einem Raubtier angegriffen werden oder sich in einer anderen tödlichen Gefahr befinden: Sie schreien. Schreien ist eigentlich die primitivste Form des Gebets, und es ist eine bekannte Tatsache, dass die meisten Menschen in gefährlichen Situationen schreien. Wenn wir uns weiterentwickeln, können wir unsere Fähigkeit zu beten so verfeinern, dass wir am Ende mit Gott wie mit einem alten Freund sprechen, der neben uns steht.

Martinus hat das hier schon zitierte wunderbare kleine Buch (Nr. 11) mit dem Titel „Das Mysterium des Gebets" geschrieben, das ich sehr empfehlen kann. Es kann (auf englisch) unter diesem Link kostenlos gelesen werden:
https://www.martinus.dk/en/ttt/index.php?bog=11

Auf Deutsch kann man es unter diesem Link kaufen:
https://shop.martinus.dk/en/german-books-43/smaaboeger-114/das-mysterium-des-gebets-buch-11-1304.html

Alle Naturgesetze sind Ausdruck von Gottes Willen

Wie zu Beginn dieses Buches erwähnt, leben wir in einem geordneten Universum, das von Gesetzen bestimmt wird. Es herrscht Ordnung, nicht Chaos. Das Universum ist der Körper Gottes, und es wird von universellen und ewigen Gesetzen regiert, die ihren Ursprung in Gottes Bewusstsein haben. Diese Gesetze sind zahlreich und wir kennen sie nicht alle, aber ich möchte einige von ihnen erwähnen:

- Das Gesetz der Bewegung (alle Materie bewegt sich in Kreisbahnen).
- Das Karmagesetz (wir ernten, was wir säen).
- Das Gesetz der Anziehung (Energien auf ähnlichen Wellenlängen ziehen sich gegenseitig an und Energien auf unterschiedlichen Wellenlängen stoßen sich ab).
- Das Gesetz der Schwerkraft (ein Untergesetz des Gesetzes der Anziehung).

- Das Gesetz des Hungers und der Sättigung (wovon wir satt sind, spricht uns nicht mehr an).
- Das fünfte Gebot: Du sollst nicht töten.
- Das Gesetz des Kontrasts (Wahrnehmung ist ohne Kontrast unmöglich).
- Das Gesetz der Vergebung (vergib deinen Feinden – sie wissen nicht, was sie tun).
- Das Gesetz der Reinkarnation (alle Lebewesen reinkarnieren).
- Das Gesetz von der Lebenseinheit / Lebewesen innerhalb von Lebewesen (wie in Symbol Nr. 7 zu sehen).
- Das Gesetz der Dualität (es gibt zwei Existenzebenen: die geistige und die physische – von diesen beiden hat die geistige Ebene den Vorrang).
- Das Gesetz der sexuellen Polverwandlung: von einpoligen zu doppelpoligen Wesen.
- Das Gesetz der Evolution und der Involution (wir bewegen uns ewig zwischen den beiden Extremen Finsternis und Licht).
- Das Gesetz des Lebens: Liebe deinen Nächsten wie dich selbst und Gott über alle Dinge.

Die Gesetze wurden von Gott erdacht und umgesetzt. Auf diese Weise sind sie Ausdruck des Willens Gottes.

Im Neuen Testament drückt Jesus den Willen Gottes in Mt 10,28-30 folgendermaßen aus: *„Werden nicht zwei Sperlinge für ein Kupferstück verkauft? Und nicht einer von ihnen fällt auf die Erde, es sei denn, dass es der Wille eures Vaters ist. Aber auch die Haare auf eurem Haupt sind gezählt.“*

Es war mir immer ein Rätsel, wie Gottes Wille eingreifen konnte, wenn ein Sperling zu Boden fiel. Aber wenn wir lernen, dass die Gesetze des Lebens alle nach Gottes Willen gestaltet sind, ist es leicht zu verstehen, dass der Sperling aufgrund des Gesetzes der Schwerkraft zu Boden fällt, das von Gott erdacht ist und somit seinen Willen widerspiegelt.

Die Genauigkeit und Präzision des Karmagesetzes wird auch in diesem Zitat erklärt, wenn Jesus sagt: *„Aber auch die Haare auf eurem Haupt sind gezählt."*

Ich finde diese Art, die Genauigkeit des Karmagesetzes auszudrücken, genial. Das Karmagesetz wankt nicht und irrt sich nicht. Es wirkt zu jeder Sekunde und behält im Auge, was man gesät hat und deshalb ernten muss.

Wir begegnen Gott in allen anderen Lebewesen

Da wir alle Teile Gottes sind, begegnen wir Gott in allen anderen Lebewesen: nicht nur in unseren Freunden, Geliebten, Ehepartnern oder Kindern, sondern auch in allen Tieren und Pflanzen. Wir begegnen Gott auch in unseren Feinden, und der schnellste Weg, kosmisches Bewusstsein zu erlangen, ist, wohlwollend an unsere Feinde oder diejenigen, die wir nicht mögen, zu denken und ihnen liebevolle Gedanken zu schicken.

Martinus wurde oft nach dem schnellsten Weg gefragt, ein erleuchtetes Wesen zu werden, und er antwortete immer: Denke freundlich an die, die du nicht magst, und sende ihnen deinen Segen. Er drückt es so aus:

„... der schnellste Weg oder der wirklich nützliche und wirkungsvolle Weg ist, darüber nachzudenken: ‚Gibt es Menschen, die ich nicht mag? – Gibt es Menschen, gegen die ich einen Groll hege?' – Lernen Sie also, freundlich über diese Menschen zu denken, und denken Sie auch freundlich über diejenigen, die Sie nicht mögen. Der Weg zum ewigen Licht führt ja über die Liebe zu denen, die man

nicht leiden kann. Freilich können wir diejenigen gernhaben, die uns gernhaben. Aber es sind die, die uns nicht mögen, die wir lieben sollen. Dadurch endet die Finsternis in der Welt.“ (Martinus: Kap. 23 in dem Artikel „Christi Wiederkunft – das Kommen des Beistandes“, Artikel-ID: M1189, Unterstreichung von mir).

Die Finsternis in der Welt wird enden, wenn wir alle liebevoll an unseren Nächsten denken. Diese Praxis ist auch eine sehr gute Übung für unsere eigene geistige und physische Gesundheit. Wenn es uns gelingt, Groll, Abneigung und Kritik zu eliminieren, haben wir den Weg für eine strahlende geistige und physische Gesundheit geebnet. Nicht nur unsere sogenannten Feinde werden davon profitieren, sondern in hohem Maße auch wir selbst, denn positive, glückliche Gedanken sind die beste Grundlage für eine gute Gesundheit.

Angenommen, wir haben einen Konflikt mit einem Arbeitskollegen. Der beste Weg, den Konflikt zu lösen, besteht darin, liebevoll über die Person zu denken und darum zu bitten, dass der Konflikt gelöst oder aufgelöst wird. Unsere liebevollen Gedanken werden die Person unterbewusst erreichen und sich positiv auf ihre Haltung uns gegenüber auswirken. Plötzlich hat unser „Gegenspieler“ seine Einstellung zu uns geändert und es kann sich eine gute Freundschaft entwickeln, wo vorher Negativität herrschte. Es hilft wirklich, anderen liebevolle Gedanken zu schicken; sie werden immer bei der Person ankommen, an die sie gerichtet sind.

Wir müssen uns immer daran erinnern, dass alle anderen Lebewesen für uns Gott repräsentieren. Es gibt eigentlich nur zwei Akteure auf der Bühne: Gott und dich. Wohin wir uns auch wenden, begegnen wir Gott.

Und Gott spricht die ganze Zeit persönlich zu uns: *„Das Weltall ist die Liebesmanifestation, der Unterricht und die Unterhaltung eines Lebewesens, die an jedes einzelne Lebewesen im Dasein persönlich gerichtet sind."* (Martinus: *Livets Bog*, Band 2, Abschnitt 488, Unterstreichungen von mir).

Dieses Zitat regt so sehr zum Nachdenken an! Was wir von unserer Umgebung empfangen, ist Gottes Liebe, Lehre und Unterhaltung. Gott schenkt uns nicht nur Erlebnisse, die unsere Einsicht erweitern, er lehrt uns auch wichtige Lektionen und er sorgt sogar dafür, dass wir unterhalten werden. Ist das nicht fantastisch? Was uns widerfährt, ist Gottes persönliche Art, sich an uns zu wenden. *„an jedes einzelne Lebewesen im Dasein persönlich gerichtet".* WOW!

Gott wird für uns nun als unser Nächster sichtbar: *„Gott wurde sogar in Fleisch und Blut sichtbar, da wir entdeckten, dass er eben dieser unser Nächster war und dass seine Stimme, seine Rede an uns, seine Liebe, Erziehung und sein Unterricht wie auch die Erbauung ausschließlich nur durch diesen Nächsten manifestiert werden kann."* (Martinus: *Livets Bog*, Band 3, Abschnitt 753).

Wir sollen unseren Nächsten lieben, denn auf diese Weise lieben wir Gott. Und wenn wir Gott lieben, liebt er uns zurück.

Können wir ohne Gott leben?

Viele von uns sind aus den bereits genannten Gründen gottlos geworden: Kriege, Elend, Armut, grausame Schicksale, Unglücksfälle, Ungerechtigkeit, Tortur, Naturkatastrophen, usw. Sie denken, dass es angesichts all des Elends auf der Welt keinen Gott geben kann.

Doch wenn sie sich in einer kritischen Situation befinden, fangen sie aus heiterem Himmel an, zu dem Gott zu beten, an den sie nicht glauben.

Warum bloß? Weil der Glaube an Gott ein angeborenes, organisches Talent ist. So wie jedes Samenkorn ein angeborenes Talent hat, zu einer bestimmten Pflanze zu werden, so ist das Talent für den Glauben und das Vertrauen in Gott in jedem Lebewesen angelegt.

Wenn wir die Kulmination der Finsternis in dem Zyklus, den wir durchlaufen, passieren, kann eine Zeit kommen, in der wir so materialistisch, entmutigt oder voller Verleugnung sind, dass wir die Idee eines liebenden Gottes ablehnen und Atheisten oder Agnostiker werden. Aber das ist nur eine Phase, und sie wird vorübergehen. Sie wird vorübergehen, wenn wir vom Glauben zum Wissen übergehen. Sie wird vorübergehen, wenn wir die logische Notwendigkeit der Existenz eines Schöpfers verstehen.

Obwohl Gott sich als unser Nächster manifestiert, transzendiert seine Existenz die des Nächsten, weil Gott nicht in Zeit und Raum lokalisiert werden kann. Gott kann nicht gesehen, gemessen oder gewogen werden, und er kann nicht direkt mit unseren Sinnen wahrgenommen werden. Gott ist also für unsere physischen Sinne nicht spürbar. Aber das ist eigentlich eine falsche Sichtweise von Gott, denn er ist in allem um uns herum sichtbar: in unserem Ehepartner, unseren Kindern, unseren Freunden und Nachbarn, in der Natur und tatsächlich in allen Lebewesen. In seinem Wesen umfasst er alle anderen Lebewesen. Auf diese Weise ist er allgegenwärtig, allwissend und allliebend.

Martinus wurde einmal von einem pfiffigen Journalisten gefragt: *„Martinus, bist du religiös?"* Martinus überlegte lange, bevor er antwortete, denn er betrachtete sich nicht als religiös im üblichen Sinne, und schließlich sagte er: *„Ja, ich sehe das Göttliche in allem."* Auf diese Weise müssen wir die Welt sehen: als die göttliche Schöpfung, die sie ist.

Wie ich schon sagte, sind auch die unangenehmen Aspekte des Lebens ein Teil von Gott, und zwar aufgrund des unverzichtbaren Kontrastprinzips. Wenn wir mit Schmerz, Verlust, Armut, Hunger und Elend konfrontiert sind, ist es kein Wunder, dass wir uns von Gott abwenden und uns weigern zu glauben, dass er überhaupt existiert. Aber das ist nur eine Phase, das geht vorüber. Es wird aus zwei Gründen vorübergehen:

Der erste ist, dass unsere Leiden dazu beitragen, unsere intuitive Fähigkeit zu öffnen, und sobald sie geöffnet ist, entwickeln wir uns von Gläubigen zu Wissenden. Glaube oder Annahmen werden durch Wissen und Einsicht ersetzt werden. Je mehr Lebenserfahrungen und Leiden wir durchlebt haben, desto stärker wird die Intuitionsenergie in unserer Mentalität/unserem Bewusstsein, und wenn das der Fall ist, beginnen wir, Gott in allem zu sehen, und unsere angeborene und unauslöschliche Beziehung zu Gott, die für kurze oder längere Zeit geschlummert hat, beginnt sich zu regen und lässt uns erkennen, dass das Universum mit so überlegener Intelligenz und Logik erschaffen wurde, dass einfach ein intelligenter und liebevoller Schöpfer dahinter stehen MUSS. Wenn dies geschieht, beginnen wir zu erfahren, dass hinter allem, was wir tun, ein göttlicher Beistand steht, die Magie der Existenz beginnt sich uns zu offenbaren, und dann, eines schönen Tages, werden wir unseren ersten kosmischen Funken bekommen und später kosmisches Bewusstsein erlangen. Dann wird uns alles offenbart und wir sehen Gott überall.

Der zweite Grund ist, dass wir, bis wir Gott wiederfinden, im Grunde verloren sind. Wir können Trost in materiellen Dingen finden: Villen, Autos, Yachten, Schmuck, Ledersofas, große Partys, sich betrinken, Sex haben, high werden und so weiter, aber der Wert dieser materiellen Aspekte des Lebens ist nur flüchtig, und nach ein paar Inkarnationen, in denen wir alle die Dinge bekommen haben, die wir haben wollten, werden wir feststellen, dass kein echtes und dauerhaftes Glück in einem Pelzmantel, einem Diamantring, einem Rolls Royce oder einem Swimmingpool steckte. Es ist einfach so, dass keine materiellen Dinge auf Dauer eine Beziehung zu Gott ersetzen können.

Und wenn man wie der verlorene Sohn zu Gott zurückgekehrt ist, mit dem Wunsch zu dienen und nicht, bedient zu werden, wird man Frieden, Zufriedenheit und Glück finden. Das tut man, weil man den einzigen festen Punkt im Universum gefunden hat. Die Wanderschaft ist vorbei. Man ist heimgekommen.

Und:

„Man ist groß genug, um zu wissen, dass die Leiden eine göttliche Belehrung sind, ein unentbehrliches Glied in Gottes Verwandlung des Wesens vom ‚Tier‘ zum ‚Menschen‘. Man weiß, dass alles sehr gut ist, dass die Gottheit und das Universum deshalb einzig und allein Ausdruck für All-Liebe sein können und dass das einzige Gebet, wert zu beten, ist: ‚Vater, geschehe nicht mein, sondern dein Wille.‘" (Martinus: Kap. 24 im kleineren Buch Nr. 7 „Der am längsten lebende Abgott").

Alles ist sehr gut

Martinus betont immer wieder, dass alles „sehr gut" ist und genau so, wie es sein soll.

Aber wenn wir die Welt anschauen, wie sie sich vor unseren staunenden Augen in diesen unruhigen Zeiten entfaltet, ist es sehr schwierig zu sehen, wie alles „sehr gut" sein kann.

Tatsache ist jedoch, dass alles so ist, wie es sein soll, wenn wir unseren Platz in der Evolution in Betracht ziehen. Wir sind da, wo wir auf unserer Reise durch den Zyklus sind, und als unfertige Menschen ist die Weltsituation genau so, wie wir sie mit unserer primitiven Denkweise, mit unserem Egoismus, unserer Gier, unserem rücksichtslosen Verhalten gegenüber anderen, unserem Töten und unserer Lieblosigkeit geschaffen haben. Die Weltsituation ist ein Spiegel dessen, was wir gesät haben. Es ist eine unfertige Welt aufgrund unserer unfertigen Manifestationen.

Aber eines Tages werden unsere Manifestationen fertig sein, und es wird eine fertige Welt entstehen, wie in Symbol Nr. 82 dargestellt.

Auf allen Stadien unserer Evolution ist alles sehr gut, weil es unsere Entwicklungsstufe widerspiegelt. Wir können nicht das sein, wozu wir uns noch nicht entwickelt haben. Wir befinden uns immer auf dem Höhepunkt unserer Entwicklung, und niemand kann auf der Grundlage von Erfahrungen handeln, die noch nicht gemacht wurden.

Solange wir kein kosmisches Bewusstsein erlangt haben, müssen wir akzeptieren, dass wir immer noch unfertige Menschen sind, Kunstwerke im Entstehen, verwundete Flüchtlinge zwischen zwei Reichen: dem Tierreich und dem wahren Menschenreich.

Aber durch Martinus' Werk wissen wir, dass wir alle eines Tages das wahre Menschenreich des Friedens und der Liebe erreichen werden, dass unsere Leiden und Erfahrungen in der Dunkelheit nicht umsonst waren und dass Gottes Liebe uns hier und jenseits der physischen Welt umfängt.

Unsere Erfahrungen der Finsternis waren „nur" der dunkle Pinsel, den Gott benutzt hat, um ein vielfarbiges Bild zu malen, damit wir die Wirklichkeit für immer wahrnehmen können.

Auf unserem Weg zum wahren Menschenreich gibt es eine wichtige Etappe, die wir passieren müssen: die der Demut. Wir müssen uns eingestehen, dass wir in unserem Größenwahn glaubten, dass wir die Welt beherrschen könnten, dass wir durch unsere materialistischen Wissenschaften alles wüssten, dass wir aufgrund unserer Titel oder unseres Geldes unantastbar seien. Doch mit wahrer kosmischer Einsicht erkennen wir, dass sich die Tore der Weisheit nur für diejenigen öffnen, die demütig geworden sind. Sie werden sich für diejenigen öffnen, die nun einsehen, dass sie dort, wo sie einst dachten, sie wüssten alles, nun sehen, dass sie sehr wenig wissen. Nur Demut kann das Tor der Weisheit öffnen.

„Kein Mensch ist vor Gott mehr wert als irgendein anderer. Sie sind alle auf dem Weg zu der schon genannten ‚Pforte der Weisheit', durch die nur die Demut den Menschen hindurchführen kann." (Martinus: „Demut", Abschnitt 8, Artikel-ID: M2580, deutscher Kosmos 2/2024).

6. Die wahre Theorie von Allem

Die Theorie von Allem versucht, alle fundamentalen Kräfte und Partikel in der Natur in einer einzigen kohärenten und umfassenden Theorie zu vereinen. Sie soll eine vollständige und konsistente Beschreibung des Universums auf der fundamentalsten Ebene sein.

„Eine Theorie von Allem (englisch: theory of everything, TOE), einheitliche Feldtheorie oder Weltformel ist ein hypothetischer, einzigartiger, allumfassender, kohärenter theoretischer Rahmen der Physik, der alle Aspekte des Universums vollständig erklärt und miteinander verbindet. Die Suche nach einer Theorie von Allem ist eines der wichtigsten ungelösten Probleme der Physik.“ (Wikipedia).

Das obige Zitat beschreibt, was eine Theorie von Allem enthalten sollte, und in vielerlei Hinsicht kann man sagen, dass Martinus' Gesamtwerk eine solche Theorie darstellt. Martinus war weder Mathematiker noch Physiker, aber er hatte eine einzigartige Fähigkeit, die keiner der hellsten Köpfe in beiden Bereichen besaß: Er hatte ein kosmisches Bewusstsein. Damit hatte er die Intuitionsenergie unter Kontrolle seines Willens. So konnte er die gesamte Struktur des Universums enthüllen, von den größten Galaxienhaufen bis hin zu den kleinsten subatomaren Systemen. Mit anderen Worten, er konnte die wahre Theorie von Allem enthüllen – nicht basierend auf den irdischen Wissenschaften der Mathematik oder Physik, sondern auf erleuchteter kosmischer Klarsicht, Logik, intelligenten Analysen und Liebe.

Martinus zeichnete ein Symbol, das er das „Hauptsymbol" nannte, das Symbol, das eine umfassende Offenbarung des Kosmos enthält. Dieses Symbol – Nr. 11 – erklärt das Universum als eine

Ganzheit und als ein lebendiges Wesen, das mit Gott identisch ist. Das Symbol offenbart das ewige Weltbild, das den kosmischen Gott und uns, die ewigen Gottessöhne beinhaltet.

Symbol 11

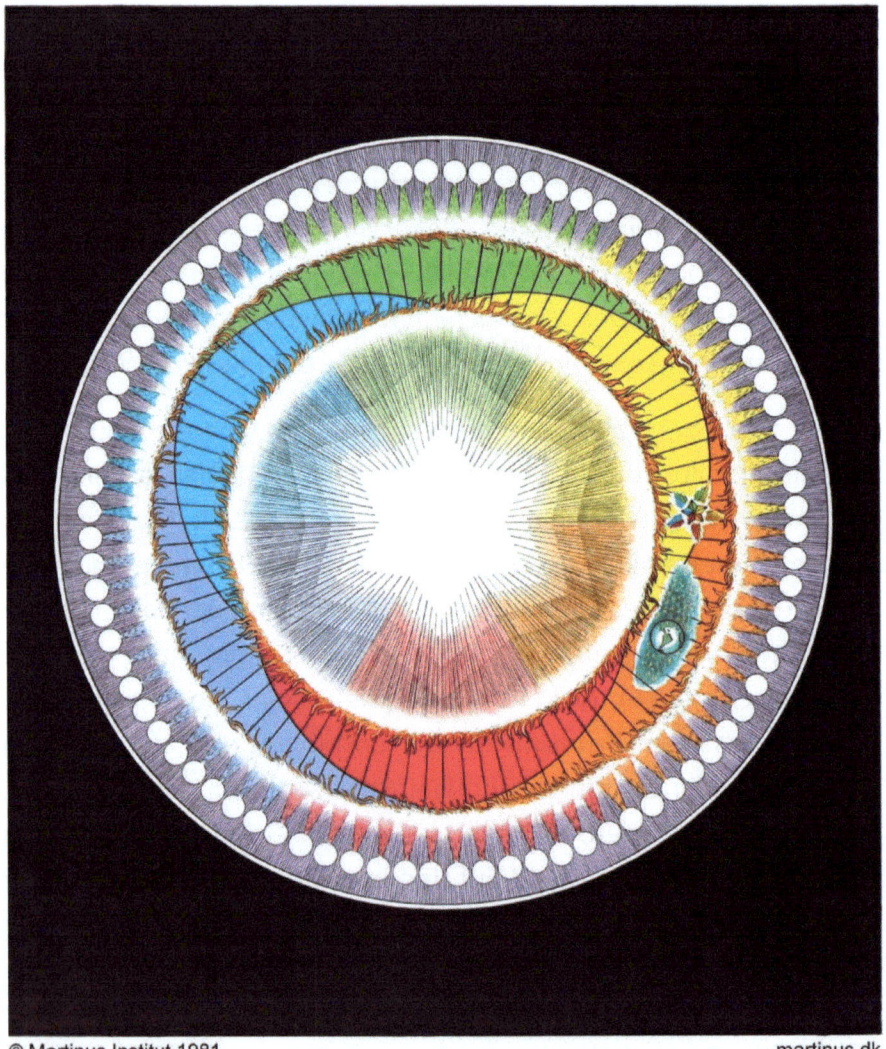

© Martinus Institut 1981   martinus.dk

Das ewige Weltbild. Das Lebewesen II. Die ewige Gottheit und die ewigen Gottessöhne

Zusammenfassung der Erklärung des Symbols 11 – Das ewige Weltbild / Das Lebewesen II / Die ewige Gottheit und die ewigen Gottessöhne

Das Symbol zeigt das All als Ganzes. Das All ist ein lebendes Wesen – die Gottheit. Die Gottheit erscheint als ein aus dem Ich, der Schöpfungsfähigkeit und dem Erschaffenen bestehendes dreieiniges Prinzip. Sie enthält alle existierenden Lebewesen – die Gottessöhne. Jeder Gottessohn besteht aus demselben dreieinigen Prinzip. Daher symbolisiert das Symbol zugleich jedes Einzelwesen. Die Gottheit und die Gottessöhne leben in einer ewigen Wechselwirkung. Da die Schöpfungs- und Erlebensorgane aller existierenden Lebewesen zusammen Gottes Schöpfungs- und Erlebensorgane sind, zeigt sich hier als Wirklichkeit, dass die Gottheit überall gegenwärtig, allmächtig, allwissend und allliebend ist. Der Grundton des Alls ist die Liebe.

Wichtige Einzelheiten des Symbols:

- Das weiße Feld in der Mitte symbolisiert X1 oder das Makro-Ich; die kleinen weißen Felder am Außenrand symbolisieren die Mikroichs.
- Das Makro-Ich, dargestellt als sechseckiger Stern, symbolisiert, dass seine Manifestationen und Erlebnisse durch sechs verschiedene Bewusstseinszustände geschehen, d. h. einen für jede Grundenergie.
- Die Schöpfungsfähigkeit, X2, wird mit einem Strahlenkranz um das Makro-Ich sowie den Strahlen und dem violetten Feld um die Mikroichs am Rand des Symbols dargestellt.
- Die farbigen Felder zwischen dem Makro-Ich und den Mikroichs symbolisieren X3 oder das Ergebnis der Schöpfungs- und Erlebensfähigkeit des Ichs. X3 besteht aus dem Bewusstsein und dem Organismus.
- X3 sind die sechs mit der jeweiligen Farbe und Energie markierten Daseinsebenen. Diese Daseinsebenen bilden zusammen einen kosmischen Spiralkreislauf:

  rot – Instinkt – das Pflanzenreich

orange – Schwere – das Tierreich
gelb – Gefühl – das wahre Menschenreich
grün – Intelligenz – das Weisheitsreich
blau – Intuition – die göttliche Welt
indigo – Gedächtnis – das Seligkeitsreich
.

- Die Einzeichnung der Erde markiert, dass das Erdwesen zum Tierreich gehört
- Die kleine Sternfigur symbolisiert das kosmische Bewusstsein und markiert den Beginn des wahren Menschenreiches. In etwa 3000 Jahren wird dieses Menschenreich hier auf Erden eine Realität sein. Die letzten Reste unserer vererbten tierischen oder egoistischen Bewusstseinstendenzen werden damit ausgelebt sein.
- Die anschließenden überphysischen Existenzebenen zeigen noch höhere Welten, in denen das Leben in Weisheit und Liebe kulminiert.

Siehe Martinus' eigene vollständige Beschreibung und Erklärung des Symbols 11 in dem Buch: *Das Ewige Weltbild 1*.

Das Symbol Nr. 11 ist in Wirklichkeit eine Repräsentation des ewigen Weltbildes in visueller Form. Es ist eine vollständige Offenbarung der Struktur des Lebens in einer sehr konzentrierten Form. Mit diesem Symbol und den bisher in diesem Buch erläuterten Aspekten können wir das ewige Weltbild in den folgenden Punkten zusammenfassen:

- Das Universum ist ein lebendiges Wesen, das mit Gott identisch ist.
- Es hat eine dreieinige Struktur, die aus X1, X2 und X3 besteht.
- X1 ist das „Ich", der Kern eines jeden Lebewesens, X2 ist die Schöpfungsfähigkeit eines jeden Lebewesens, und X3 ist

„das Erschaffene", etwas, das X1 mithilfe seines X2 erschaffen hat. X1 und X2 sind ewige Realitäten, die keinen Anfang und kein Ende haben. Sie sind „einfach" etwas, das ist. X3 hingegen ist das Erschaffene, und alles Erschaffene hat einen Anfang und ein Ende. Das Universum besteht also aus zwei Ebenen: einer ewigen Ebene (der geistigen Welt) und einer zeitlichen Ebene (der physischen Welt), wo die Dinge einen Anfang und ein Ende haben.

- Gott hat einen Plan für seine eigene Existenz und damit für die Existenz aller Lebewesen. Das bedeutet, dass es auch für unsere eigene Existenz einen Plan gibt. Dieser Plan lautet: sich ewig zwischen den beiden Kontrasten von Licht und Finsternis zu bewegen. Das Erleben des Kontrasts ist eine Voraussetzung für die ewige Wahrnehmungsfähigkeit sowohl von Gott als auch von uns. Ohne Kontrast kein ewiges Universum.

- Gott ist das absolut einzige Wesen seiner Art, das existiert. Es gibt nichts neben Gott. Gott ist das einzige Lebewesen, das keinen Makro- oder Zwischenkosmos hat, worin es existiert. Gott hat kein äußeres Lebenserleben. Er muss daher das Leben aus dem Inneren erfahren, durch seinen Mikrokosmos.

- Das „Ich" eines jeden Lebewesens ist sein fester Punkt, und wie Gottes „Ich" ist es ewig. Das bedeutet, dass sowohl Gottes „Ich" als auch unser eigenes „Ich" ewig sind.

- Zusätzlich zu ihrem ewigen „Ich" haben die Lebewesen, Gottes Mikrokosmos, etwas, das sie erschaffen haben: ihren physischen Körper. Dieser Körper ist vergänglich und kann sterben, aber dieser Tod ist nicht das Ende der Existenz des „Ichs". Wir sind ewige Wesen und wir sind in unserem Bewusstsein mit unserem „Ich" als Zentrum immer lebendig. Unser Bewusstsein ist ein unvergängliches

Energiefeld und identisch mit dem, was traditionell als Seele oder Geist bezeichnet wird.

- Jedes Lebewesen (außer Gott) lebt im Inneren eines anderen Lebewesens und ist daher für seinen Lebensunterhalt von seinem Makrowesen abhängig (so wie wir von der Erde abhängig sind, die uns mit Nahrung, Wasser, Luft usw. versorgt). Gleichzeitig sind alle Lebewesen auch Makrowesen für ihre Mikrowesen. Dieses Lebenseinheitsprinzip wurde in Symbol Nr. 7 veranschaulicht.

- Die Erde ist ein Lebewesen und wir erleben ihre Körperfunktionen als Wetter und Klima. Das Klima war noch nie konstant, da es vom Erd-Ich reguliert wird, um sich in den übergeordneten Existenzplan einzufügen. Wir haben keine Kontrolle über das Klima, aber wir müssen unseren Gastgeber mit Liebe und Respekt behandeln und dürfen seine Ressourcen nicht missbrauchen und diese unsere „Umwelt" nicht so unverantwortlich verschmutzen, wie wir es jetzt tun.

- Als Makrowesen für unsere Mikrowesen sind wir für deren Wohlergehen verantwortlich. Wenn wir unseren Organismus mit Substanzen füllen, die dem Organismus fremd sind, wie Tabak, Alkohol, Drogen und Narkotika, untergraben wir die Gesundheit des Körpers und sind somit kein guter Gastgeber für die Billionen von Lebewesen, die in unserem Körper leben. Diese Vernachlässigung schafft ein finsteres Karma, das wir später ernten werden.

- Alle Lebewesen sind in erster Linie geistige Wesen. Sie haben immer ihren geistigen Körper, der ein unvergängliches Energiefeld ist. Unser geistiger Körper ist unser Bewusstsein mit unserem „Ich" im Zentrum. Gottes geistiger Körper ist das enorme Energiefeld des „leeren

Raums" und sein physischer Körper sind alle physischen Wesen, Planeten, Sonnen, Galaxien usw. Gottes „Ich" und sein Bewusstsein/Geist schweben überall im Universum. Dieser Geist steht hinter allen schöpferischen Prozessen in der Natur und im Universum. Alle diese Prozesse sind nach einem Plan aufgebaut und dienen in ihrem fertig erschaffenen Zustand der Freude und dem Segen der Lebewesen. Alle Schöpfung hat ihren Ursprung in Gottes Bewusstsein, Willen und Kraft. Wir leben in einem bewussten Universum.

- Die Prozesse der Natur wurden vom Bewusstsein Gottes geschaffen und weisen intelligente, logische und vernunftbetonte Funktionen auf, wie z. B. das allgegenwärtige zyklische Prinzip. Die Natur mit all ihren logischen und schönen Details wurde vom höchsten Wesen, Gott geschaffen und ist NICHT von selbst, durch Zufall, wahllose Mutationen und bloßes Glück entstanden.

- Das Universum, das der Körper Gottes ist, wird von Gesetzen regiert, und nichts geschieht zufällig. Wäre der Zufall das vorherrschende Prinzip, wäre das gesamte Universum in Auflösung, und das ist es nicht. Es ist so fein abgestimmt, dass *„sogar die Haare auf deinem Kopf gezählt sind"*.

- Im Universum ist ein „Elternprinzip" wirksam, was bedeutet, dass das Makrowesen sich um seine Mikrowesen kümmert. Dieses Prinzip hat man traditionell als die Vorsehung bezeichnet.

- Wir sind alle Teil des ewigen, lebendigen Gottes und gleichzeitig sind wir Individuen mit einem eigenen „Ich". Wir sind alle eins, und das bedeutet, dass wir als Individuen voneinander abhängig sind.

- Während wir uns durch die Ewigkeit bewegen, bewegen wir uns in Zyklen. In jedem Zyklus müssen wir sowohl Licht als auch Finsternis erleben. Wir erleben das Licht in der geistigen Welt und die Finsternis in der physischen Welt. In der physischen Welt entwickeln wir uns von mineralischer Materie zu Pflanzenwesen, zu Tierwesen, zu unfertigen Menschen (wie wir es jetzt sind) und zu fertigen erleuchteten Menschen mit kosmischem Bewusstsein. Wenn wir das erleuchtete Stadium erreichen, hören wir in unserem aktuellen Zyklus auf, zu reinkarnieren und leben dann für Äonen als geistige Wesen, bis wir in den nächsten Zyklus der Spirale eintreten.

- Als geistige Wesen übernehmen wir oft den „Job" eines Schutzengels für physische Wesen. Wir verbringen die Zeit auf der geistigen Ebene auch damit, zu studieren und zu erschaffen.

- Die Dunkelheit der physischen Welt existiert, um einen Ort zu bilden, an dem der Kontrast zum Licht in der geistigen Welt erlebt werden kann. Das Erleben von Kontrasten ist für die Aufrechterhaltung unserer ewigen Wahrnehmungsfähigkeit von entscheidender Bedeutung. Martinus nennt das Licht „das angenehme Gute" und die Finsternis „das unangenehme Gute". Beide sind für unsere ewige Existenz unverzichtbare „Güter". Martinus' Werk rechtfertigt die Existenz der Finsternis.

- Als Mikrowesen im Universum sind wir kleine Quanten Gottes, und während wir uns durch die Ewigkeit bewegen, sind wir Erfahrungen, Bildung und Unterhaltung ausgesetzt. Da wir Gottes Erfahrungswerkzeuge sind, ist es von größter Bedeutung, neue Erfahrungen zu machen. Das bedeutet, dass der Sinn des Lebens im absoluten Sinne darin besteht, es zu erleben.

- Aber es gibt auch andere lokale „Sinnhaftigkeiten", und auf unserer gegenwärtigen Evolutionsstufe besteht der Sinn des Lebens darin, über unsere tierischen/primitiven Seiten hinauszuwachsen und daran zu arbeiten, humane, humanitäre und allliebende Wesen zu werden, die nicht töten können oder sich durch ihre Ernährung am Töten beteiligen.

- Eine pflanzliche Kost ist auf unserem derzeitigen Niveau die natürliche Nahrung für uns. Fleisch ist für unser Verdauungssystem zu schwer und zu anstrengend aufzuspalten und daher sehr schädlich für unsere Gesundheit. Fleisch ist die natürliche Nahrung von Tigern, Löwen, Eisbären, Raubvögeln, Krokodilen und bestimmten Schlangen, und in dem Maße, in dem wir in der Evolution über diesen Raubtieren stehen, ist Fleisch für uns als Nahrung ungeeignet. Ein wichtiger Faktor in unserer Evolution ist das Karmagesetz, das besagt, dass wir ernten, was wir säen. Wir gestalten unser Schicksal durch unseren Umgang mit anderen Lebewesen. Das bedeutet: Wenn wir lügen, werden wir belogen, wenn wir stehlen, werden wir bestohlen, wenn wir betrügen, werden wir betrogen, wenn wir töten, werden wir getötet. Das Leben aller Lebensformen ist unantastbar, auch das Leben der Tiere.

- Was wir unserem Nächsten antun, tun wir Gott an. In Wirklichkeit gibt es nur zwei „Akteure auf der Bühne": Dich und Gott. Jedes andere Lebewesen stellt für dich Gott dar, denn jedes Lebewesen ist ein Teil von Gott.

- Wenn wir in den Krieg ziehen und andere Lebewesen töten, wird das zu unserem eigenen Leiden und Tod auf dem Schlachtfeld führen. Durch unser Leiden wird unser Mitgefühl geweckt, und das langfristige Ergebnis ist, dass wir uns nicht mehr am Krieg beteiligen können. So sind alle Kriege letztlich Erzeuger von Pazifisten.

- Gott ist immer bei uns, durch dick und dünn, in Krankheit und Gesundheit, in unserem Unglück und in unseren Triumphen. Aber auf unserem Weg durch die Dunkelheit der physischen Welt mit Kriegen, Folter, Terrorismus, Krankheit und Lieblosigkeit (wie wir sie gerade erleben), haben wir das Gefühl, von Gott verlassen worden zu sein. Dann erklären wir, dass Gott tot ist oder dass er nie existiert hat. Dann ist es so dunkel geworden, wie es nur sein kann, und an diesem Punkt haben wir die Kulmination der Finsternis erreicht. Es ist so pechschwarz, aber es ist auch der Wendepunkt. Von da an beginnen wir unsere Reise zurück ins Licht, und wie der verlorene Sohn werden wir zu unserem Vater zurückkehren, und er wird uns mit offenen Armen empfangen und sich über unsere Rückkehr freuen.

- Die Energie im „leeren Raum" ist das Bewusstsein Gottes, was bedeutet, dass wir in einem bewussten Universum leben. Gott hat ein primäres Bewusstsein, das von allen erleuchteten Wesen bevölkert wird, und ein sekundäres Bewusstsein, das von allen primitiven und unfertigen Wesen bevölkert wird.

- Aufgrund des Lebenseinheitsprinzips (Symbol Nr. 7) sind wir gleichzeitig Mikrowesen und Makrowesen. Das bedeutet, dass unser Körper eine Außenwelt, sogar ein ganzes Universum, für unsere Mikrowesen darstellt, so wie die Erde und das Universum unsere Außenwelt darstellen. Es gibt einen alten Spruch, der wie folgt lautet: *„Erkenne dich selbst und du wirst das ganze Universum erkennen"*. Das ist absolut wahr. Die Struktur des Lebens ist auf allen Ebenen die gleiche. Das bedeutet, dass es in dem riesigen Universum „da draußen" nichts gibt, was wir nicht in unserem eigenen

Organismus studieren können. Diese Erkenntnis wird, wenn sie erst einmal verinnerlicht ist, jede Raumfahrt überflüssig machen. Unser Makrowesen ist in erster Linie die Erde, die wiederum ein Organ im Organismus des Sonnensystems ist, das wiederum ein Organ im Organismus der Milchstraße ist und so weiter bis ins Unendliche.

- Die Erde durchläuft derzeit die letzten Reste der Kulmination der Finsternis, aber der neue Weltimpuls, der auf Frieden und All-Liebe basiert, strömt auf den Planeten herab, und in nicht mehr als 300-500 Jahren wird der letzte Krieg hier ausgetragen worden sein. Von da an werden die ersten Erdbewohner beginnen, kosmisches Bewusstsein zu erlangen, und eine ganz neue Kultur wird auf der Erde entstehen und die gegenwärtige, auf Materialismus, Gier, Selbstsucht und dem tötenden Prinzip basierende Kultur ablösen.

- Das Universum ist ein lebendiges Wesen, das mit Gott identisch ist. Es wimmelt von Leben. Überall im Universum ist Leben.

- Die endgültige Erkenntnis des Lebens, sein Endergebnis ist, dass *„alles sehr gut ist"*. Alles ist so, wie es gemäß unserer Evolutionsstufe und unserem Schicksal/Karma sein soll. Alles ist sehr gut, weil das Universum von unumstößlichen, von Gott geschaffenen Gesetzen regiert wird.

Martinus fasst das Symbol Nr. 11 folgendermaßen zusammen:

„Wenn wir das Symbol als Ausdruck für die Gottheit betrachten, dann drücken der weiße Stern und die von hier ausgehenden Strahlen die Gottheit oder den Vater aus, während die weißen Felder und die hiervon ausgehenden Strahlen die Gottessöhne, d. h.

die Lebewesen ausdrücken. Die farbigen Felder stellen also die Reaktionen auf die Begegnung zwischen der Ausstrahlung des Vaters und den Ausstrahlungen der Söhne dar. Diese Reaktionen machen die gesamte erschaffene Welt aus. Es gibt somit keine einzige Schöpfung, die kein Resultat der Reaktion zwischen der Ausstrahlung des Vaters und der des Sohnes ist. Die farbigen Felder zeigen, von welcher Grundenergie die Reaktionen ein Resultat sind. Das Resultat ist also eine Daseinsebene für jede Grundenergie. Wir sehen auf dem Symbol, dass das Farbenfeld einen kosmischen Kreislauf symbolisiert. Auf dem Symbol sehen wir nur einen Kreislauf für die Passage der Grundenergien, aber dieser Kreislauf ist nur ein einzelner lokaler Kreislauf in einer unendlichen Kette von Kreisläufen. In späteren Symbolen werden wir näher auf diese Kreisläufe eingehen. Sowohl die Mikrowesen als auch die Makrowesen befinden sich jeweils in ihrem eigenen Kreislauf. Wir sehen so die Erde an einer bestimmten Stelle im Kreislauf dargestellt. An der Farbe sehen wir, dass es die Kulmination der Schwereenergiezone ist, die sie gerade passiert. Die Schwereenergiezone ist die Kriegszone oder das Tierreich. Die Sternfigur etwas weiter vorn soll nur den Beginn des total vollkommenen Menschenreichs markieren. <u>In dreitausend Jahren wird die Menschheit in ihrer kosmischen Kreislauf- oder Entwicklungspassage den Stern passiert haben und in das total vollkommene Menschenreich gelangt sein, in dem die Psyche oder das Bewusstsein aller von den letzten Resten ihrer heutigen ererbten tierischen Bewusstseinstendenzen befreit ist.</u> Aber das Leben geht weiter. Das Symbol zeigt uns noch höhere und vollkommenere Welten, in denen alle Wesen von Primitivität, Unwissenheit, Hass, Krieg und Verfolgung, Krankheit und Not befreit sind. Der Kontakt zwischen der Ausstrahlung des Vaters und der Ausstrahlung des

Sohnes entspricht hier absolut kulminierender Weisheit und Liebe. Der Sohn als vollkommenes Abbild der Gottheit kann daher absolut nur Schönheit, Segen und Freude offenbaren." (Martinus: Das Ewige Weltbild, Buch 1, Symbol Nr. 11, Abschnitt 35, Unterstreichung von mir).

Mit dem obigen Abschnitt schließt Martinus seine Erklärung des Symbols Nr. 11 – des Hauptsymbols – ab. Es war, als Martinus die letzten Details dieses Symbols fertiggestellt hatte, dass er von zwei Meistern aus der geistigen Ebene besucht wurde. Sie hatten sich auf der Erde materialisiert, um Martinus einen Besuch abzustatten und ihn bei seiner großen Aufgabe, seine Geisteswissenschaft zu enthüllen, zu ermutigen. Lange Zeit standen diese Geistwesen neben Martinus und betrachteten das Symbol. Dann nickten sie beide und verschwanden. Von da an fühlte Martinus, dass er den Rückhalt und die Unterstützung der gesamten geistigen Welt hatte. Das gab ihm enorme Freude und Inspiration, seine Arbeit fortzusetzen.

In meiner Hervorhebung im obigen Absatz sagt Martinus, dass die Menschheit als Ganzes in etwa 3000 Jahren das absolut vollkommene Menschenreich erreicht haben wird, in dem alle in Frieden leben und die All-Liebe regiert. Dann wird jeder leben, um anderen zu dienen. An anderer Stelle seines Werkes sagt Martinus, dass lange vor Ablauf der 3000 Jahre die Auswirkungen des neuen Weltimpulses spürbar sein werden und dass in weniger als 300-500 Jahren der Krieg auf diesem Planeten abgeschafft sein wird. Dann, im Laufe weniger Jahrtausende, wird die gesamte irdische Menschheit den Punkt erreicht haben, an dem jeder das kosmische Bewusstsein erlangt bzw. die „Große Geburt" erlebt hat.

Unsere langfristige Zukunft sieht überaus hell und schön aus, aber bevor wir dort ankommen, haben viele Erdbewohner noch eine Menge dunkles Karma zu ernten, aber indem sie das tun, werden Mitgefühl und Mitmenschlichkeit in ihrer Psyche geweckt und entwickelt und sie werden allmählich zu Pazifisten.

Was wir alle tun können, um diesen Prozess zu unterstützen, ist, an der Verstärkung unserer menschlichen und humanitären Seiten zu arbeiten. Wir können dies tun, indem wir liebevoll an diejenigen denken, die wir nicht mögen, und sie dann in unseren Gebeten segnen. Ein ganz entscheidender Schritt ist auch, dass wir aufhören, uns durch unsere Ernährung am Töten zu beteiligen. Die Umstellung auf eine pflanzliche Ernährung ist ein so großer Schritt, dass sie in der Lage ist, eine Menge dunkles Karma aus unserer Aura zu entfernen. Das ist möglich, weil Karma keine Strafe ist, sondern eine liebevolle Belehrung, und wenn wir durch unser Verhalten zeigen, dass wir nicht mehr töten können, ist keine weitere Belehrung nötig. Wenn keine Belehrung mehr nötig ist, wird unser altes dunkles, tödliches Karma von unserem „karmischen Konto" entfernt.

Zum Abschluss dieses Buches möchte ich Ihnen Martinus' Symbol Nr. 32 vorstellen, das die Lösung des Lebensmysteriums enthüllt:

Symbol 32

© Martinus Institut 1981   martinus.dk

Die zwölf Grundfazite oder die Lösung des Lebensmysteriums

Zusammenfassung der Erklärung des Symbols 32 – Die zwölf Grundfazite oder die Lösung des Lebensmysteriums

Das Symbol zeigt die Lösung des Lebensmysteriums. Die allumfassende, wirkliche, große Wahrheit des Lebens ist, dass man Gott über alle Dinge und seinen Nächsten wie sich selbst lieben soll. Das All ist ein einziger großer Organismus eines Lebewesens, das unter dem Begriff Gott existiert. Die Gottheit ist durch diesen großen Organismus oder das All ein einziges ewig und unendlich existierendes Licht- oder Liebeswesen. In ihm leben wir, bewegen wir uns und sind wir.

Wichtige Einzelheiten des Symbols:

* Die Sternform symbolisiert, dass die Lösung des Lebensmysteriums die Enthüllung eines alles überstrahlenden göttlichen Lichtes ist, das auf kulminierender Harmonie, Weisheit und Liebe beruht. Die Lösung des Lebensmysteriums

wird im Sinn und Denken jedes einzelnen noch unfertigen Menschen zu einem leuchtenden und wärmenden geistigen Sonnenaufgang, einer inspirierenden und lebenspendenden Empfindung von Gottes Nähe.

- Das orangefarbige Feld, das den äußersten Rand des Symbols bildet, zeigt die Schwereenergie, das tötende Prinzip oder den Bereich der Finsternis.
- Danach kommen ein grünes Feld, das Intelligenz, und ein gelbes, das Gefühl symbolisiert. Wenn sich diese beiden Bewusstseinsenergien vermischen und eine Einheit bilden, bedeutet das, dass sie Ausdruck des intellektualisierten Gefühls sind, was dasselbe wie Liebe ist. Das gelbgrüne Feld symbolisiert also den Bereich des Lichtes.
- Das gelbgrüne Feld symbolisiert zugleich die beiden großen Hauptorgane des höchsten Feuers: den femininen (gelbes Feld) und den maskulinen Pol (grünes Feld). Der maskuline Pol überwiegt hier deutlich und symbolisiert somit ein männliches Wesen. Männliche und weibliche Wesen sind Wesen, in denen nur der eine der beiden Pole voll entfaltet ist.
- Die zentrale Figur in der Mitte symbolisiert das doppelpolige Wesen. Die innerste gelbgrüne Figur symbolisiert den ursprünglichen Pol des Wesens und die andere gelbgrüne Figur seinen entgegengesetzten Pol. Das maskuline und feminine Prinzip sind zu einer harmonischen, gleichgewichtigen Einheit verschmolzen. Das Wesen ist nicht mehr ein speziell männliches oder weibliches Wesen.
- Die zwölf Sternenfelder symbolisieren zwölf Grundfazite, die zusammen die Lösung des Lebensmysteriums repräsentieren. Die zwölf Grundfazite werden in Kürze folgendermaßen charakterisiert:

  o Sternenfeld Nr. 1: "Etwas, das ist" oder die Existenz des Alls.
  o Sternenfeld Nr. 2: Ursache und Wirkung. Der Bewegungsozean des Alls besteht aus einer Kette von Ursache und Wirkung.

- Sternenfeld Nr. 3: Logik und Planmäßigkeit. Alle Schöpfungsprozesse sind in ihrem Schlussfazit zur Freude und zum Segen der Lebewesen.
- Sternenfeld Nr. 4: Ideenschöpfung oder Denken – hinter allen Schöpfungsprozessen besteht Bewusstsein.
- Sternenfeld Nr. 5: Die Existenz des Lebewesens.
- Sternenfeld Nr. 6: Das Ich und das Das – das bewusste Erleben des Lebewesens, sich selbst von der Umgebung unterscheiden zu können.
- Sternenfeld Nr. 7: Das Ich – die ursachenlose Ursache. Das Ich ist ein "Etwas", das keine Wirkung einer vorausgegangenen Ursache ist.
- Sternenfeld Nr. 8: Das dreieinige Prinzip – das Ich, die Schöpfungsfähigkeit und das Erschaffene.
- Sternenfeld Nr. 9: Wesen innerhalb von Wesen – das Hauptprinzip des Körpers der Gottheit.
- Sternenfeld Nr. 10: Die Unsterblichkeit des Lebewesens oder der Spiralkreislauf.
- Sternenfeld Nr. 11: Das Karma- oder Schicksalsgesetz.
- Sternenfeld Nr. 12: Alles ist sehr gut. Die höchste Sicht des Lebens.

Siehe Martinus' eigene vollständige Beschreibung und Erklärung des Symbols 32 in den Büchern: *Das Ewige Weltbild 3* und *Livets Bog 3*.

Abschnitt oder Sternenfeld Nummer 1 ist die mehrfarbige Figur bei 11 Uhr auf dem Symbol. Die Nummern der Sternfelder setzen sich dann gegen den Uhrzeigersinn im Kreis fort. Sternenfeld Nr. 12 ist somit der Abschnitt, der bei 12 Uhr am oberen Ende des Kreises erscheint.

Dieses Symbol fasst die vielen Punkte zusammen, die in diesem Buch erwähnt werden:

1: Das Universum oder Gott ist „etwas, das ist". Es wurde nicht erschaffen, sondern ist etwas, das schon seit aller Ewigkeit existiert. Ewige Dinge haben keinen Anfang und kein Ende. Wenn sie das hätten, wären sie nicht ewig.

2: Im Universum gibt es ein Prinzip von Ursache und Wirkung. Alle unsere Handlungen erzeugen Wirkungen.

3: Logik und Liebe stehen hinter allen Prozessen, auch hinter den finsteren. Die finsteren Prozesse existieren, um den notwendigen Kontrast im Universum zu schaffen. Viele der Prozesse befinden sich an einem bestimmten Punkt auf ihrem Weg zur Vollkommenheit, und viele von ihnen sind noch unfertig. Aber wenn sie das fertige, vollkommene Stadium erreichen, werden sie zur Freude und zum Segen für die Lebewesen sein.

4: Hinter allen Schöpfungsprozessen steht Bewusstsein. Alle Details in der Natur sind das Ergebnis von logischem, intelligentem Denken.

5: Das Universum ist ein Lebewesen und es enthält in seiner Struktur Billionen von anderen Lebewesen.

6: Das Lebewesen hat ein „Ich" und kann dadurch zwischen sich selbst und anderen unterscheiden.

7: Unser „Ich" ist etwas, das ist, so wie Gottes „Ich" es ist. Es hat eine ewige Existenz und hat keinen Anfang und kein Ende.

8: Die grundlegende Struktur der Lebewesen ist X1, X2 und X3. X1 ist „etwas, das ist", X2 ist die ewige Schöpfungsfähigkeit von X1, und X3 ist alles Erschaffene. Auf diese Weise hat ein Lebewesen ein dreieiniges Prinzip hinter seiner Existenz. Es hat einen ewigen Teil: X1 und X2 und einen zeitlichen Teil: X3.

9: Gottes Körper oder das Universum besteht aus Lebewesen innerhalb von Lebewesen, siehe Symbol Nr. 7.

10: Jedes Lebewesen ist unsterblich. Der Tod, den so viele Menschen fürchten, ist eine Illusion. Diese Illusion entsteht, weil die allgemeine Auffassung derzeit die ist, dass wir mit unserem physischen Körper identisch sind und dass wir nur einmal leben. Die Illusion besteht so lange, wie die allgemeine Unkenntnis über die geistige Wirklichkeit, die vor, hinter und jenseits der physischen Welt existiert, besteht.

11: Unser Schicksal wird durch das Karmagesetz bestimmt, das besagt, dass wir ernten, was wir säen. Was wir anderen antun, tun wir letztendlich uns selbst an.

12: Die letzte und höchste Wahrheit über unsere Existenz und das Universum ist, dass *„alles sehr gut ist"*.

Bei der Erklärung des Symbols erwähnt Martinus die Polstruktur, die ich auf Seite 153 kurz berührt habe.

Würde Martinus sein Werk als eine Theorie bezeichnen?

Der Grund, warum ich dieses Kapitel „Die wahre Theorie von Allem" genannt habe, ist, dass Martinus meiner Meinung nach die bisher beste Erklärung dafür aufzeigt, wie das Universum aufgebaut und strukturiert ist. Aber Martinus würde sein Werk nicht als eine Theorie bezeichnen, sondern als eine Enthüllung der höchsten Wahrheit, wie sie ihm aus dem kosmischen Wissensozean des Universums oder dem Bewusstsein Gottes selbst durch seine Intuition offenbart wurde.

Martinus weist immer wieder darauf hin, dass er nicht die Quelle seines Werkes ist, sondern „nur" die Fähigkeit hat, über sein kosmisches Bewusstsein Zugang zur ewigen Analyse des Lebens selbst zu haben. Er sagt außerdem, dass es seine Mission war, das ewige Licht in die physische Welt zu bringen. Martinus war ein

Welterlöser und nicht nur ein Bauernjunge aus Jütland, der später Molkereiarbeiter wurde. Es ist ein Fehler, die Bedeutung seines Werkes zu unterschätzen, nur weil er keinen akademischen Titel trug.

Die höchste Wahrheit oder Teile davon sind in früheren Zeiten auf diesem Planeten in Form der Lehren des Buddha, Mohammed und Jesus, um nur einige zu nennen, offenbart worden. Aber mit Martinus' Werk ist die höchste Wahrheit zum ersten Mal in intellektueller Form auf der Erde offenbart worden.

Es geschah in unserer Zeit, weil die Menschheit nun den Punkt erreicht hat, an dem ihre Intelligenz ausreichend entwickelt ist, um komplizierte technische Erklärungen präsentiert in logischer Form zu verstehen.

Auf unserem heutigen Niveau haben die Resultate unserer Leiden über viele Jahrtausende hinweg auch dazu geführt, dass unser Mitgefühl und unsere Menschlichkeit einen Punkt erreicht haben, an dem unsere Intuition begonnen hat zu erwachen, was es uns ermöglicht, die Analysen von Martinus zu verstehen. Auch wenn die Mehrheit der Erdbevölkerung sein Werk vielleicht noch nicht verstehen kann, gibt es doch Menschen hier, die es wegen seiner Logik, Intelligenz und Liebe verzweifelt suchen. Oder einfach deshalb, weil es die Lösung des Lebensmysteriums enthüllt. Diese Lösung wird erst verständlich werden, wenn wir die Ewigkeit mit einbeziehen.

Aus der Perspektive der Ein-Leben-Theorie gesehen, ist das Leben ungerecht, unlogisch und lieblos. Aber aus der Perspektive der Ewigkeit ist das Leben vollkommen gerecht, logisch und liebevoll. Der Grundton des Universums – des Körpers Gottes – ist die Liebe.

Wir können Martinus' Werk studieren und dann auf einer theoretischen Ebene kosmisches Bewusstsein bekommen, bis der Zeitpunkt kommt, an dem wir selbst die „große Geburt" erleben und das kosmische Bewusstsein sich in unserem eigenen Bewusstsein entfaltet. Dies wird geschehen, wenn wir total allliebend geworden sind. Bis die Zeit kommt, in der wir diesen hohen Bewusstseinszustand erreichen, können wir Schritt für Schritt damit beginnen nach Martinus' Analysen zu leben und Güte, Vergebung, Hilfe für andere, Mitgefühl, Ernährung durch pflanzliche Kost, Bescheidenheit, Ehrlichkeit, Wahrhaftigkeit und Dienst am Nächsten zu praktizieren.

Wie ist es, wenn man die „große Geburt" erlebt und kosmisches Bewusstsein erlangt hat?

Martinus sprach gelegentlich darüber, wie es ist, kosmisches Bewusstsein zu haben, und hier ist, was er sagte:

„Was geschieht nun mit einem Menschen, wenn er ‚Die große Geburt' erlebt hat? Es geschieht, dass er in seinem physischen Tagesbewusstsein sich Gottes bewusst wird, sich seiner eigenen Unsterblichkeit bewusst wird, sich der kosmischen Struktur des Weltalls bewusst wird, sich alles dessen bewusst wird, was lebend ist, sich dessen bewusst wird, dass das ganze Weltall durch Liebe aufrechterhalten wird und dass alle Manifestationen im Weltall in ihrem Endergebnis zur Freude und zum Segen für Lebewesen sind, sich dessen bewusst wird, dass alles vollkommen, alles göttlich, alles sehr gut ist, sich dessen bewusst wird, eins mit Gott zu sein. Hier hat der Mensch eine vollständige kosmische Souveränität erreicht. Er braucht die Meinungen oder Auffassungen anderer über das Universum oder dessen Gesetze nicht. Er erlebt diese genau in dem Augenblick, in dem er sein kosmisches Bewusstsein darauf einstellt.

Das ist ein solches geistig souveränes Bewusstsein, wie wir es bei Christus finden." (Martinus: „Die große Geburt", Kap. 11 im kleineren Buch Nr. 18: „Das Schicksalsspiel des Lebens", Unterstreichungen von mir).

Wenn wir kosmisches Bewusstsein erlangt haben, sind wir unsere eigene Quelle der Weisheit geworden. Jetzt brauchen wir nicht mehr zu glauben, jetzt wissen wir, dass Gott existiert, dass wir unsterbliche Wesen und eins mit Gott sind, wir wissen, wie das Universum aufgebaut ist, dass es überall Leben gibt, dass die Liebe der Grundton des Universums ist, dass wir und Gott untrennbar sind und dass alles sehr gut ist. Dann sind wir ein geistig souveränes Wesen geworden, so wie Jesus und Martinus es waren. Dieser erhabene Bewusstseinszustand ist nicht nur den Welterlösern vorbehalten, sondern er wird von allen erreicht werden. Wir können versuchen, uns die Vollkommenheit vorzustellen, die in der Welt herrschen wird, wenn sich jeder in ihr so verhält, wie Jesus es tat.

Außerdem sagt Martinus:

„Da das ‚Livets Bog' <u>ausschließlich durch mein eigenes direktes Sehen, meine eigene direkte Wahrnehmung des Lebens selbst entsteht und somit in absolut keiner Richtung eine Abschrift, ein Plagiat oder eine Kopie der Ansichten oder Erlebnisse irgendeines anderen Wesens ist</u> und daher auch in keiner Richtung auf der ‚Bibel' oder anderen heiligen Büchern basiert, wird keines der Zitate aus der Bibel, die wir hier in meinem Hauptwerk gelegentlich wiedergeben, angeführt, um das ‚Livets Bog' zu untermauern – das existiert unerschütterlich durch seine eigene Identität als Resultat direkten Erlebens –, sondern vielmehr, um durch die Analysen dieses Buches die in den Zitaten angegebenen, aber nicht untermauerten oder analysierten ewigen kosmischen Fazite zu bestätigen oder zu

untermauern." (Martinus: *Livets Bog,* Band 3, Abschnitt 926, Unterstreichung von mir).

Martinus betont, dass kein Teil seines Werkes aus irgendeinem anderen schriftlichen Text kopiert oder abgeschrieben wurde. Wenn er gelegentlich die Bibel zitiert, dann nur mit der Absicht zu erklären, was der biblische Text aus kosmischer Sicht bedeutet. Auf diese Weise hat er viele der Worte Jesu aus einer kosmischen Perspektive erklärt und sie aus der „Verpackung" der Gleichnisse, die Jesus benutzte, um seine Zeitgenossen anzusprechen, „ausgepackt".

Wie bereits erwähnt, befinden wir uns alle auf einer kosmischen Reise von primitiven zu fortgeschrittenen, erleuchteten Wesen. Diese Reise, die sich über Tausende von physischen Leben erstreckt, wird in erster Linie durch das Leben selbst vorangetrieben, durch unsere Karma- und Leidenserfahrungen, durch unsere facettenreichen Erfahrungen in vielen Bereichen, durch unsere Beziehungen, durch das, was wir gelernt haben, durch unsere glücklichen oder traurigen Momente und durch alles, was wir durchgemacht haben.

Irgendwann auf dieser Reise bekommen wir den starken Wunsch, eine Quelle zu finden, die erklären kann, was unsere Erfahrungen, Leiden und Schicksale bedeuten. Mit anderen Worten, wir beginnen, nach der Lösung des Lebensmysteriums zu suchen. Wir werden zu suchenden Seelen, hungrig nach etwas, das erklären kann, warum wir hier sind, woher wir kommen und wohin wir gehen. Wenn wir in diesem Prozess schon ziemlich weit fortgeschritten sind, sind die Analysen von Martinus eine große Hilfe.

Martinus sagt: *„Die hier vorliegenden kosmischen Analysen sind als Hilfe in diesem Prozess manifestiert und damit jedem* *zugänglich gemacht worden, der eventuell danach hungert, Gott und jene Seligkeit zu erleben,* die darin besteht, lieber zu geben als zu nehmen, die Wesensart zu erleben, die die Erfüllung aller ewigen Gesetze ist und das Fundament des größten Wohlbehagens des Lebens auf der physischen und der geistigen Daseinsebene, die alles beherrschende Strahlenflut des Geistes Gottes in Form des kosmischen Bewusstseins zu erleben und die hierauf beruhende totale Souveränität im Erleben von Gottes Allweisheit, Allliebe und Allmacht als permanentes waches Tagesbewusstsein auf allen Daseinsebenen und dadurch *sich selbst als eins mit Gott zu erleben, eins mit der Unsterblichkeit und identisch mit der Ewigkeit*." (Martinus: *Livets Bog,* Band 6, Abschnitt 2265, Unterstreichungen von mir).

Wenn wir verzweifelt nach der Lösung des Lebensmysteriums suchen, die Faust in den Himmel recken und schreien: „Warum?", dann finden die Analysen von Martinus ihren Weg zu uns. *„Suchet und ihr werdet finden"* wird zu einer Tatsache. Und für die wirklich suchende Seele ist die Begegnung mit diesen Analysen wie das Finden von Wasser in der Wüste, von Trost und Licht in der Finsternis und einer liebevollen Umarmung im Wahnsinn des Krieges. Es ist ein so unerwartetes Geschenk von oben, dass du es kaum glauben kannst. Ungläubig beginnst du zu lesen, und im Laufe der Lektüre dämmert dir allmählich das Ausmaß dessen, was du gefunden hat. Du hast es nicht erwartet, du hast nicht geglaubt, dass es existiert, aber jetzt hältst du es in Händen und es bietet eine vollständige Erklärung für alle deine Zweifel, Fragen, Schwierigkeiten und Herausforderungen.

Auf unserer derzeitigen Entwicklungsstufe stehen wir an der Schwelle zum Reich Gottes. Viele von uns haben den schlimmsten Teil der Finsternis hinter sich gelassen, und vor unseren staunenden

Augen können wir beginnen, in das gelobte Land, Gottes eigene Domäne, zu blicken.

Hier ist, was Martinus sagt:

„Auf der Schwelle zum Reiche Gottes

Dass es gerade der ‚Heilige Geist‘ ist, der durch mich manifestiert oder offenbart wird, können Sie selbst kontrollieren. Christus hat selbst das Kennzeichen angegeben und gesagt: ‚<u>Man soll den Baum an seinen Früchten erkennen‘</u>. Meine ‚Früchte‘ sind meine Klarstellung und Dokumentation dessen, dass die höchsten Aussagen der ‚Weisen‘ identisch sind mit der Wahrheit, mit der Wissenschaft. Und man wird in meinen Manifestationen nichts finden, was nicht auf jede Weise in dem in Liebe kulminierenden großen Allfazit oder in Gottes eigener Lebensanschauung ‚alles ist sehr gut‘ aufgeht. – Und meine Arbeit führt Sie also unvermeidlich zu jenem hellen mentalen Zustand, den ich als die ‚große Geburt‘ bezeichnet habe. Es ist ja auch zur Tatsache geworden, dass viele von Ihnen begonnen haben, die Nähe des göttlichen Geistes durch meine Arbeit, meine Analysen und mein kosmisches Wissen zu erleben.“ (Martinus: „Die Hüter der Schwelle“, Kap. 5, Artikelsammlung 1, Artikel-ID: M2390, deutscher Kosmos 3/2011, Unterstreichung von mir).

Hier erklärt Martinus, dass sein Werk vom „Heiligen Geist“ stammt, weil es ihm über seine Intuition direkt von Gott „heruntergeladen“ wurde. Wenn es direkt von Gott kommt, wie kann es dann etwas anderes als heilig sein? Martinus' Werk muss nach seinen Früchten beurteilt werden, wie Jesus sagt. Und die Früchte seines Werkes sind: geistige Einsicht, Weisheit und Liebe. Es gibt keine Spur von Verurteilung, Zorn, Eigennutz, Hass oder Lieblosigkeit in seinem Werk.

Und jetzt, an der Schwelle des Reiches Gottes, werden wir den Sonnenaufgang aller Sonnenaufgänge erleben:

"Sie kommen also alle aus einer sehr dunklen Zone und <u>*sehnen sich nach diesem großen Licht, das Sie über den nachtschwarzen und tragischen Horizont des ‚Tierreichs' aufgehen sehen.*</u> *Und haben Sie einzelne Felder in Ihrer Mentalität, die besonders weit entwickelt oder fertig sind, ja, dann haben Sie bereits durch diese angefangen, jenes mentale Wohlbefinden und die helle Lebensanschauung zu erleben, die der Anfang zur ‚großen Geburt' sind, weshalb ich diese Form von Erleben als ‚Vorgängerstadium' dieser ‚Geburt' bezeichnet habe.*

<u>*Sie befinden sich also alle in der Nähe des Eingangs zu einem großen und herrlichen Reich des Lichts, dem Reich, das Christus als ‚nicht von dieser Welt' bezeichnete.*</u> *Alle, die meine Arbeit in Liebe studieren, d. h. in Unparteilichkeit und Demut, konnten nicht umhin, deren göttliche Atmosphäre zu spüren. Und hier sind wir an der großen ‚Schwelle'.* <u>*Diese ‚Schwelle' ist also der Eingang zum ‚Reich Gottes', d. h. zur Vervollkommnung des Menschen zum ‚Abbild Gottes, ihm gleichend', die komplette Verwandlung des ‚Tieres' zum ‚Menschen',*</u> *das Erleben des Menschen, ‚eins mit dem Vater' zu sein, die Einweihung oder Einhüllung seines Bewusstseins in ein permanentes Dasein im ‚Heiligen Geist'."* (Martinus: Ebd. Unterstreichungen von mir).

Was uns nur ein paar Schritte weiter in unserer Evolution erwartet, ist so großartig, dass wir es kaum glauben können. Wir werden in das große und herrliche Reich des Lichts eintreten. Auf dieses Reich hat Christus hingewiesen, als er zu seinen Jüngern sagte: „Mein Reich ist nicht von dieser Welt". Und vor 2000 Jahren war Christi Reich in der Tat weit davon entfernt, „von dieser Welt" zu sein. Es war eine Gesellschaft, die noch primitiver war als unsere heutige Gesellschaft, und damals lag „mein Reich" noch weiter in der Zukunft als heute. Jetzt können wir endlich die ersten Anzeichen der Morgendämmerung sehen, aber damals war es noch stockfinstere Nacht.

Wie wird die Finsternis in der Welt enden?

In dem Artikel „Freiheit, Befreitsein und Frieden" schrieb Martinus folgendes: *„Es ist das Ziel meiner Arbeit, Menschen zu inspirieren, <u>wie Sonnen zu leuchten und göttliche Liebe zu ihren Mitwesen auszustrahlen</u>, und die schöpferischen Kräfte des Universums, der Heilige Geist oder das Bewusstsein Gottes stehen helfend hinter Ihnen, wenn Sie Ihr Bewusstsein auf die Wellenlänge der Nächstenliebe einstellen."* (Martinus: „Freiheit, Befreitsein und Frieden", Kap. 12, Artikel-ID: M0410, deutscher Kosmos 2/2022, Unterstreichung von mir).

Das Ziel unserer Evolution ist es, Wesen zu werden, die wie Sonnen leuchten und göttliche Liebe auf alle anderen Lebewesen ausstrahlen können. Es ist dieses Ausstrahlen der göttlichen Liebe, das schließlich die letzten Spuren der Finsternis auflösen und verschwinden lassen wird.

Martinus fasst den Plan mit unserer ewigen Existenz so zusammen: *„Deshalb braucht also kein Lebewesen irgendeine Verdammnis oder Vernichtung seiner selbst zu befürchten. Kein einziges Wesen kann in seinem Endergebnis etwas anderes werden als der vollkommene Mensch als Abbild Gottes, und es wird damit die Kulmination des Lebens in Liebe, Weisheit, Schönheit, Begabung, Kunst und in höchstem Wohlbefinden erleben."* (Martinus: *Livets Bog*, Band 6, Abschnitt 2372).

Das obige Zitat unterstreicht, welch herrliche Zukunft uns erwartet, wenn wir die Finsternis der Gegenwart überdauert haben. Um uns zu helfen, aus der Finsternis herauszuwachsen, wurde Martinus hierhergeschickt, um seine Geisteswissenschaft zu offenbaren.

Die Notwendigkeit der Geisteswissenschaft

Martinus schreibt:

„Die Geisteswissenschaft hat die Aufgabe, <u>dem suchenden Menschen das Verständnis für die Wechselwirkungen zwischen seinem eigenen Willen und Bewusstsein und den kosmischen Kräften, die im Mikrokosmos und Makrokosmos enthalten sind, beizubringen, damit er durch logisches Denken zur Erkenntnis seiner eigenen Möglichkeiten kommen und bewusst an seiner eigenen Weiterentwicklung arbeiten kann</u>. Wir brauchen nur die Lebensäußerungen auf unserem eigenen Himmelskörper zu studieren, um zur Erkenntnis dessen zu kommen, dass ungeheuer starke kosmische oder universale Kräfte Jahrmillionen hindurch daran gearbeitet haben, den Erdball in die zweckmäßige Form und in den Zustand zu bringen, den er heute hat. Warum ist er rund, warum dreht er sich um seine eigene Achse und um die Sonne? Warum gibt es auf ihm Minerale, Pflanzen, Tiere und Menschen, und warum gibt es im Menschen die Sehnsucht danach, dass die Erde eine Welt des Friedens werden möge, in der etwas Schönes und Nützliches zum Wohle des Ganzen geschaffen wird? Ist das ein Ausschlag von zufälligen Stoffkombinationen, die ebensogut hätten ganz anders sein können? <u>Nein, es ist das Resultat logischen Denkens und Schaffens, die Entfaltung des Bewusstseins, das hinter dem ganzen Weltall existiert und das der Mensch Gott nennt</u>. Von einem Feuerozean ist der Erdball während ungeheurer Zeiträume in einen für tierisches Leben bewohnbaren Himmelskörper und in eine Wohnstätte für den werdenden ,Menschen als Abbild Gottes'

verwandelt worden. Dieser Mensch befindet sich bereits auf dem *Erdball in einer Art Embryozustand. Er ist noch nicht fertig* *erschaffen,* so wie es der Erdball im großen und ganzen ist. Er ist *dabei, es zu werden, indem er sich selbst kennenlernt, ebenso wie er* *die Welt kennenlernt, in der er lebt. Er nennt sich selbst ‚Mensch',* *weil er sich über die anderen Tiere auf der Erde erhaben fühlt. Er ist* *aber in Wirklichkeit nur teilweise Mensch und noch teilweise Tier.* *Der Erdball und die Menschheit befinden sich jedoch nun in einer* *beschleunigten Entwicklung, und im Laufe von verhältnismäßig* *wenigen Jahrtausenden wird auf dieser Erde eine Lebensentfaltung* *existieren, die die Träume der Menschheit von ‚einer Welt' oder den* *‚Vereinigten Staaten der Welt' weit übertrifft."* (Martinus: „Die Milchstraßen des Weltalls" Kap. 4, im kleineren Buch Nr. 16 „Das Reinkarnationsprinzip", Unterstreichungen von mir).

Martinus betont, dass mit Hilfe der Aspekte, die er in seinem Werk enthüllt, Mann und Frau an ihrer eigenen Vervollkommnung mitarbeiten können, indem sie aktiv an der Beseitigung ihrer noch vorhandenen primitiven Eigenschaften wie Neid, Intoleranz, Gereiztheit, Egoismus, Habgier und Gleichgültigkeit gegenüber den Leiden der anderen mitwirken. Wir können dies tun, wenn wir uns ehrlich über die Stärke unserer eigenen Unzulänglichkeiten klar werden und aktiv damit beginnen, sie auszumerzen. Auf diese Weise helfen wir der Vorsehung, uns aus dem Tierreich herauszuholen und uns auf die Schwelle zum wahren Menschenreich zu stellen.

Das Studium der Geisteswissenschaft von Martinus ist ein Muss, wenn wir unser Wissen über die Welt über die physische Ebene hinaus erweitern wollen. Gegenwärtig ist die Wissenschaft tief in das Studium der physischen Materie vergraben und die meisten Wissenschaftler glauben immer noch, dass nur das

Physische wirklich ist. Diese Beschränkung muss in den nächsten Jahrhunderten überwunden werden, und erst wenn die Wissenschaft die Existenz geistiger, strahlenförmiger Materie oder Energie anerkennt und beginnt, sie zu erforschen, kann die Verschmelzung von irdischer Wissenschaft und Geisteswissenschaft eine Realität werden. Und wenn sie Wirklichkeit geworden ist, werden wir über ein Wissen verfügen, von dem wir uns heute noch nichts träumen lassen, und eine wahre, tiefe Einsicht in das Lebensmysterium wird allmählich zum Besitz für jedermann und jedefrau werden.

Über Martinus

Martinus ist der lebende Beweis dafür, dass die höchste Einsicht in den Kosmos auch ohne Studium erreicht werden kann. Martinus war ein armer Bauernjunge, geboren und aufgewachsen in Nordjütland bei ungebildeten Bauern, die nichts über Spiritualität oder den Kosmos wussten. Während seines Lebens hat Martinus nie etwas studiert. Alles, was er schrieb, kam durch seine Intuition und sein kosmisches Bewusstsein zu ihm.

Genau wie Martinus werden wir alle früher oder später den Punkt in unserer Entwicklung erreichen, an dem wir so reif geworden sind, dass wir durch unsere eigene Intuition Zugang zu dem haben, wozu Martinus Zugang hatte. Martinus war keine Ausnahme, und so unglaublich es klingt, wir alle, ohne Ausnahme, werden eines Tages 100 % erleuchtete Wesen mit kosmischem Bewusstsein sein.

Martinus sagte über sein Werk: *„Das Leben selbst ist mein Zeuge, dass ich die Wahrheit geschrieben habe"*. Es ist also draußen in der realen Welt, wo wir die Bestätigung für das, was Martinus geschrieben hat, finden können. Vielleicht können wir es noch nicht sehen, weil unsere Welt noch unvollendet ist, aber wenn wir immer besser darin werden, zu „lesen", was uns das Leben offenbart, werden wir erkennen, dass Martinus die ultimative Wahrheit enthüllt. Martinus bezeichnet sein Werk manchmal als „ein Handbuch zum Studium und Verständnis des Lebens". Das können wir durch unsere eigenen Erfahrungen überprüfen.

Die Wahrheit soll die breite Masse erreichen. Es handelt sich nicht um eine exklusive Wahrheit für einige wenige begünstigte Menschen, sondern um eine Wahrheit, die mit der Zeit zur Grundlage des Lebens aller Menschen werden wird. Martinus sagte selbst voraus, dass sein Werk in etwa 200 Jahren in Schulen und Universitäten gelehrt werden wird. Es wird schließlich zum Gemeingut aller werden. Im Augenblick haben wir gerade erst begonnen, sein Werk bekannt zu machen.

„Alle Einzelheiten der Natur sind also Buchstaben in einer Sprache, in einer Rede, in einer Schrift oder in einer ewig auftretenden Offenbarung oder einem Sich-zu-erkennen-Geben einer hinter aller materiellen Sichtbarkeit existierenden materiell unsichtbaren Wirklichkeit." (Martinus: *Livets Bog*, Band 6, Abschnitt 2054).

Martinus' Werk ist auch eine umfassende Verteidigung des Verhaltens der Menschen. Sie können sich nicht anders verhalten, als sie es tun, denn sie stehen nun einmal auf der Evolutionsleiter da, wo sie stehen, und niemand kann sein Leben auf der Grundlage von Erfahrungen führen, die er noch nicht gemacht hat. Wir alle befinden uns zu jedem Zeitpunkt auf dem Höhepunkt unserer eigenen Entwicklung, und wenn wir primitiv und egoistisch sind, liegt das daran, dass wir noch nicht genug gelernt, noch nicht genug Erfahrungen gemacht haben und im Zyklus noch nicht weit genug fortgeschritten sind. Aber es gibt keinen Grund, auf irgendjemanden wegen seiner Natur und seiner Position auf der Evolutionsleiter herabzusehen. Das ist so, als würde man einem Kind vorwerfen, dass es „nur" sieben Jahre alt ist und nicht elf. Es ist niemandes Schuld, wenn er noch nicht fortgeschritten und erleuchtet ist. Deshalb sind Toleranz und noch mehr Toleranz, Vergebung und noch mehr Vergebung für alle notwendig.

Martinus sagte auch, dass seine Analysen nur dann einen Wert haben, wenn wir sie in praktisches Verhalten umsetzen können. Das bedeutet, dass wir nach ihnen leben und uns in unserem Umgang mit anderen Lebewesen von ihnen leiten lassen sollen. Und dann werden wir allmählich lernen, Gott über alles und unseren Nächsten wie uns selbst zu lieben. Wir sollten uns bemühen, Freude und Segen für jeden zu bedeuten, mit dem wir in Kontakt kommen.

Vielleicht können wir dann so sagen wie Martinus: *„Ich lasse mein Bewusstsein nie von dem Gedanken abschweifen, wie ich anderen am besten dienen kann."*

Aber lass mich betonen: Es gibt keinen Grund zur Eile. Wir können nichts erzwingen, also lasst uns dieses Leben genießen, in dieser Zeit und an diesem Ort, an der Schwelle zum Licht, zum Reich Gottes. Und da die Ewigkeit unser Spielplatz ist, haben wir mehr als genug Zeit.

7. Verweise

In diesem Buch habe ich mich auf die im Titel genannten Themen konzentriert. Es gibt viele weitere Aspekte von Martinus' Arbeit, die ich nur am Rande erwähnt und nicht erklärt habe. Das tat ich deshalb, weil es dieses Buch auf das Doppelte anwachsen lassen würde, sie alle zu erklären. Ich habe aber viele Aspekte von Martinus' Werk in meinen anderen Büchern erklärt, daher werde ich hier eine Liste der Aspekte aufführen, die in meinen früheren Büchern, die auf Englisch erschienen sind, erklärt wurden. Sollte es einen Aspekt von Martinus' Arbeit geben, der dich besonders interessiert, empfehle ich dir, in diesen Büchern darüber nachzulesen. Alle meine englischen Bücher findest du bei Amazon.

"Death is an Illusion. A logical explanation based on Martinus´ worldview", (erschienen 2002). Das Buch ist eine populäre, allgemeine Einführung in die Geisteswissenschaft von Martinus.

https://amzn.eu/d/2i4xEIW

Dieses Buch ist auch bereits auf deutsch unter dem Titel „Der Tod ist eine Illusion" erschienen:

https://amzn.eu/d/gTzUgMS

"The Undiscovered Country – A non-religious look at life after Death" (erschienen 2010). Das Buch präsentiert alle Beweise der irdischen Wissenschaften für das Überleben des menschlichen Bewusstseins nach dem Tod. Es ist ein faszinierender Katalog von Beweisen, der bestätigt, was Martinus in seinem Werk offenbart: dass der Tod eine Illusion ist.

https://amzn.eu/d/6racfN7

"The Art of Attraction – New aspects of the Law of Attraction" (erschienen 2011). Das Buch bietet neue Erkenntnisse darüber, wie das Gesetz der Anziehung funktioniert, basierend auf Martinus' profundem Wissen über dieses Gesetz. Es ist ein Buch, das dein Leben verändern kann, weil es dir die Werkzeuge an die Hand gibt, um dieses mächtige Gesetz zu deinen Gunsten wirken zu lassen.

https://amzn.eu/d/5Eqruxg

"The Beginning is Near – New Perspectives on life" (erschienen 2016). Eine weitere allgemeine Einführung in die Geisteswissenschaft von Martinus, aber kürzer. In zehn Kapiteln enthüllt das Buch die wichtigsten Punkte der Kosmologie von Martinus.

https://amzn.eu/d/exwEvOb

"The Downfall of Marriage: The Great Transformation of our Marital and Sexual Relations" (erschienen 2017). Das Buch erklärt unsere sexuelle Polverwandlung von einpolig zu doppelpolig. Diese Verwandlung betrifft uns alle auf einer mentalen, emotionalen, sexuellen und intellektuellen Ebene und sollte von jedem gelesen werden, der Probleme mit Beziehungen und dem Selbstverständnis hat.

https://amzn.eu/d/dvXfcE5

"Key life lessons from Martinus, the modern mystic" (erschienen 2017) In einer Reihe von Artikeln bietet das Buch dem Leser eine Vielzahl von Aspekten der Geisteswissenschaft von Martinus.

https://amzn.eu/d/1E3ZBeX

Die Nutshell-Reihe, die gemeinsam mit Maria McMahon verfasst wurde:

"Reincarnation in a Nutshell – why reincarnation is Real" (erschienen 2018). Das Buch erklärt in logischen und nicht-religiösen Begriffen das gesamte Konzept der Reinkarnation und präsentiert die Beweise, die Technik des Prozesses der Reinkarnation und die Notwendigkeit der Reinkarnation. Dies ist nicht das einzige Leben, das wir leben, und je eher wir das erkennen, desto besser wird die Welt werden. Die Ein-Leben-Theorie wurde nie bewiesen, und sie ist ein Hindernis für eine plausible Erklärung, warum wir hier sind und was der Sinn des Lebens ist.

https://amzn.eu/d/2w8xUpA

"Fate and karma in a Nutshell – How to understand your fate and change it for the better" (erschienen 2020). Dieses Buch zeigt, wie wir unser Schicksal erschaffen, indem wir das Karmagesetz verstehen, das besagt, dass wir ernten, was wir säen. Es erklärt auch, wie wir unser Schicksal ändern können, wenn wir mit ihm nicht zufrieden sind. Dieses Buch kann eine große Hilfe sein, um den Weg aus dem Labyrinth karmischer Finsternis zu finden.

https://amzn.eu/d/6Uke3zP

"Life after Death in a Nutshell – What happens when we die?" (erschienen 2021). Das Buch ist eine hochinteressante Offenbarung darüber, was passiert, wenn wir sterben, wohin wir gehen und wie wir unseren Bestimmungsort in der geistigen Welt zwischen den physischen Inkarnationen kontrollieren können.

https://amzn.eu/d/dma0oPu

"The Best Available Evidence for the Survival of Human Consciousness after Permanent, Bodily Death – A Short explanation of why death is an illusion" (erschienen 2021). Das Buch ist der Beitrag von Else zum Bigelow-Wettbewerb 2021. Es präsentiert in kürzester Form unwiderlegbare Beweise für die Reinkarnation. Es ist eine Pflichtlektüre für jeden, der daran zweifelt, dass unser Bewusstsein den Tod überlebt.

https://amzn.eu/d/cKI6cDg

Auf meiner Website: newspiritualscience.com kann man alle meine spirituellen Bücher auf Englisch sehen, mit Links zu den Büchern, die in andere Sprachen übersetzt wurden.

Auf der Website kannst du auch meinen Blog (in Englisch) mit mehr als 60 Artikeln lesen, die zentrale Aspekte der Martinus-Geisteswissenschaft erklären, wie z. B.: „Reincarnation and our evolutionary journey, The Greatest Challenge Facing Humankind, Why can´t I remember my past lives?, Our Destinations in the Spiritual world, What is Luck?, Why do Humans have different Fates?, The Meaning of Life, The Purpose of Life, What is the Soul in Logical, Tangible, Scientific Terms? Is there a Heaven? Is there a Hell?, Will War ever end?, The Secrets of our Consciousness, Does praying work?, Five important reasons not to eat meat" – und noch viele andere.

Zu sehen hier: http://newspiritualscience.com/blog/

Gratis-Kapitel aus einigen von Else´s Büchern in Englisch:

[Zum Lesen hier klicken](#)

Über die Autorin

Else Byskov war eine suchende Seele, bis sie 1995 auf das Werk des dänischen Visionärs und Mystikers Martinus stieß. Sie fand das Werk äußerst faszinierend und hatte den Impuls, der Welt davon zu erzählen. Heute (2024) sind es 29 Jahre, in denen sie sich mit den erstaunlichen spirituellen Analysen von Martinus beschäftigt hat und sie ist eine internationale Autorität für sein Werk. Sie hat bisher 11 Bücher in englischer Sprache über Aspekte der Geisteswissenschaft von Martinus geschrieben. Zwei davon wurden nun auf Deutsch veröffentlicht: Der Tod ist eine Illusion und Die Erde, das Universum und Gott aus einer kosmischen Perspektive. Else ist in Dänemark geboren und hat einen Universitätsabschluss in spanischer und englischer Philologie. Viele Jahre lang arbeitete sie als Lehrerin und Übersetzerin/Dolmetscherin. Heute lebt sie mit ihrem Mann Erik in Südspanien. Sie ist eine leidenschaftliche Wandrerin (und Autorin von 6 Wanderbüchern) und Vegetarierin (und Autorin von zwei vegetarischen Kochbüchern).

Besuche Else's Website www.newspiritualscience.com

Dort kannst du Kostproben aus einigen ihrer anderen Bücher, Artikel und Audios kostenlos herunterladen. Du kannst dir Videos von Interviews mit Else zu zentralen Themen der Lehren von Martinus ansehen und ihren Blog lesen. Alles ist auf Englisch. Du kannst interessante Fakten über Martinus lesen und einige seiner Symbole sehen. Du kannst auch Elses monatlichen Newsletter auf Englisch abonnieren, indem du dort deine E-Mail-Adresse eingibst.

Bitte „like" auch ihre Facebook-Seite New Spiritual Science und sieh dir die erstaunlichen Zitate an, die sie hochlädt.
https://www.facebook.com/Newspiritualscience.101/

Bei Fragen, Kommentaren oder Interviewanfragen kannst du dich gerne unter else@newspiritualscience.com **an Else wenden.**

Besuche auch die Website des Martinus-Instituts:
www.martinus.dk **(die Website ist in über 20 Sprachen verfügbar)**

Die Aufgabe des Martinus-Instituts besteht in erster Linie darin, das Werk von Martinus unverändert für die Nachwelt zu erhalten.

Das Institut veröffentlicht auch das Werk von Martinus und vertreibt es über seine Website. Es hat aber darüber hinaus alle Werke von Martinus in allen Sprachen, in die sie bisher übersetzt wurden, kostenlos online zur Verfügung gestellt.

Dies zeigt, dass das Werk von Martinus für alle frei zugänglich ist. Es gibt keine Sekte oder Organisation um sein Werk herum, es sind keine Gebühren zu zahlen, es gibt keine Mitgliedschaft, keine

Anbindung. Jedes Jahr veranstaltet das Institut 2 internationale Wochen im Martinus-Center Klint in Odsherred, Dänemark.

Hier kannst du das Programm für die internationalen Wochen in Klint im Jahr 2024 einsehen, um dir ein Bild zu machen:

https://www.martinus.dk/pdf/English%20programme%202024.pdf

8. Literaturübersicht

Martinus:

Größere Bücher:
Livets Bog (Das Buch des Lebens), Band 1 – 7
Das Ewige Weltbild, Buch 1, 2, 3 und 4
Logik
Beisetzung

Bücher in dänischer Originalsprache, die noch nicht übersetzt oder deren Übersetzungen vergriffen sind:
Das Ewige Weltbild, Buch 5 und 6
Artikelsammlung 1
Das Intellektualisierte Christentum
Grand Kursus

Kleinere Bücher:
 1 Das Schicksal der Menschheit
 2 Ostern
 3 Was ist Wahrheit?
 4 Zur Geburt meiner Sendung
 5 Die ideale Nahrung
 6 Blätter aus Gottes Bilderbuch
 7 Der am längsten lebende Abgott
 8 Die Menschheit und das Weltbild
 9 Zwischen zwei Weltepochen
10 Kosmisches Bewusstsein
11 Das Mysterium des Gebets
12 Der Weg zur Einweihung
13 Das Weihnachtsevangelium
14 Die Erschaffung des Bewusstseins
15 Aus der Finsternis heraus

16 Das Reinkarnationsprinzip
17 Weltreligion und Weltpolitik
18 Das Schicksalsspiel des Lebens
19 Kosmische Erleuchtungsblitze
20 Meditation
21 Jenseits der Todesfurcht
22 Der Weg des Lebens
23 Die Unsterblichkeit des Lebewesens
24 Die Erschaffung der Kultur
25 Der Weg zum Paradies
26 Teufelsbewusstsein und Christusbewusstsein
27 Die Schaffung des Weltfriedens
28 Zweierlei Liebe

Andere Ausgaben:
Symboltafeln
Martinus' Erinnerungen
Temabog 1, Gennem døden
Temabog 2, Martinus svarer på spørgsmål

Zeitschrift „Kosmos", deutsche Ausgabe, zu finden unter:
https://www.martinus.dk/de/die-zeitschrift-kosmos/index.html

Bücher anderer Autoren:

Dr. med. Eben Alexander: Blick in die Ewigkeit, (Heyne 2016) ISBN: 978-3-453-70312-4

Michael Greger: Das HOW NOT TO DIE Kochbuch, (Unimedica 2019) ISBN: 978-3-946566-12-0

Anita Moorjani: Heilung im Licht, (Goldmann 2015) ISBN: 978-3-442-22107-3